Collection « L'esprit économique »

fondée par Sophie Boutillier et Dimitri Uzunidis en 1996
dirigée par Sophie Boutillier, Blandine Laperche, Dimitri Uzunidis

Si l'apparence des choses se confondait avec leur réalité, toute réflexion, toute Science, toute recherche serait superflue. La collection « L'esprit économique » soulève le débat, textes et images à l'appui, sur la face cachée économique des faits sociaux : rapports de pouvoir, de production et d'échange, innovations organisationnelles, technologiques et financières, espaces globaux et microéconomiques de valorisation et de profit, pensées critiques et novatrices sur le monde en mouvement...
Ces ouvrages s'adressent aux étudiants, aux enseignants, aux chercheurs en sciences économiques, politiques, sociales, juridiques et de gestion, ainsi qu'aux experts d'entreprise et d'administration des institutions.

La collection est divisée en six séries :

Dans la série *Economie et Innovation* sont publiés des ouvrages d'économie industrielle, financière et du travail et de sociologie économique qui mettent l'accent sur les transformations économiques et sociales suite à l'introduction de nouvelles techniques et méthodes de production. L'innovation se confond avec la nouveauté marchande et touche le cœur même des rapports sociaux et de leurs représentations institutionnelles.

La série *Economie formelle* a pour objectif de promouvoir l'analyse des faits économiques contemporains en s'appuyant sur les approches critiques de l'économie telle qu'elle est enseignée et normalisée mondialement. Elle comprend des livres qui s'interrogent sur les choix des acteurs économiques dans une perspective macroéconomique, historique et prospective.

Dans la série *Le Monde en Question* sont publiés des ouvrages d'économie politique traitant des problèmes internationaux. Les économies nationales, le développement, les espaces élargis, ainsi que l'étude des ressorts fondamentaux de l'économie mondiale sont les sujets de prédilection dans le choix des publications.

La série *Krisis* a été créée pour faciliter la lecture historique des problèmes économiques et sociaux d'aujourd'hui liés aux métamorphoses de l'organisation industrielle et du travail. Elle comprend la réédition d'ouvrages anciens, de compilations de textes autour des mêmes questions et des ouvrages d'histoire de la pensée et des faits économiques.

La série *Clichés* a été créée pour fixer les impressions du monde économique. Les ouvrages contiennent photos et texte pour faire ressortir les caractéristiques d'une situation donnée. Le premier thème directeur est : mémoire et actualité du travail et de l'industrie ; le second : histoire et impacts économiques et sociaux des innovations.

La série *Cours Principaux* comprend des ouvrages simples, fondamentaux et/ou spécialisés qui s'adressent aux étudiants en licence et en master en économie, sociologie, droit, et gestion. Son principe de base est l'application du vieil adage chinois : « le plus long voyage commence par le premier pas ».

Modélisation du risque de crédit bancaire

Les enjeux de la norme IFRS 9

5-7, rue de l'École-Polytechnique ; 75005 Paris

http://www.editions-harmattan.fr/

ISBN : 978-2-336-57680-0
EAN : 9782336576800

Zoh Tia Modeste Vahi

Modélisation du risque de crédit bancaire

Les enjeux de la norme IFRS 9

Préface d'Issa Gueye

L'Harmattan

À mon père
Yagué VAHI,
Professeur des Universités,
Représentant Pays de l'Association Internationale de Sémiotique.

Remerciements

À ma Famille VAHI, pour son amour et son soutien indéfectible à chaque étape de ma vie.

À ma Chère Mère, pilier de force et de tendresse, qui a toujours cru en moi et m'a soutenue sans relâche ;

À mon Père, éminent Professeur Titulaire d'Université, dont la rigueur et l'exigence intellectuelle ont façonné mon parcours académique et professionnel.

À mon Petit frère, Constant Vahi, pour sa présence constante et ses encouragements.

À tous mes amis et connaissances, je tiens à adresser ma profonde gratitude, en particulier à Bodje Fidelus Emmanuel, Jean Louis Tezai, Armel Kouamé, et Stéphanie Gnonsekan pour leur soutien sans faille durant cette aventure.

Un remerciement spécial à Monsieur Issa Gueye, ancien patron et éminent Directeur Financier, qui m'a donné ma première chance dans le monde professionnel et dont la confiance a marqué un tournant décisif dans ma carrière.

À Madame Diouf Soumaré Kadhidiatou, Directrice financière, ma formatrice, dont le soutien et les enseignements ont nourri ma motivation et renforcé mes capacités ;

À Monsieur Hervé Tanoh N'djoré, Chef de département Risk Management, dont le charisme, la confiance et l'appui constant ont favorisé mon élévation professionnelle et m'ont encouragé à poursuivre mes ambitions avec détermination.

Un remerciement à Monsieur Tanoh Norbert, Directeur adjoint des Risques, pour son esprit d'analyse avisé et sa grande patience.

Ma reconnaissance va aussi à toute la famille Risk Management de la Direction des Risques et Contrôle de la Banque Atlantique Côte d'Ivoire, pour la richesse des échanges professionnels qui ont contribué à mon développement.

À Martin Kouadio, mon formateur initial, pour son aide dans mon processus d'apprentissage professionnel.

À Docteur Armel ZOH, pour son aide précieuse dans la relecture de ce travail.

Merci enfin à toutes les personnes qui, de près ou de loin, ont contribué à la réalisation de cet ouvrage. Votre appui, vos conseils et votre bienveillance ont été des sources précieuses d'inspiration et de motivation.

Liste des Abréviations

IFRS : International Financial Reporting Standards (Normes internationales d'information financière)

IAS : International Accounting Standards

ECL : Expected Credit Loss (Perte de crédit attendue)

PD : Probability of Default (Probabilité de défaut)

LGD : Loss Given Default (Perte en cas de défaut)

EAD : Exposure At Default (Exposition au moment du défaut)

SPPI : Solely Payments of Principal and Interest (Critère d'éligibilité au coût amorti selon IFRS 9)

FVOCI : Fair Value through Other Comprehensive Income (Juste valeur par les autres éléments du résultat global)

FVTPL : Fair Value through Profit or Loss (Juste valeur par le résultat)

RWA : Risk-Weighted Assets (Actifs pondérés par les risques)

CNR : Coût Net du Risque

WL : Watch List (Liste de surveillance des créances sensibles)

UEMOA : Union Économique et Monétaire Ouest-Africaine

BCEAO : Banque Centrale des États de l'Afrique de l'Ouest

CC : Comité Interne de Crédit

CSC : Comité Supérieur de Crédit et des Risques

PPO : Prêts Personnels Ordinaires

PPI : Prêts Personnels Immobiliers

PRO : Prêts Professionnels

TTC : Through-The-Cycle (à travers le cycle économique)

PIT : Point-In-Time (à un moment donné)

S1 / Stage 1 : Actifs sains sans détérioration significative du risque de crédit

S2 / Stage 2 : Actifs avec détérioration significative du risque de crédit

S3 / Stage 3 : Actifs défaillants (défaut avéré)

P(S2→S3) : Probabilité de passage du Stage 2 au Stage 3

Denotching : Dégradation de la notation interne de crédit

PESTEL : Politique, Économique, Socioculturel, Technologique, Environnemental et Légal (analyse stratégique)

PD :12 mois Probabilité de défaut à horizon 12 mois

PD à maturité : Probabilité de défaut sur toute la durée de vie de l'actif

Encours : Montant total prêté restant dû

Score d'octroi : Note de risque attribuée automatiquement lors de la demande de crédit

Test de Tukey : Test statistique d'analyse des écarts entre groupes

Kaplan-Meier : Méthode d'estimation non paramétrique utilisée dans l'analyse de survie

Chain Ladder : Méthode actuarielle d'estimation de provisions

Weibull : Loi statistique utilisée pour modéliser les distributions de temps de défaillance

CRM : Credit Risk Management (Gestion du risque de crédit)

KYC : Know Your Customer (Connaissance du client)

IT : Information Technology (Technologies de l'information),

NDOD : Nouvelle definition du Défaut

Préface

L'univers du crédit bancaire, notamment dans les économies émergentes comme celle de la Côte d'Ivoire, reste encore largement méconnu ou insuffisamment exploré dans la littérature francophone accessible aux praticiens. Pourtant, il constitue l'un des piliers essentiels du fonctionnement du système financier, de par son rôle dans le financement de l'économie, mais également par les risques qu'il comporte.

Cet ouvrage, rédigé par un professionnel du secteur bancaire, vient à point nommé répondre à un besoin crucial : celui de disposer d'un outil pratique, structuré et clair, permettant de mieux comprendre les contours de la modélisation du crédit bancaire, ses mécanismes, ses enjeux et ses risques.

Il s'adresse aussi bien aux étudiants qu'aux jeunes professionnels, aux cadres bancaires et aux dirigeants d'entreprises. Mais il sera particulièrement utile aux praticiens de la gestion du risque de crédit, en leur fournissant les concepts clés et les outils nécessaires à la modélisation des paramètres risque de crédit, un domaine souvent jugé complexe voire inaccessible pour les non-initiés.

L'une des grandes forces de cet ouvrage réside dans sa capacité à vulgariser des notions techniques à travers une approche pédagogique et des exemples concrets issus du quotidien bancaire. Il se veut un guide pratique, destiné à accompagner le lecteur dans la maîtrise progressive de notions fondamentales telles que l'évaluation du risque client, l'analyse des garanties, la tarification du crédit ou encore la gestion des portefeuilles.

En contribuant à l'amélioration de la culture du crédit et à l'approfondissement de concepts souvent difficiles à cerner, ce livre trouve pleinement sa place dans la dynamique actuelle de renforcement des capacités dans le secteur financier régional.

Je tiens à saluer la qualité du travail accompli par l'auteur, dont l'engagement professionnel et la rigueur méthodologique se reflètent tout au long de ces pages. Je formule le vœu que cet ouvrage rencontre l'intérêt qu'il mérite et qu'il suscite, chez ses lecteurs, une envie renouvelée de comprendre, d'apprendre et de mieux pratiquer.

Issa GUEYE
Administrateur de Banque
Ancien Directeur Financier de la Banque Internationale pour le Commerce et l'Industrie de Côte d'Ivoire (BICICI)
Ancien Directeur Financier de la Banque Internationale pour le Commerce et l'Industrie du Sénégal (BICIS)
Stream Leader Finance Projet de refonte SI Afrique (BMCI Maroc)
Conseiller de la Direction Générale de la Banque Internationale pour le Commerce et l'Industrie du Sénégal (BICIS)

Pourquoi ce livre ?

La norme IFRS 9, promulguée au niveau international en remplacement de la norme IAS 39, a profondément bouleversé l'approche comptable des instruments financiers, en particulier en ce qui concerne la reconnaissance des pertes de crédit attendues. En substituant une logique prospective à une logique essentiellement fondée sur les pertes constatées, IFRS 9 place la prévision du risque de crédit au cœur même du processus d'évaluation comptable. Cette évolution impose aux institutions financières de se doter de dispositif plus robuste de mesure, de suivi et d'anticipation du risque.

Bien que les pays membres de l'Union Économique et Monétaire Ouest-Africaine (UEMOA) n'aient, à ce jour, pas encore intégré les normes IFRS en général et la norme IFRS 9 en particulier dans leur référentiel comptable bancaire, la tendance actuelle à l'harmonisation régionale, conjuguée à une ouverture croissante vers les standards internationaux, laisse présager une adoption inéluctable de ces normes à moyen et court terme. Dans ce contexte, l'anticipation de cette mutation représente un enjeu stratégique majeur pour les établissements de crédit soucieux de limiter les chocs liés au changement de référentiel, tout en renforçant leur résilience face aux exigences accrues en matière de provisionnement des créances douteuses et litigieuses (CDL).

C'est dans cette perspective que s'inscrit le présent ouvrage. Conçu comme un guide structuré, pédagogique et contextualisé, il a pour vocation d'accompagner les acteurs du secteur bancaire francophone africain dans la compréhension et la mise en œuvre des principes de modélisation du risque de crédit conformément à IFRS 9.

À la différence de nombreuses publications à caractère hautement technique, souvent élaborées pour des marchés matures, cet ouvrage propose une approche progressive, accessible et ancrée dans les réalités propres aux systèmes bancaires africains. Il s'adresse en priorité aux praticiens du crédit, gestionnaires des risques, comptables bancaires, superviseurs, contrôleurs internes et auditeurs, mais également aux étudiants, chercheurs et formateurs désireux d'approfondir leur maîtrise des enjeux contemporains liés au risque de crédit.

À travers ses chapitres, le lecteur sera amené à :

- Se familiariser avec les fondements de la norme IFRS 9, en particulier le modèle des pertes de crédit attendues (Expected Credit Loss – ECL) ;
- Comprendre la classification des actifs financiers en trois niveaux, et le lien intrinsèque entre cette classification et le mode de calcul des pertes ;
- Appréhender les méthodologies de modélisation des paramètres clés que sont la probabilité de défaut (PD), la perte en cas de défaut (LGD) et l'exposition au moment du défaut (EAD) ;
- Évaluer les impacts organisationnels, opérationnels et technologiques de la mise en œuvre d'IFRS 9, notamment en termes de gouvernance, qualité des données, architecture IT et politiques de provisionnement ;
- Analyser les défis spécifiques auxquels sont confrontées les banques de l'UEMOA, tout en identifiant les leviers d'amélioration, les bonnes pratiques et les opportunités de transformation.
- Au-delà de son contenu technique, ce livre se veut un instrument de sensibilisation et de développement de compétences. Il ambitionne de favoriser l'émergence d'une culture de la modélisation du risque de crédit, encore insuffisamment ancrée dans les pratiques courantes de nombreuses institutions de la région. Car si les exigences actuelles du dispositif réglementaire de l'UEMOA diffèrent encore substantiellement de celles posées par les normes IFRS, le secteur bancaire régional est appelé à évoluer dans un environnement de plus en plus normatif, transparent et exigeant. Les attentes croissantes des partenaires techniques et financiers, des agences de notation, et des investisseurs en matière de rigueur analytique et de gouvernance prudentielle, imposent une montée en compétence généralisée.

Ainsi, ce livre ne constitue pas simplement un ouvrage académique sur IFRS 9. Il se présente comme un outil de transition stratégique, destiné à accompagner les institutions financières vers une gestion du risque de crédit plus rigoureuse, prospective et responsable. Il s'inscrit dans une démarche d'anticipation, de modernisation des pratiques, et d'alignement progressif avec les standards internationaux les plus exigeants. À noter que la partie relative à la comptabilisation des instruments financiers fera l'objet d'un ouvrage distinct, à paraître ultérieurement.

En définitive, cet ouvrage est aussi une invitation à une réflexion collective sur les transformations à venir, et un appel à l'action pour tous les professionnels désireux de contribuer à l'émergence d'un secteur bancaire ouest-africain plus solide, plus performant et plus résilient face aux défis de demain.

Résumé

Ce livre propose une synthèse opérationnelle et pédagogique de la norme IFRS 9, centrée sur la modélisation du risque de crédit bancaire, un enjeu stratégique pour les institutions financières africaines en transition vers les standards internationaux. Contrairement à l'approche réactive de l'ancienne norme IAS 39, IFRS 9 impose une vision prospective, basée sur la prévision des pertes de crédit attendues (ECL) dès la reconnaissance initiale des actifs.

L'auteur y explique clairement les trois paramètres fondamentaux : PD (probabilité de défaut), LGD (perte en cas de défaut) et EAD (exposition au défaut), en montrant comment leur combinaison permet d'anticiper les pertes et de mieux provisionner les créances. Le processus de classification des actifs en Stage 1, 2 ou 3, la gestion de la Watch List, les seuils d'alerte, les indicateurs de performance et la logique de provisionnement sont présentés avec rigueur, mais dans un langage accessible.

Conçu comme un manuel pratique, l'ouvrage est enrichi de cas concrets, de méthodes de calcul simplifiées, de matrices de transition, et d'une mise en contexte dans l'environnement UEMOA. Il permet ainsi aux cadres bancaires, membres de comité de crédit, directions financières et à la direction des engagements de mieux comprendre les enjeux d'IFRS 9 sans expertise mathématique poussée.

Ce livre s'adresse aux cadres bancaires, membres des comités de crédit, responsables des engagements, directions financières, contrôleurs de gestion, auditeurs internes, ainsi qu'à toute personne impliquée dans la gestion du risque de crédit. Il offre une compréhension structurée, sans qu'il soit nécessaire de posséder une expertise poussée en statistique ou en data science.

L'ouvrage traite également des implications organisationnelles, opérationnelles et technologiques de la norme : gouvernance des données, qualité et robustesse des modèles, architecture des systèmes d'information, exigences en matière de reporting, et rôle accru de la direction des risques.

À travers cette approche à la fois théorique et pragmatique, ce livre constitue un outil d'aide à la décision, un support de formation continue, et un levier de pilotage stratégique du risque de crédit, dans un contexte marqué par la montée des exigences réglementaires, la pression des agences de notation et la nécessité pour les banques africaines de renforcer leur résilience.

Sommaire

Introduction

La crise financière mondiale de 2008, déclenchée par l'effondrement du marché des subprimes aux États-Unis, a profondément ébranlé les fondements de la régulation bancaire et de l'information financière. Elle a mis en lumière les carences du modèle comptable en vigueur à l'époque, fondé sur le principe des pertes avérées (*incurred loss model*) conformément à la norme IAS 39. Les pertes avérées (incurred losses) sont des pertes comptabilisées uniquement lorsqu'un événement objectif de défaut s'est déjà produit (logique réactive et non anticipative). Ce modèle, jugé trop réactif et insuffisamment prévoyant, a été critiqué pour sa contribution à l'amplification de la crise en ne permettant pas une constitution proactive de provisions. À la suite de cette crise systémique, le G20 a exhorté l'IASB à revoir en profondeur les règles de comptabilisation des instruments financiers, en mettant un accent particulier sur l'anticipation du risque de crédit.

C'est dans ce contexte qu'est née la norme IFRS 9 - Instruments financiers, dont l'une des pierres angulaires réside dans l'introduction d'un nouveau modèle de dépréciation basé sur les pertes de crédit attendues (*Expected Credit Losses* ou ECL). Cette réforme de grande ampleur repose sur une philosophie radicalement différente : reconnaître les risques de crédit potentiels dès l'initiation de l'exposition, à travers des modèles prédictifs intégrant des données historiques, actuelles et prospectives, y compris les facteurs macroéconomiques. Il ne s'agit plus seulement de constater une perte effective, mais d'anticiper mathématiquement sa probabilité et son ampleur.

Le risque de crédit, au cœur de cette approche, peut être défini comme la probabilité qu'un client ou contrepartie ne rembourse pas tout ou partie de son crédit selon les conditions prévues par le contrat de prêt entrainant ainsi une perte pour le prêteur. Ce risque, inhérent à toute activité de financement, nécessite une évaluation quantitative reposant sur trois paramètres fondamentaux :

- La probabilité de défaut (PD), qui mesure la probabilité qu'un emprunteur fasse défaut dans un horizon de temps donné,
- L'exposition au défaut (EAD), qui représente le montant du crédit sur lequel la banque est exposée au moment du défaut,
- et la perte en cas de défaut (LGD), qui correspond à la fraction de l'exposition que la banque ne pourra pas récupérer après le défaut.

Par construction, la LGD est complémentaire au taux de recouvrement : Taux de perte non recouvrée après défaut (LGD) + taux de recouvrement (Tr) = 1. Ces trois paramètres, combinés dans une formule mathématique, permettent de calculer les pertes de crédit attendues, en intégrant des scénarios économiques futurs et des ajustements fondés sur le jugement expert.

Le présent ouvrage ambitionne d'explorer, dans une approche pédagogique et rigoureuse, les fondements conceptuels, les techniques quantitatives et les enjeux pratiques de la modélisation mathématique du risque de crédit dans le cadre de la norme IFRS 9. Il s'adresse tant aux professionnels de la finance et du risque qu'aux universitaires, chercheurs et étudiants désireux de comprendre les mécanismes complexes qui sous-tendent la quantification prospective du risque de crédit dans le référentiel comptable international.

Nous y aborderons successivement le cadre réglementaire et comptable ayant conduit à l'adoption de cette norme, les exigences spécifiques en matière de dépréciation, les principes statistiques de la mesure du risque de crédit, ainsi que les défis opérationnels liés à la collecte des données, à l'intégration des scénarios macroéconomiques et à la gouvernance des modèles. Ce faisant, nous montrerons comment l'ingénierie financière et la modélisation mathématique contribuent à une meilleure résilience du système financier et à une allocation plus efficiente des capitaux bancaires, dans un environnement marqué par une incertitude croissante.

CHAPITRE I
CADRE GÉNÉRAL
DE LA NORME IFRS 9

I. CYCLE DE VIE D'UN CRÉDIT BANCAIRE

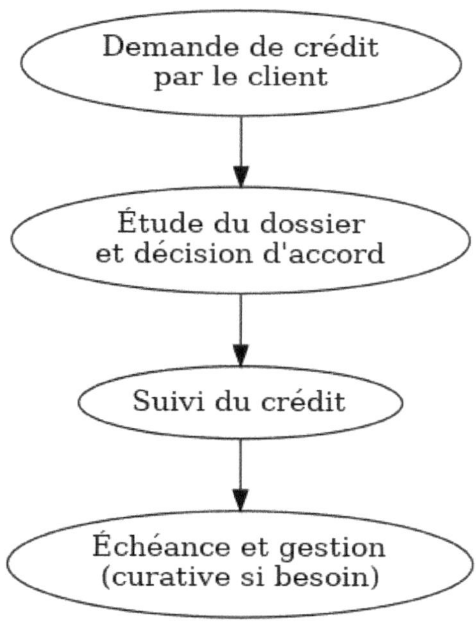

→La stratégie de crédit est le point de départ essentiel du processus d'octroi de crédit dans une banque. Elle définit le cadre général dans lequel les crédits sont accordés, en précisant :

- Les secteurs d'activité visés et critères d'acceptation du risque (marchés cibles),
- Les limites par client (concentration),
- Les limites par secteur économique,

- Les limites sur les États (risque souverain),
- L'exposition globale au risque de crédit (y compris les engagements hors bilan),
- Et le niveau de risque que la banque est prête à accepter (appétence au risque);

La stratégie doit aborder les points suivants :

→Définir le marché cible :

- o Prioriser certains secteurs d'activité,
- o Fixer les critères pour choisir les clients ou les projets à financer,
- o Déterminer les conditions d'acceptation des demandes de crédit.

→Fixer les limites du portefeuille de crédits :

- o Par client (concentration individuelle),
- o Par secteur (concentration sectorielle),
- o Par pays ou État (concentration souveraine),
- o En fonction du niveau de risque (notation).

→Définir les règles de classement : Comment classer les dossiers (bons, à risque, douteux, etc.).

→Prévoir une revue régulière du portefeuille : Pour s'assurer que les crédits accordés restent dans les limites fixées et que les risques sont maîtrisés.

Le cycle de vie d'un crédit bancaire désigne l'ensemble des étapes qui jalonnent la vie d'un prêt, depuis la demande initiale formulée par le client jusqu'à son remboursement complet ou, le cas échéant, son recouvrement contentieux. Ce processus comprend quatre phases majeures : la demande de crédit, l'étude et l'octroi, le suivi du risque, et la gestion de fin de crédit, qu'elle soit normale ou curative.

I.1. La demande de crédit

Cette première étape marque l'entrée en relation autour d'un besoin de financement. Le client, qu'il soit particulier, entreprise ou institution, sollicite un prêt auprès de la banque.

- **Constitution du dossier** : Le demandeur prépare un dossier conforme aux exigences internes de l'établissement. Ce dossier comprend généralement des pièces d'identité, des justificatifs de revenus, des éléments sur le projet à financer, ainsi que, pour les entreprises, des états financiers récents conformément aux critères d'acceptation du risque de chaque banque.

- **Deux cas de figure se présentent** :

Client existant : La banque dispose d'un historique relationnel et transactionnel avec le client, ce qui facilite l'analyse initiale de la demande.

Nouveau client (prospect) : L'établissement doit engager une analyse plus poussée, incluant la connaissance client et du business (KYC), (KYB), le comportement bancaire antérieur, ainsi que les éventuels risques liés à l'absence d'antériorité.

I.2. L'étude du dossier de crédit

L'étude vise à évaluer la qualité du risque associé à la demande. Elle repose sur une double analyse – qualitative et quantitative – tenant compte de la situation financière, du projet à financer, de la capacité de remboursement, l'autonomie financière, le niveau d'endettement et des garanties éventuelles.

Selon la structure bilantielle :

RATIOS ET INDICATEURS D'ANALYSE FINANCIÈRE	**FORMULE (PME &CORPORATE)**
Autonomie financière	Fonds propres / Total du passif
Capacité de remboursement	Annuités de la dette/ capacité d'auto financement (CAF) avec CAF=Résultat net+chargé calculée-produit calculé
Résultat d'exploitation	Produits d'exploitation – Charges d'exploitation
Équilibre financier	Capitaux permanents (FP + Dettes LT) ≥Actif immobilisé ou Ratio=Capitaux permanents/Actif immobilisé
Fonds propres	Capital social + Réserves + Résultats mis en réserve
Ratio d'endettement / DSCR	Dettes financières / (EBITDA + Charges financières)

- **Pour les personnes physiques**, l'analyse se concentre sur le niveau et la régularité des revenus, le taux d'endettement, le reste à vivre (quotitié saisissable), ainsi que la stabilité de l'emploi.

- **Pour les entreprises ou personnes morales**, l'étude inclut une lecture des états financiers, des ratios de solvabilité, de liquidité et de rentabilité, ainsi qu'une analyse stratégique du secteur d'activité (souvent via des outils comme PESTEL ou SWOT ou 5 Forces +1 de la concurrence de Porter).

- **Outils d'évaluation utilisés** :

La banque peut recourir à :

- o Des grilles de notation internes (élaborées à partir de l'historique et du comportement de la clientèle, permettant une évaluation qualitative et quantitative du risque),
- o Des modèles de scoring d'octroi automatisés (utilisés lors de l'octroi pour calculer un score de risque fondé sur des algorithmes statistiques et des données structurées),
- o Des règles métiers basées sur le profil du client et les caractéristiques du crédit (définies en fonction du profil du client (particulier, PME, etc.) et des caractéristiques du crédit (montant, durée, objet), permettant une décision cohérente avec les politiques internes de risque).

L'analyse aboutit à une recommandation émise par le gestionnaire ou l'analyste crédit, et transmise au **comité de crédit compétent** pour décision finale.

I.3. Le suivi du risque

Après le décaissement, le crédit entre dans sa phase d'exploitation. La surveillance active du risque devient essentielle pour anticiper tout incident de paiement ou toute dégradation de la situation financière du client.

- **Monitoring régulier** :

Le suivi porte sur l'évolution des flux financiers du client, le respect des échéances, l'utilisation des lignes autorisées, et les mouvements inhabituels sur les comptes.

➢ Sur l'utilisation des lignes autorisées :

Il s'agit de surveiller si le client respecte les plafonds de crédit qui lui ont été accordés dans le cadre d'une ligne autorisée (par exemple : une ligne de découvert, une facilité de caisse, une ligne de crédit d'exploitation ou un plafond d'escompte). Le suivi vérifie notamment :

- Que les montants utilisés ne dépassent pas la limite autorisée (respect du plafond) ;
- Que le cadencement de l'utilisation respecte les conditions fixées (durée d'utilisation, délai de remboursement, etc.) ;
- Que la destination des fonds est conforme à l'objet du crédit ;
- Qu'il n'y a pas d'anomalies (ex. : usage excessif ou prolongé de la facilité de caisse, tirage non justifié sur une ligne de crédit, etc.).

→Cas du Renouvellement des lignes de crédit non remboursées :

Dans la pratique bancaire, le constat est que certaines lignes de crédit court terme (notamment les découverts) sont renouvelées automatiquement, même si elles n'ont jamais été remboursées sur les 12 derniers mois. Cette situation contrevient à leur vocation initiale : celle de financer temporairement l'exploitation.

Le problème est lié à l'absence de remboursement et la position continuellement débitrice du compte client montrant donc que la ligne est devenue un crédit à durée indéterminée, non conforme aux principes prudentiels ni à une gestion saine du portefeuille.

Les questions clés à se poser avant renouvellement sont les suivantes :

Le compte alterne-t-il positions créditrices et débitrices ?

➤ Une ligne d'exploitation suppose des mouvements équilibrés.

Les flux crédités sont-ils sincères ou fictifs ?

➤ Retraitement nécessaire si les flux proviennent d'un nouvel emprunt ou d'opérations de nivellement.

La ligne est-elle encore justifiée par l'activité réelle du client ?

➤ L'usage de la ligne doit rester cohérent avec le business modèle.

Le renouvellement d'une ligne de financement ne doit jamais être systématique.

Il doit faire l'objet d'une analyse rigoureuse, tenant compte de l'historique des flux, de l'utilisation réelle de la ligne, et de la situation financière du client. C'est aussi l'occasion de réévaluer la relation commerciale et d'assurer une allocation efficiente des ressources de la banque

➢ Sur le respect des échéances :

La banque doit s'assurer que le client rembourse les crédits aux dates prévues dans le contrat. Le non-respect des échéances (retards de paiement ou impayés) peut indiquer des difficultés financières ou une dégradation du risque. Ce suivi permet d'anticiper un risque de défaut et de déclencher des mesures correctives.

- **Surveillance des garanties** :

La surveillance des garanties signifie que la banque doit vérifier régulièrement la valeur réelle et actuelle des sûretés reçues en couverture du crédit, telles que les hypothèques, les nantissements ou les cautions. Cela permet de s'assurer que ces garanties conservent une valeur suffisante pour couvrir le risque en cas de défaillance de l'emprunteur. En parallèle, s'assurer de leur conformité juridique, c'est-à-dire que les garanties sont valablement constituées, juridiquement opposables et exécutables si nécessaire.

- <u>Pour les hypothèques</u>, c'est le Certificat d'Inscription Hypothécaire (CIH) délivré par le conservateur de la propriété foncière qui fait foi. Il atteste de l'inscription effective de l'hypothèque au profit de la banque, précisant son rang et sa validité.
- <u>Pour les nantissements</u>, c'est l'acte de nantissement signé par le donneur d'ordre (le constituant du nantissement) et la banque, souvent enregistré et, selon les cas, notifié ou publié (par exemple au RCCM ou à l'Autorité de Régulation de la Commande Publique (ARCOP) pour les marchés publics) qui permet de rendre le nantissement opposable aux tiers.
- <u>Pour les cautions</u>, il convient de disposer d'un acte de cautionnement écrit, signé par la caution (personne physique ou morale), comportant toutes les mentions légales requises, notamment l'engagement explicite, le montant maximal garanti, et la durée de validité. La banque doit également s'assurer de la solvabilité de la caution et du caractère exécutoire de son engagement. En cas de caution bancaire, une lettre d'engagement signée par l'établissement garant est généralement requise.

- <u>Contre-garanties bancaires</u> : la banque principale accepte un engagement de crédit (ex : émission de garantie) adossé à une contre-garantie émise par une autre banque ou une institution spécialisée (ex. : fonds de garantie). Cette contre-garantie est valable si elle est formalisée par une lettre d'engagement ou une convention signée, précisant le montant couvert, la durée, les modalités d'appel, et si l'établissement contre-garant est solvable, bien noté, et juridiquement engagé. La banque doit s'assurer que la contre-garantie est exécutable sans obstacles en cas de recours.

- Ainsi, la surveillance des garanties repose à la fois sur une évaluation de leur valeur économique et sur une vérification rigoureuse de leur validité juridique.

- **Outils de suivi utilisés** :
  - Les reportings internes de suivi de portefeuille,
  - Les alertes de dépassement ou incidents,
  - Les bases de données externes comme le CIP (Centrale des Incidents de Paiement) ou Credit info volo pour les notations ou historiques.

I.4. La fin du crédit : échéance normale ou gestion curative

La dernière phase correspond soit au remboursement intégral, soit à la survenue de difficultés de paiement nécessitant une gestion curative voire contentieuse.

- **Échéance normale** :

Le crédit arrive à terme sans incident. Le capital est remboursé intégralement, les intérêts sont réglés, et la relation bancaire peut être renouvelée.

- **Gestion curative** (en cas de retard ou d'impayé) :
  - **Résolution amiable** : La banque contacte le client pour convenir de solutions telles qu'un rééchelonnement ou une restructuration du prêt. L'objectif est d'éviter l'entrée en défaut tout en assurant un recouvrement partiel.
  - **Procédures de restructuration** : Cela implique une révision contractuelle (prolongation, baisse du taux, différé, etc), souvent déclenchée avant 90 jours d'impayé ou après.
  - **Recouvrement contentieux** : En cas d'échec de la phase amiable, la banque engage des actions judiciaires. Cela peut inclure la déchéance du terme, l'exigibilité anticipée du crédit, voire la saisie des garanties.

La gestion du cycle de vie d'un crédit bancaire repose sur une chaîne d'analyse, de suivi et de pilotage du risque, mobilisant plusieurs fonctions : analyse crédit, risque, recouvrement, conformité, et juridique. Elle est au cœur du dispositif prudentiel d'une banque performante.

En résumé, une bonne analyse crédit ne se limite pas à examiner des documents ou notification de crédit. Elle doit refléter la réalité économique du client et s'appuyer sur trois éléments clés :

- Comprendre le contexte et bien connaître le client (KYC).
- Identifier les enjeux réels de la demande (Cerner le besoin exact : investissement, besoin en fonds de roulement, refinancement, croissance externe. Vérifier la cohérence avec le business model : un financement doit servir la stratégie globale du client, pas la détourner).
- Structurer le financement pour réduire le risque. (Déterminer la durée adaptée : aligner la maturité du prêt avec la durée de vie économique du projet financé. Adapter le mode de remboursement : différés, échéances progressives, modulation selon les cycles d'activité)

Chaque dossier est unique : il n'existe pas de recette toute faite. Le contexte guide l'analyse, les enjeux donnent du sens à la demande, et la structuration permet de sécuriser la relation bancaire.

I.5. Risk Management Crédit : Contrôle, Pilotage et Anticipation

Le **Risk Management Crédit** est l'organe central chargé du contrôle, du pilotage et de l'anticipation des risques liés aux crédits bancaire. Sa mission est de veiller à la bonne application des politiques internes de gestion du risque, à la robustesse et à la cohérence des analyses crédit, ainsi qu'à la protection du portefeuille contre les défauts et dégradations.

Pour cela, le Risk Management s'appuie notamment sur :

- **Des indicateurs clés de risque (KRI, Key Risk Indicators)** : Ces indicateurs permettent de surveiller en temps réel la qualité du portefeuille crédit, détecter les tendances défavorables (ex : taux d'impayés, encours en surveillance, évolution des garanties) et alerter sur tout signal de dégradation.
- **Un dispositif d'appétence au risque rigoureux** : Ce dispositif traduit la tolérance de la banque aux risques crédit à travers des limites précises (limites d'exposition par client, secteur, produit, durée…). La gestion stricte des dépassements de ces limites (avec alertes et plans d'actions) garantit que le risque reste maîtrisé et aligné sur la stratégie de l'établissement.
- **Une séparation fonctionnelle avec la Surveillance des Engagements :** Le Risk Management Crédit est dissocié de la fonction

de Surveillance des Engagements, afin d'éviter toute situation de conflit d'intérêt ou d'auto-contrôle. Cette séparation assure que les Risk Managers restent objectives et indépendantes, et qu'il ne soit ni juge ni partie dans le suivi opérationnel des dossiers de crédit.

Ainsi, le Risk Management assure un pilotage dynamique du risque crédit, en intégrant à la fois la prévention, la surveillance continue, et la capacité d'anticipation des crises par des stress tests, dans un cadre conforme aux exigences réglementaires et aux objectifs internes.

✓ **<u>Tableau synthétique /étapes du processus d'octroi de crédit</u> :**

Étapes	**Description**	**Objectifs**
1. Réception de la demande	Collecte des informations et documents (identité, revenus, projet, garanties).	Constituer un dossier complet pour l'analyse.
2. Analyse préliminaire du dossier	Vérification de la complétude et de l'éligibilité du dossier (KYC...) Vérification d'identité approfondie (pièces d'identité, de justificatifs de domicile et de tout autre document pertinent).	Filtrer les demandes avant une analyse approfondie.
3. Analyse quantitative et qualitative de crédit par le gestionnaire / analyste crédit	Évaluation de la capacité de remboursement, des garanties et du crédit, indépendance financière, Scoring.	Identifier et mesurer les risques.
	Évaluation de la nature du crédit, du secteur d'activité, de l'expérience de l'emprunteur (Track record à l'historique de performances ou les résultats passés d'une personne, d'une entreprise), et des garanties (analyse des forces et faiblesse de l'activité et PESTEL .)	
4. Contre analyse Risques	Analyse de l'historique de crédit (Vérification des antécédents de paiement) ; Évaluation de la situation financière actuelle (Analyse des états financiers récents	Identifier et mesurer les risques.

	par les ratios de remboursement) ; Conditions de marché (Analyse des conditions économiques et sectorielles pouvant affecter la capacité de remboursement (tendances du marché, concurrence, fluctuations économiques).	
5. Décision de crédit	Présentation au comité interne de crédit CC ou comité supérieur de crédit CSC, décision d'octroi ou de refus. Respect strict du schéma délégataire, c'est-à-dire des niveaux de délégation de pouvoirs de décision selon les montants ou les profils de risque.	Valider ou refuser la demande selon les critères.
6. Formalisation du contrat	Rédaction et signature des contrats, constitution des garanties. Suite à l'accord de crédit	Formaliser l'accord et sécuriser l'institution.
7. Décaissement	Libération des fonds après vérification des conditions suspensives.	Mettre les fonds à disposition de l'emprunteur.
8. Suivi du crédit	Suivi des remboursements, gestion des impayés, surveillance continue des risques.	Assurer le bon déroulement du crédit.

Le schéma délégataire est un élément clé du dispositif de gouvernance du crédit. Il garantit que chaque décision d'octroi est prise par l'organe ou le niveau hiérarchique compétent, en fonction du montant du crédit, du niveau de risque identifié, ou de la nature du client (particulier, PME, grande entreprise, etc.). Ce respect strict permet d'assurer la traçabilité, la transparence et la conformité du processus de décision

En effet, dans un processus d'octroi de crédit, le responsable crédit donne un avis basé sur son analyse du dossier. Cependant, la décision finale revient au **comité de crédit**.

- **Responsable crédit** : Analyse le dossier, évalue les risques, et donne un avis favorable ou défavorable, accompagné d'une justification détaillée.
- **Comité de crédit** : Étudie le dossier complet, y compris l'avis du responsable crédit, et prend la décision finale. Cette décision peut aller à l'encontre de l'avis du responsable, mais elle devient définitive une fois validée par le comité.

En résumé, le rôle du responsable crédit est de fournir une analyse experte, mais c'est le comité de crédit qui a l'autorité de prendre la décision finale.

II. DISPOSITIF D'OCTROI

Le processus d'octroi du portefeuille d'étude peut être synthétisé par :

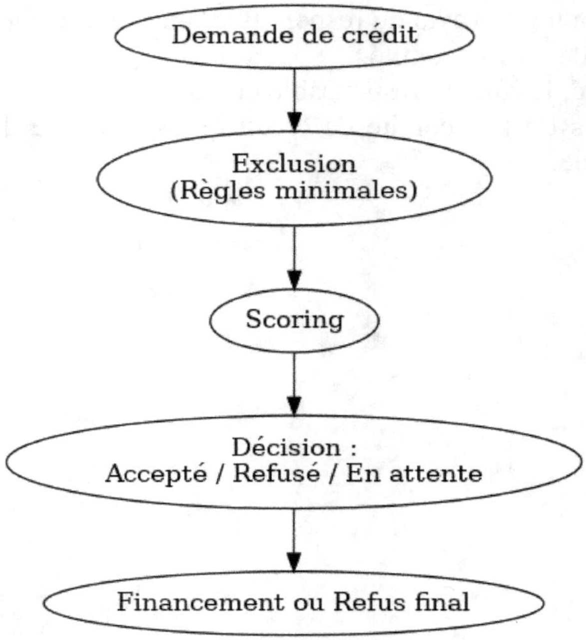

Dans ce système d'octroi, les règles d'exclusion, de refus, d'études et d'accord, ainsi que les actions mises en place en face de chaque décision, ont été définies en accord avec plusieurs métiers : Marketing, Commercial, et Risque.

II.1. Description du Dispositif d'Octroi

Ce dispositif comprend un système délégataire intégré au niveau du système expert. Ce système délégataire permet une étude des dossiers soit en agence, soit au siège. Les décisions prises peuvent être résumées comme suit :

- **Accepté** : Tous les dossiers acceptés sont automatiquement financés, sauf si le demandeur ne donne pas suite à la proposition (Cf. statut « sans suite » dans la décision finale).

- **En étude** : Ces dossiers sont soumis à un examen plus approfondi selon le respect strict du système délégataire. La décision finale peut différer de celle initialement proposée par le système.
- **Refusé** : Les dossiers refusés ne seront pas financés. Le motif du refus peut être basé sur l'évaluation des critères prédéfinis d'acceptation du risque.

Intégration des Métiers :

L'intégration des différents métiers (Marketing, Commercial, Risque) dans le dispositif d'octroi est cruciale pour assurer une cohérence et une transparence dans le processus de décision. Chacun de ces départements apporte une expertise essentielle :

- **Marketing** : Fournit des informations sur la demande du marché et aide à formuler des offres compétitives.
- **Commercial** : Évalue la viabilité des demandes de crédit en tenant compte des relations avec les clients et des objectifs de vente.
- **Risque / Engagements :** Analyse la solvabilité des demandeurs et les zones de risques associés aux risques associés aux crédits octroyés, garantissant que les décisions prises respectent les limites de risque de l'institution.

II.2. Dispositif de gestion curative

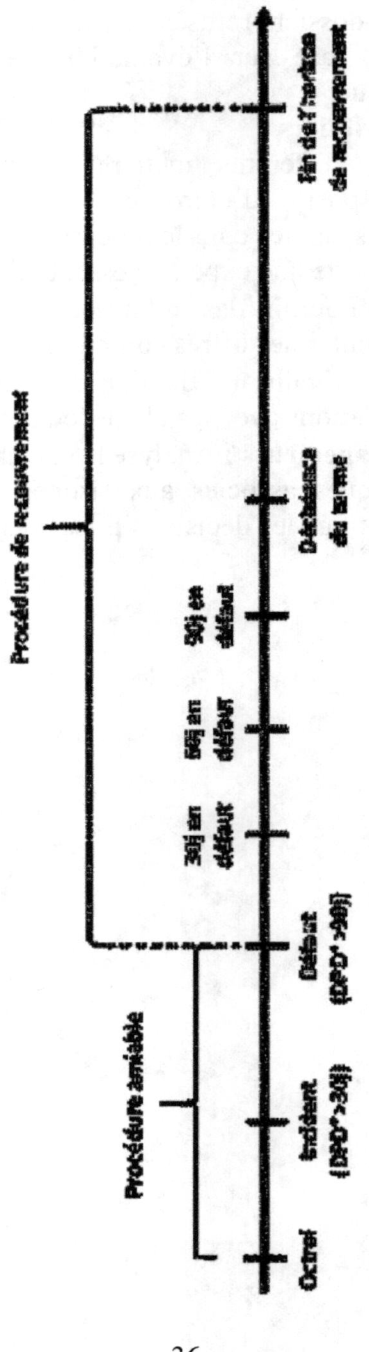

- **Procédure commerciale**

Le recouvrement commercial désigne l'ensemble des actions préventives menées par la banque dès les premiers retards (impayés inférieurs ou égaux à 30 jours). Il comprend des relances téléphoniques ou écrites destinées à encourager le client à régulariser sa situation avant que le dossier n'entre en procédure amiable ou contentieuse. Le recouvrement commercial vise ainsi à limiter l'apparition d'impayés plus importants.

- **Procédure amiable**

Dans cette procédure, tous les crédits incidentés (par exemple, Day Past due (DPD) plus de 30 jours d'impayés et pas encore en défauts) font l'objet d'un règlement amiable. Lorsque survient un incident, la banque contacte le débiteur afin de l'inciter à régler les échéances dues non honorées. L'objectif est de trouver une solution qui évite d'escalader vers des mesures plus correctives.

Les principales méthodes utilisées dans le cadre du recouvrement amiable :

- Relance initiale rapide : Dès la constatation d'un impayé, la banque prend rapidement contact avec le client par téléphone, SMS ou courriel afin de l'informer du retard constaté et de l'inviter à régulariser sa situation.
- Envoi d'un courrier de relance : Si la relance orale ne permet pas de résoudre l'incident, un courrier formel est envoyé au client. Ce courrier rappelle le montant dû, les échéances concernées et les conséquences potentielles d'un non-paiement, tout en encourageant une prise de contact.
- Échange et diagnostic personnalisé : Lors de ces échanges, le conseiller recueille les explications du client (difficultés financières, oubli, litige, etc.) afin de mieux comprendre sa situation et d'orienter la recherche de solution.
- Proposition de solutions négociées : En fonction du diagnostic, la banque peut proposer un plan d'apurement de la dette ou un report d'échéance, encadré par un avenant au contrat initial.
- Suivi individualisé : Un conseiller est désigné pour assurer un accompagnement spécifique jusqu'à la régularisation complète, afin d'éviter l'aggravation du retard (notamment l'atteinte du seuil de défaut à DPD > 90 jours).
- Mesures incitatives douces : Dans certains cas, la banque peut appliquer des restrictions sur certaines facilités non utilisées (ex. :

suspension temporaire d'un découvert autorisé ou d'une ligne de crédit), dans une logique de dissuasion douce.

- **Procédure de restructuration**

Cette procédure fait partie de la phase de dénouement amiable. Un crédit est considéré comme restructuré lorsqu'il y a une modification des conditions d'origine ou une novation d'un contrat de prêt non déchu du terme, affectant la durée, le taux ou les modalités d'amortissement. La restructuration intervient lorsque le débiteur rencontre des difficultés financières, telles que:

- Impayés sur prêts de moins de 90 jours (non techniques).
- Rejet de chèque.
- Dépassement de découvert.
- Etc.

Cette phase vise à adapter le contrat aux nouvelles capacités de remboursement du débiteur, permettant ainsi de maintenir une relation commerciale tout en maximisant les chances de recouvrement.

- **Phase précontentieuse (0- 90 jours dans le défaut, mais avant la déchéance du terme)**

L'objectif est évité le contentieux tout en durcissant la position de la banque.

- La déchéance du terme n'est pas encore prononcée, mais elle est envisagée.
- Dernières tentatives de négociation formelle avec le client (plan d'apurement, règlement partiel, reconnaissance de dette).
- Mises en demeure ou courriers recommandés avec délais formels de paiement.
- Préparation du dossier en vue d'un éventuel passage en contentieux (analyse juridique, consultation du service contentieux ou du département juridique

- **Procédure de recouvrement**

Cette phase commence lorsque le défaut du débiteur est constaté (plus de 90 jours d'impayés). Dans cette étape, la banque met en œuvre des actions pour recouvrer les échéances dues non payées. Si ces tentatives s'avèrent infructueuses au bout de 90 jours, la banque proclame la déchéance du terme, rendant l'intégralité des engagements du débiteur exigibles. À ce stade, le processus de recouvrement se poursuit jusqu'à ce que toutes les options aient été épuisées, moment auquel la banque peut être amenée à passer des pertes sur le crédit concerné.

Les principales méthodes utilisées dans le cadre du recouvrement contentieux :

- Mise en demeure : Envoi d'une lettre formelle au débiteur pour exiger le paiement sous un délai précis, avec poursuites judiciaires en cas de non-paiement.
- Saisies conservatoires : Mesures pour bloquer temporairement les biens ou comptes du débiteur afin de garantir le recouvrement futur (ex. saisie conservatoire des comptes bancaires).
- Procédures judiciaires : Assignation en justice : la banque saisit le tribunal compétent pour obtenir une décision contraignante. Et Jugement de condamnation : si le tribunal donne raison à la banque, il ordonne le paiement de la dette.
- Exécution forcée : Après obtention du jugement, la banque peut faire intervenir un huissier pour procéder à la saisie et la vente des biens du débiteur afin de recouvrer les sommes dues.
- Négociation ou arrangement judiciaire : Parfois, la banque peut proposer un plan d'apurement ou un accord de règlement avec le débiteur sous supervision judiciaire.

- **Phase d'abandon de créance / passage à pertes (généralement après 5 ans dans le défaut selon l'instruction 026 de la BCEAO relatif au provisionnement des CDL)**

Le But est de constater la créance comme irrécouvrable de manière juridiquement et fiscalement sécurisée.

- **Conditions pour passage à perte sécurisé** :

- Certificat d'irrécouvrabilité émis (par huissier ou expert).
- Justificatif de l'injoignabilité du client (ex. : procès-verbal de recherches infructueuses établi par huissier).
- Documentation complète dans le dossier crédit : preuve des tentatives de recouvrement.

Enjeux fiscaux :

Le passage à perte est fiscalement déductible uniquement s'il est sécurisé juridiquement.

À défaut, l'administration fiscale considère que la perte est non fondée → la somme doit être réintégrée dans le résultat fiscal → impôt sur le résultat majoré

Synthèse des phases de recouvrement :

Phase	Durée typique	Statut de la dette	Actions clés	Objectif
Amiable	0–90 jours d'impay é	Impayé ponctuel	Relances simples, négociation	Résolution rapide
Préconten-tieuse	0-90 jours dans le défaut, avant déchéan ce	Impayé durable	Mise en demeure, négociation formelle	Éviter la voie judiciaire
Conten-tieuse	>90 jours : Après déchéan ce du terme	Créance exigible	Action judiciaire, exécution forcée	Recouvremen t judiciaire
Passage à pertes ou abandon de créances	>5 ans dans le défaut	Clôture comptable/fiscal e	Certificat d'irrécouvrabilit é par acte d'huissier et in joignabilité du client	Créance irrécouvrable

II.3. Notion de Roll rate ou taux de roulement

Le taux de roulement (ou roll rate) est un indicateur utilisé par les banques pour suivre l'évolution des crédits impayés. Il montre quelle proportion de prêts en retard de paiement à un moment donné va empirer (par exemple, le taux de passage de 30 jours de retard à 60 jours de retard ; de 60 jour à 90 jours).

Le roll rate mesure la probabilité de transition d'un état de retard à un autre, ce qui permet d'estimer la vitesse et la gravité de la dégradation d'un crédit.

En effet, la méthode utilisée pour le calcul de cet indicateur est la méthode de cohorte qui est une technique d'analyse du risque de crédit qui consiste à suivre un groupe de prêts ("cohorte") ayant une caractéristique commune, généralement la même date de référence (comme la date de décaissement ou le moment où ils deviennent en retard de paiement), pour observer leur comportement dans le temps.

Il est préférable de calculer le taux de roulement par contrat et non par client, car un client peut avoir plusieurs contrats avec des comportements de remboursement différents, pouvant être en impayé sur un contrat tout en étant à jour sur un autre. Cela permet une analyse plus précise du taux de roulement.

La méthode des « **proxy** » sert à calculer les taux de roulement quand on n'a pas assez de données directes sur le suivi des prêts. Elle utilise des informations proches ou liées au comportement de paiement des emprunteurs pour estimer ces taux.

Généralisation du taux de roulement (Roll Rate) :

- N(t,A) = nombre de prêts dans l'état A à la date t
- N(t+1,B) = nombre de prêts dans l'état B à la date t+1
- T(t,A→B) = nombre de prêts qui passent de l'état A à l'état B entre t et t+1

Le taux de roulement de l'état A vers l'état B entre les dates t et t+1 est : Roll rate (A→B) =T(t,A→B) / N(t,A)

Le taux de roulement de A vers B =le nombre de prêts qui sont passés de l'état A à l'état B entre t et t+1, divisé par le nombre total de prêts qui étaient dans l'état A à la date t.

Le taux de roulement (roll rate) en termes de probabilité conditionnelle, on peut l'interpréter comme la probabilité qu'un prêt passe de l'état A à l'état B, étant donné qu'il était dans l'état A à la date t.

Notations :

- Soit At : l'événement « le prêt est dans l'état A à la date t »
- Soit Bt+1 : l'événement « le prêt est dans l'état B à la date t+1 »
- Alors : Roll rate(A→B) =P(Bt+1∣At) =c'est-à-dire :la probabilité qu'un prêt soit dans l'état B à t+1, sachant qu'il était dans l'état A à t.

Par définition de la probabilité conditionnelle : $P(B_{t+1} \mid A_t)=P(A_t \cap B_{t+1})/P(A_t)$

Mais sur un échantillon de prêts, on peut estimer ces probabilités par des fréquences :$P(B_{t+1} \mid A_t) \approx T(t,A\to B)/N(t,A)$

Si P(Bt+1|At) est élevée, cela signifie qu'il y a une forte probabilité de détérioration (ou d'évolution) de l'état A vers l'état B entre les deux dates.

Le roll rate entre différents états de retard (S1, S2, S3)

Imaginons que les prêts soient classés selon leur niveau de retard et on note par :

- R1 = prêts en retard de 30 jours
- R2 = prêts en retard de 60 jours
- R3 = prêts en retard de 90 jours (ou plus)

Le Roll rate R0 → R1 (ou passage de R0 à R1) mesure la part des prêts en règle (R0) qui deviennent en retard d'un premier niveau (R1), souvent le premier seuil de retard (par exemple 30 jours de retard). Il mesure l'efficacité du recouvrement commercial.

Un roll rate R0 → R1 élevé signifie que beaucoup de prêts deviennent en retard, ce qui peut alerter sur un problème naissant (ex. difficultés économiques des emprunteurs, problèmes dans le suivi des paiements).

Un roll rate faible est signe que les remboursements sont bien respectés et que le portefeuille reste sain

Roll rate R1 → R2 (30 → 60 jours de retard)

- Un roll rate élevé signifie que beaucoup de prêts passent de 30 à 60 jours de retard, donc le recouvrement amiable est peu efficace.
- Un roll rate faible signifie que peu de prêts empirent, donc le recouvrement amiable fonctionne bien.

Roll rate R2 → R3 (60 → 90 jours de retard ou plus)

- Un roll rate élevé indique que beaucoup de prêts passent de 60 à 90 jours, donc le recouvrement est inefficace.
- Un roll rate faible montre une bonne efficacité du recouvrement commercial.

Roll rate R1 → R3 (30 → 90 jours ou plus, aggravation rapide)

- Un roll rate élevé est un signe d'alerte fort, montrant que les prêts aggravent rapidement leur retard, signe d'un recouvrement global inefficace.
- Un roll rate faible signifie que le recouvrement global (amiable + commercial) freine efficacement la dégradation.

Plus les roll rates sont élevés, plus le recouvrement est inefficace. Plus les roll rates sont faibles, plus le recouvrement est efficace.

Tableau de calcul des Roll Rates :

	Mois(m)			
Bucket d'impayé En montant (M)	**m-3**	**m-2**	**m-1**	**m**
0	Mm-3_0	Mm-2_0	Mm-1_0	Mm_0
1 imp	Mm-3_1	Mm-2_1	Mm-1_1	Mm_1
2 imp	Mm-3_2	Mm-2_2	Mm-1_2	Mm_2
3 imp	Mm-3_3	Mm-2_3	Mm-1_3	Mm_3
4 imp	Mm-3_4	Mm-2_4	Mm-1_4	Mm_4
Plus de 4 imp	-	-	-	-
Défaut	-	-	-	-
	Mois(m)			
ROLL RATES (Taux de roulement) : méthode des proxy	**m-2**	**m-1**	**m**	**m+1**
R0-R0	Mm-2_0/Mm-3_0	Mm-1_0/Mm-2_0	Mm_0/ Mm-1_0	Mm+1_0/ Mm_0
R0-R1	Mm-2_1/Mm-3_0	Mm-1_1/Mm-2_0	Mm_1/ Mm-1_0	Mm+1_1/ Mm_1
R1-R2	Mm-2_2/Mm-3_1	Mm-1_1/Mm-2_1	Mm_2/ Mm-1_1	Mm+1_2/ Mm_2
R2-R3	Mm-2_3/Mm-3_2	Mm-1_3/Mm-2_2	Mm_3/ Mm-1_2	Mm+1_3/ Mm_3
R3-R4	Mm-2_4/Mm-3_3	Mm-1_4/Mm-2_3	Mm_4/ Mm-1_3	Mm+1_4/ Mm_4
R4-Rx	Mm-2_x/Mm-3_4	Mm-1_x/Mm-2_4	Mm_x/ Mm-1_4	Mm+1_x/ Mm_5

II.4. Notion d'impayé glissant (rolling delinquencies) selon EBA/GL/2016/07 du 18/01/2017

Un Impayé glissant désigne une échéance de prêt ou créance qui alterne régulièrement entre des périodes de retard de paiement (impayé) et des périodes de régularisation (remboursement des arriérés), sans que le retard ne se stabilise durablement. Ce phénomène traduit une situation d'instabilité financière de l'emprunteur, caractérisée par des défauts temporaires successifs, qui ne sont pas encore considérés comme un défaut durable selon les normes comptables, mais qui augmentent le risque de dégradation future du crédit.

La Nouvelle définition du defaut (NDoD) a été initiée par la Banque Centrale Européenne (BCE) et l'Autorité Bancaire Européenne (ABE) dans le cadre du projet « IRB Repair » , entrée en vigueur le 1er janvier 2021 (Directives de l'EBA -Autorité Bancaire Européenne) reconnaît que ces situations répétées d'impayés temporaires traduisent une détérioration du risque de crédit suffisamment significative pour être qualifiée de défaut, même si le seuil classique de 90 jours de retard n'est pas toujours atteint de manière continue.

II.4.A. Formulation mathématique de l'impayé glissant

L'impayé glissant, désigne une instabilité chronique dans les paiements, avec des allers-retours fréquents entre régularisation et retard.

Soit Rt le retard de paiement (en jours) d'un prêt à la période t. On définit un seuil S (par exemple 30 jours) au-delà duquel un prêt est considéré en impayé.

Impayé glissant signifie que pour plusieurs périodes consécutives t, t+1, t+2… le prêt alterne entre :

- des périodes où $R_t > S$ (impayé)
- et des périodes où $R_t \leq S$ (régularisation ou retour à un retard acceptable)

Formellement, un prêt est en impayé glissant sur l'intervalle [t,t+n] si :

$\exists$ t1, t2$\in$ [t, t+n], t1 < t2 tel que $R_{t1} > S$ et $R_{t1+1} \leq S$ et $R_{t2} > S$; avec des alternances répétées entre impayé et régularisation.

On peut aussi définir une fonction indicatrice de l'impayé : $I_t = \{1, \text{si } R_t > S \mid 0, \text{sinon}$

Un prêt est en impayé glissant s'il existe plusieurs t tels que : It=1 = It+1=0 et It+2=1 c'est-à-dire des changements répétés entre impayé et régularisation.

Temps :	t	t+1	t+2	t+3	t+4
État :	R0	R1	R2	R3	R4
	↓ RollRate(R0 →R1)	↓ RollRate(R 1→R2)	RollRate(R2 →R3)	↓ RollRate(R3→R4)	
	Impayé →	Régularisé →	Impayé →	Régularisé …	

- À chaque période, le prêt alterne entre impayé (R0, R2,…) et régularisé (R1, R3, …)

- Les flèches représentent les taux de roulement (roll rates) entre ces états

- Un impayé glissant correspond à des transitions fréquentes entre impayé et régularisé, donc des roll rates significatifs dans les deux sens.

- Un impayé glissant implique que les roll rates entre impayé et régularisé (dans les deux sens) sont significatifs.
- Autrement dit, les probabilités de passage R0→R1 et R1→R2 , etc , sont élevées, traduisant des allers-retours fréquents entre retard et régularisation.

II.4.B. Notion de vitesse du recouvrement (Impayé)

La vitesse de recouvrement (ou « recovery rate » en anglais) mesure la rapidité et l'efficacité avec laquelle un prêteur récupère les sommes dues après un défaut ou un retard de paiement. La vitesse de recouvrement peut être vue comme le taux de passage d'un état d'impayé vers un état régularisé sur une période donnée.

N(t,I) : nombre de prêts en état Impayé à la date t

N(t+1,R) : nombre de prêts en état Régularisé à la date t+1

T(t,I→R) : nombre de prêts qui passent de Impayé à Régulariser entre t et t+1

Le taux de recouvrement (vitesse de recouvrement) entre t et t+1est donné par :

Recovery Rate(t)=T(t,I→R)/N(t,I)

C'est la probabilité conditionnelle qu'un prêt en retard à t soit régularisé à t+1: Recovery Rate(t)=P(Rt+1|It)

- Le roll rate mesure la probabilité qu'un prêt évolue vers un état de retard plus sévère (p.ex. de 30 à 60 jours de retard) — c'est un taux de dégradation.
- La vitesse de recouvrement mesure la probabilité qu'un prêt passe d'un état de retard à un état régularisé — c'est un taux d'amélioration.

Exemple : Si à t, 100 prêts sont en impayé, et entre t et t+1, 30 prêts sont régularisés, alors la vitesse de recouvrement est :30/100=30%.

II.4.C. Notion de vitesse du recouvrement (Créances douteuses et litigieuses)

La **vitesse de recouvrement** peut être vue comme un taux de variation du montant des créances douteuses sur une période donnée.

On considère le montant des créances douteuses à deux dates : C(t) à la date t et C(t+1) à la date t+1.

- La diminution de ces créances (le montant récupéré) est donc :$\Delta C = C(t) - C(t+1)$
- La vitesse de recouvrement, exprimée en taux, est alors : $V(t \rightarrow t+1) = \Delta C / C(t) = [C(t) - C(t+1)] / C(t) = 1 - [C(t+1) / C(t)]$

Interprétation : Si $V(t \rightarrow t+1) = 0.2$ (ou 20 %), cela signifie que les créances douteuses ont diminué de 20 % entre t et t+1 grâce aux recouvrements. Si $V(t \rightarrow t+1) = 0$, il n'y a pas eu de recouvrement. Et si $V(t \rightarrow t+1) < 0$, cela veut dire que les créances douteuses ont augmenté (par exemple, de nouveaux impayés sont venus s'ajouter).

II.4.D. Les principales causes de sinistralité dans un portefeuille bancaire

Plusieurs facteurs expliquent l'augmentation des défauts dans un portefeuille de crédits :

- **Analyse de risque insuffisante** : Des évaluations superficielles de la solvabilité des emprunteurs conduisent à des défauts massifs. L'exemple emblématique reste la crise des subprimes de 2008, où les prêts ont été accordés sans contrôle rigoureux.
- **Critères de crédit trop souples** : Dans une logique de croissance rapide, certaines banques abaissent leurs exigences (ex. : absence de garanties, taux d'endettement élevé), ce qui attire des clients à risque et fragilise le portefeuille.
- **Concentration excessive des risques** : Une exposition trop forte à un secteur ou une zone géographique accroît la vulnérabilité en

cas de choc économique, avec des pertes amplifiées et des mesures correctives coûteuses.

- **Suivi post-octroi insuffisant** : L'absence de surveillance après l'octroi du crédit empêche de détecter à temps les signaux d'alerte, limitant la capacité de réaction.
- **Stratégie commerciale trop agressive :** La course aux objectifs commerciaux pousse parfois à privilégier le volume au détriment de la qualité, avec des pratiques risquées et un risque de défaut accru.

III. CONCEPT DU TAUX D'INTÉRÊT EFFECTIF (TIE) ET CALCUL DES INTÉRÊTS IAS

La norme IFRS 9 vient à la fois remplacer et compléter sur certains points la norme "*IAS 39 - Instruments Financiers : Comptabilisation et Évaluation*" dans l'optique d'améliorer l'information financière, notamment via une approche davantage prospective en ce qui concerne la comptabilisation des pertes attendues sur les actifs financiers.

Bucket	Situation	Pertes de crédit attendues	Méthode de calcul (TIE)
Bucket 1	Actifs sains, pas de risque de crédit avéré depuis l'origine (sauf exceptions : créances commerciales, crédit-bail, actifs déjà dégradés)	Pertes attendues à 12 mois	TIE appliquée sur la valeur brute des actifs
Bucket 2	Actifs avec une augmentation significative du risque de crédit depuis l'origine, mais sans défaut avéré	Pertes attendues à maturité (lifetime ECL)	TIE appliquée sur la valeur brute des actifs
Bucket 3	Actifs en défaut avéré / risque de crédit avéré	Pertes attendues à maturité (lifetime ECL)	TIE appliquée sur la valeur nette des actifs (après dépréciation)

IFRS 9 se décompose en trois piliers majeurs, appelés "**phases**", à savoir :

- Phase 1 : ***classification et évaluation des instruments financiers*** ;
- Phase 2 : ***dépréciation des instruments financiers*** ;
- Phase 3 : ***couverture des instruments financiers***

III.1. Calcule le TIE (Taux d'Intérêt Effectif)

Le TIE est calculé comme le taux d'actualisation qui égalise la valeur actuelle des flux entrants et sortants liés au crédit, c'est-à-dire la solution du taux r à l'équation :

Valeur actuelle des décaissements=Valeur actuelle des rembour sements + intérêts + frais

Autrement dit, le TIE est le taux r qui satisfait : **∑(t=0 ; T) Ct/(1+r) ^t=0**

- C0 : montant net déboursé par la banque (généralement négatif, car décaissement)
- Ct : flux nets à chaque période (remboursements de capital, intérêts, commissions) ; T : nombre total de périodes

À partir du moment où un actif est considéré en défaut (Stage 3), les intérêts ne sont plus comptabilisés sur la valeur brute (encours total), mais sur la valeur nette comptable (net carrying amount).

Les intérêts IAS comptabilisés pendant une période sont calculés comme :

Intérêts IAS=Valeur Comptable Nette en début de période × **TIE**

La valeur nette comptable = Encours provisionnable – Provision pour pertes attendues

Encours provisionnable={Capital restant dû+
Intérêts contractuels impayés à la date de défaut+
Intérêts courus non échus à la date de défaut+
Pénalités de retard+Commissions dues impayées+
Montants récupérés après le défaut (capital+ intérêt)}

Provision IAS= (Encours provisionnable×tauxde provisionnement estimé) +Intérêts IAS

Même si le client est en défaut, on continue de calculer les intérêts IAS pour refléter la valeur résiduelle de l'actif, et mieux estimer la perte attendue.

Pourquoi ajouter les intérêts IAS sous IFRS 9 (Phase 3) ?

Continuité du TIE : Même si le client est en défaut, on continue de calculer les intérêts sur la base du Taux d'Intérêt

Effectif (TIE) appliqué à la valeur nette comptable (VNC). Cela permet de refléter les revenus réellement attendus sur la partie encore recouvrable.

Évaluation réaliste de l'actif : Pour bien estimer la perte attendue (provision),

Il faut tenir compte de tous les flux futurs espérés, y compris : les remboursements partiels, et les intérêts futurs probables (même s'il y a incertitude). On actualise ces flux futurs, ce qui inclut les intérêts IAS, pour estimer la perte réellement probable.

Exemple1 :

Données	**Valeur**
Encours = Valeur Comptable Nette (VNC)	250 000 XOF
Durée de remboursement	6 ans
Taux d'intérêt contractuel	12,50%
Taux d'intérêt effectif (TIE)	à déterminer
Frais accessoires capitalisés	25 000 XOF
Remboursement	Par annuités constantes

Étape 1 : Définir la base des flux

En IFRS 9, on calcule les intérêts IAS en appliquant le TIE à la VNC début de période, donc ici 250 000 XOF.

Mais si le taux contractuel est différent du TIE, cela signifie que la VNC n'est pas égale au nominal du contrat (car elle inclut ou exclut des frais, décotes, prime). La VNC inclut ici les frais accessoires de 25 000 XOF, donc la valeur nominale du prêt est de 225 000 XOF.

Étape 2 : Calcul de l'annuité contractuelle (flux remboursés)

On calcule l'annuité constante à partir de la valeur nominale (225 000) et du taux contractuel 12,5 % :

A=225 000×0,125/[1−(1+0,125)^−6]≈225 000×0,2535≈57 055 XOF. Ces 57 055 XOF sont les flux contractuellement dus chaque année pendant 6 ans.

Etape 3 : Calcul du TIE implicite

Maintenant, nous avons :

- La VNC = 250 000 XOF
- Les flux contractuels annuels = 57 055 XOF sur 6 ans

Nous devons résoudre l'équation suivante pour le **TIE (r)** :

250 000=∑ (t=1 ;6) 57 055(1+r)^t ➔ A l'aide la fonction Excel ; TAUX (n ; -annuité ; VNC) : on obtient r=7,5%

Selon IFRS 9, les intérêts IAS se calculent ainsi : Intérêts IAS=VNC Début×TIE=250 000×7,5%=18 750 XOF.

À partir du passage en défaut (phase 3), les intérêts IAS ne sont plus calculés sur l'encours brut mais sur : Valeur nette comptable=Encours provisionnable− Provisions

Cela signifie que les intérêts diminuent mécaniquement au fur et à mesure que la provision augmente.

Exemple 2 (en XOF)

- Capital restant dû : 1 000 000
- Intérêts impayés : 50 000
- Intérêts courus non échus : 10 000
- Pénalités : 5 000
- Commissions impayées : 5 000
- Récupération après défaut (prévision) : 100 000
- LGD = 80%
- TIE (taux effectif) = 10%

Encours provisionnable : 1000000+50000+10000+5000+5000+100000=1170000 XOF

Provision brute (hors intérêts IAS) :1170000×80% = 936000XOF

Valeur nette comptable :1170000 − 936000=234000XOF

Intérêts IAS : 234000 × 10%=23400XOF

Provision totale IAS :936000+23400=959400XOF

Conclusion : La provision IAS en phase 3 sous IFRS 9 est donc bien égale à :

(Encours provisionnable ×LGD) +Intérêts IAS. Ce calcul reflète la perte attendue intégrant à la fois la perte sur capital et les intérêts d'un actif déprécié.

Calcul des intérêts IAS (selon IFRS 9), notamment pour les actifs en défaut (Phase 3).

Rappel du principe : IFRS 9 – Phase 3 (actif déprécié)

À partir du moment où un actif est considéré en défaut (Phase 3), les intérêts ne sont plus comptabilisés sur la valeur brute (encours total), mais sur la valeur nette comptable (net carrying amount). Donc : Interets IAS=Valeur nette comptable×Taux d'intérêt effectif (TIE)

Étape 1 – Formule du taux effectif (TIE)

Le TIE est le taux qui égalise la valeur initiale de l'actif financier avec la somme actualisée des flux futurs de trésorerie contractuels. Valeur d'entrée=∑ (t=1 ; n) CFt(1+TIE)^t

Étape 2 – Application au calcul des intérêts IAS en phase 3

À la date t, l'intérêt IAS à comptabiliser est : Intérêt IAS t=Valeur nette comptablet−1×TIE

- La valeur nette comptable = Encours provisionnable – Provision pour pertes attendues
- Le TIE reste inchangé même après le passage en défaut

Exemple 3 (en XOF)

Élément	Valeur
Encours provisionnable	1 000 000 XOF
LGD	70%
TIE	10% annuel
Provision = ECL	700 000 XOF

➢ Étapes du calcul

a) Valeur nette comptable : VNC=1000000−700000=300000 XOF

b) Intérêt IAS : Intérêt IAS=300000×10%=30000 XOF

3. Évolution dans le temps

Si tu gardes la même provision, l'intérêt IAS à chaque période reste constant :

Période	VNC	TIE	Intérêts IAS
T0	300 000	10%	30 000 XOF
T1	300 000	10%	30 000 XOF
…	…	…	…

Mais si la provision est réévaluée, alors la VNC change, et les intérêts IAS changent.

Intérêts IAS = TIE × Valeur nette comptable

Le TIE reste constant, même si le client est en défaut.

La VNC diminue au fur et à mesure que le provisionnement augmente.

Les intérêts IAS sont souvent moindres que les intérêts contractuels.

Le Taux d'Intérêt Effectif (TIE) est le taux d'actualisation qui égalise la valeur comptable initiale d'un actif financier avec la somme actualisée des flux de trésorerie futurs contractuels attendus.

Formule générale du TIE : $P0=\sum (t=1 ; n) CFt/(1+TIE)^t$

Soit :

- Po : le prix d'achat ou valeur comptable initiale nette (ex : montant décaissé)
- CFt : les flux de trésorerie contractuels à recevoir à chaque période t
- TIE : le taux d'intérêt effectif recherché
- n: le nombre total de périodes

Le TIE représente le taux d'intérêt réel que l'institution gagnera sur la durée de vie de l'actif, en tenant compte :

- du prix payé ou avancé au départ
- des frais, commissions, primes ou décotes
- et des remboursements échelonnés

Exemple 4 (annuité constante en XOF)

Un prêt de 1 000 000 XOF est accordé avec les conditions suivantes :

- Durée : 3 ans
- Remboursement annuel constant de 400 000 XOF
- Frais initiaux prélevés : 50 000 XOF
- Le client recevra donc 950 000 XOF net

On cherche le TIE sur la base de la valeur nette décaissée de 950 000 XOF.

Étape 1 : Flux attendus

Années	Flux attendu (CF)
1	400 000 XOF
2	400 000 XOF
3	400 000 XOF

Étape 2 : Équation du TIE

On cherche le taux r=TIE qui vérifie : $950\,000=400\,000/(1+r)^1+400\,000/(1+r)^2+400\,000/(1+r)^3$

Étape 3 : Résolution par Excel ou calculateur

Tu peux utiliser Excel avec la fonction : = TIR (-950000 ; {400000 ; 400000 ; 400000})

Le TIE est environ 15,5% par an

Vérification manuelle (approximative) : Testons avec r=15,5%

400 000/(1+0,155) ^1=346 320

+400 000/(1+0,155)2=299 830

+400 000/(1+0,155)3=259 407

Total=905 557 XOF

III.2. Application dans IFRS 9

Une fois le TIE déterminé au moment de l'octroi, il devient:

Le taux utilisé pour :

- Calculer les intérêts IAS
- Actualiser les flux futurs attendus dans l'évaluation des pertes de crédit attendues (ECL)
- Évaluer la juste valeur en cas de restructuration

Logique du TIE :		
Décaissement initial (net de frais) → Flux futurs contractuels (intérêts + remboursements)		
↓		↑
Taux effectif (TIE)	=	taux qui égalise la valeur actuelle

Que sont les intérêts IAS ?

Ce sont les intérêts calculés sur la valeur nette comptable (et non sur la valeur brute) des actifs financiers dépréciés (i.e., en défaut), au taux d'intérêt effectif (TIE) fixé à l'origine du contrat.

Intérêts IAS=Valeur nette comptable × TIE

Pourquoi les ajouter dans le calcul de la provision (ECL Phase 3) ?

Raison 1 – Respect du principe de continuité du calcul du TIE

IFRS 9 impose que les produits d'intérêts soient comptabilisés au TIE sur la base de la VNC, même après un défaut. Donc, même si l'on reconnaît une perte attendue (provision), on continue de comptabiliser les intérêts IAS pour refléter la performance résiduelle de l'actif.

Raison 2 – Respect du principe d'évaluation des actifs financiers

L'actif déprécié reste inscrit au bilan (en Phase 3), mais sa valeur est réduite par la provision. Or, pour bien estimer cette provision, il faut tenir compte de tous les flux attendus, y compris :

- Les remboursements partiels futurs, et
- Les intérêts futurs (même incertains) que l'on estime toujours recouvrables.

Ainsi, on intègre les intérêts IAS aux flux actualisés pour calculer la perte attendue (ECL).

Formule complète de la provision Phase 3 (ECL)Provision= (Encours provisionnable×LGD) +Intérêts IAS

Encours provisionnable = capital restant dû + intérêts impayés + pénalités + commissions impayées + récupérations potentielles (si en défaut)

LGD = Loss Given Default = % de perte en cas de défaut

Intérêts IAS = produit d'intérêts à constater, mais sur VNC × TIE

Données IFRS 9 :

- VNC (valeur comptable nette) en début de période = 250 000 XOF
- Durée = 6 ans
- Remboursements futurs = annuité constante (même montant chaque année)

TIE = inconnu

Rappel de la formule du TIE :

On doit résoudre l'équation suivante (principe de la VAN = 0) :

250 000=∑(t=1 ;6) A/(1+TIE)^t où :

- A = annuité constante (remboursement annuel en capital + intérêt)
- TIE = Taux d'Intérêt Effectif à trouver

Si A = 53 000 XOF :

On calcule la valeur actuelle des flux sur 6 ans avec un taux supposé, mettons TIE=9% ; VAN=53 000×(1−(1+r)^−6)

r =53 000× (1−(1+0,09)^−6/ 0,09)≈250 167 XOF

Donc, pour une annuité de 53 000, le TIE est ≈ 9 %, et c'est cohérent avec une VNC de 250 000 XOF.

Calcul des Intérêts IAS

Maintenant que nous avons une estimation du TIE = 9 %, on applique :

Intérêts IAS (année 1) =250 000×9%=22 500 XOF

Pour les années suivantes, la VNC diminue, donc les intérêts IAS baissent chaque année :

Année	VNC début	Intérêt IAS (9%)	Annuité	Amortissement
1	250 000	22 500	53 000	30 500
2	219 500	19 755	53 000	33 245
3	186 255	16 763	53 000	36 237
4	150 018	13 502	53 000	39 498
5	110 520	9 947	53 000	43 053
6	67 467	6 072	53 000	46 928

Si l'encours (VNC) est de 250 000 XOF, que la durée restante est de 6 ans, et que le remboursement est par annuités constantes, alors :

- Le TIE implicite ≈ 9 %
- L'intérêt IAS en année 1 = 250 000 × 9 % = 22 500 XOF

Éléments	Valeur
VNC début de période	250 000 XOF
Durée restante	6 ans
Taux d'intérêt contractuel	12,50%
Taux d'intérêt effectif (TIE)	À calculer ou à confirmer
Remboursements	Par annuités constantes

Calculer les intérêts IAS pour l'année 1, en respectant IFRS 9, c'est-à-dire :

Mais comme le TIE n'est pas donné explicitement, on va :

Calculer l'annuité constante à partir du taux contractuel (ici 12,5 %)

Vérifier si ce taux est aussi le TIE :

Étape 1 : Calcul de l'annuité constante

On utilise la formule des annuités constantes :

A=VNC×i/1−(1+i) −^n où : A = annuité constante, i=12,5%, n=6, VNC=250 000

A=250 000×0,1251−(1+0,125)
−^6=250 000×0,253577≈63 394 XOF

Étape 2 : Confirmation que le TIE = taux d'intérêt contractuel = 12,5 %

Puisque les flux futurs sont contractuellement connus et constants, et que la VNC est donnée, on peut raisonnablement utiliser 12,5 % comme TIE.

Étape 3 : Calcul des intérêts IAS annuels

On applique : Intérêts IAS=VNC (début année) ×TIE

Année	VNC Début	Intérêt IAS (12,5%)	Annuité constante	Amortissement du capital
1	250 000	31 250	63 394	32 144
2	217 856	27 232	63 394	36 162
3	181 694	22 712	63 394	40 682
4	141 012	17 626	63 394	45 768
5	95 244	11 906	63 394	51 488
6	43 756	5 470	63 394	57 924

Total des intérêts IAS sur 6 ans ≈ 116 196 XOF

Exemple 2 :

Données	**Valeur**
Encours = VNC	300 000 XOF
Taux d'intérêt effectif (TIE)	8,00%
Date de dernière échéance payée	01/01/N
Date de clôture comptable	31/03/N
Remboursement	Par annuités trimestrielles constantes
Fréquence d'annuité	Trimestrielle

Réponse :

Étape 1 – Rappel de la règle :

En IFRS 9, les intérêts IAS se calculent sur la base de la VNC × TIE × temps écoulé depuis le dernier paiement d'intérêts.

Ici, les intérêts courus s'étendent du 01/01/N au 31/03/N, soit 3 mois sur 12 (ou 1 trimestre).

Intérêts IAS prorata temporis = VNC × TIE × (nb jours ou fraction de période)

Étape 2 – Application numérique :

ICNE = 300 000 × 8 % × (3 / 12) = 300 000 × 0,08 × 0,25 = **6 000 XOF**

Résultat : Les intérêts courus non échus à comptabiliser au 31/03/N sont de 6 000 XOF.

Écriture comptable en normes IFRS :

Date	Compte	Débit	Crédit
31/03/N	Charges d'intérêts IAS	6 000	
	ICNE Intérêt couru non échu à payer (passif)		6 000

IV. ÉVALUATION ET DÉPRÉCIATION DES INSTRUMENTS FINANCIERS

IV.1. La classification

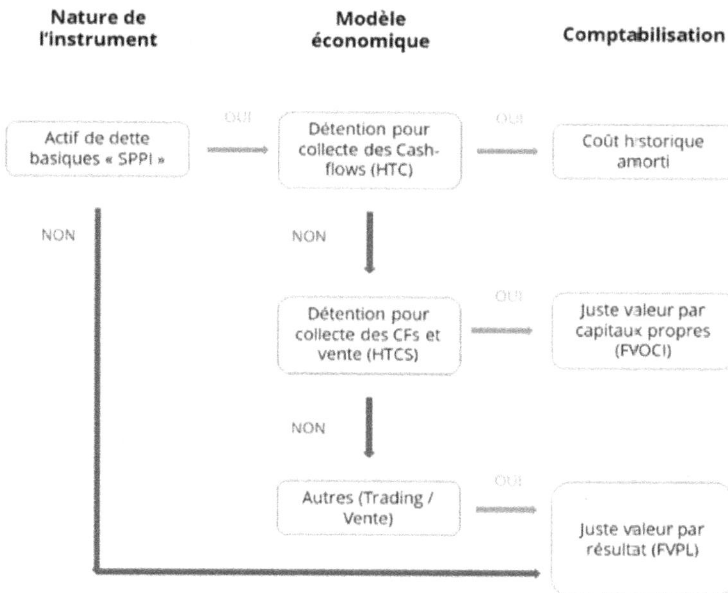

Selon la norme IFRS 9, les instruments financiers sont classés à la fois en fonction de deux critères cumulatifs principaux :

- Le modèle économique de l'entité pour la gestion des actifs financiers :(soit percevoir les flux de trésorerie contractuels et garder l'actif jusqu'à l'échéance (HTC : Held To Collect) ; soit percevoir les flux contractuels et vendre l'actif (HTCS : Held To Collect and Sell).
- Les caractéristiques des flux de trésorerie contractuels de l'actif (SPPI)

Les instruments financiers sont ainsi classés en trois catégories distinctes, à savoir :

IV.1.A. Évaluation au Coût Amorti (Méthode d'évaluation où l'actif est enregistré au bilan pour sa valeur historique en prenant compte des amortissements, dépréciations et remboursements)

Cette catégorie s'applique aux instruments financiers qui sont détenus dans le cadre d'un modèle d'affaires dont l'objectif est de collecter des flux de trésorerie contractuels, et dont les flux de trésorerie contractuels représentent exclusivement des paiements de principal et d'intérêts (critère SPPI). Les exemples typiques comprennent les prêts accordés et les obligations d'entreprises détenues à des fins de perception de flux de trésorerie et non de vente.

IV.1.B. Évaluation à la Juste Valeur par le biais des Autres Éléments du Résultat Global (FVOCI) :

Cette catégorie concerne les actifs financiers détenus dans un modèle d'affaires qui est conçu pour à la fois percevoir les flux de trésorerie contractuels et vendre les actifs financiers, les flux de trésorerie sont alors identiques à la catégorie précédente, paiements de principal et d'intérêts. Cette catégorie est souvent utilisée pour des instruments de dette lorsque l'entreprise a une stratégie mixte de perception et de vente.

IV.1.C. Évaluation à la juste valeur par le biais du Compte de Résultat" (FVTPL) :

Les instruments financiers classés dans la catégorie FVTPL sont ceux qui ne répondent pas aux critères pour être classés au coût amorti ou à la FVOCI.

Les actifs et passifs financiers classés en FVTPL sont mesurés à la juste valeur à chaque date de clôture. Toutes les variations de la juste valeur des actifs et passifs financiers classés en FVTPL sont enregistrées directement dans le compte de résultat.

Cela inclut à la fois les gains et les pertes résultant de la variation de la juste valeur. Les contrats à terme, les options, les swaps et d'autres instruments dérivés sont généralement classés en FVTPL.

Cette catégorie fournit une représentation en temps réel de la valeur de marché des actifs et passifs, offrant une transparence accrue.

IV.1.D. Évaluation à la juste valeur par le biais des capitaux propres :

Le modèle "Évalué à la Juste Valeur par le biais des capitaux propres" (Equity Method) est un principe comptable utilisé pour comptabiliser les investissements dans des entités où l'investisseur exerce une influence significative, mais ne détient pas le contrôle ni le contrôle conjoint.

Ce modèle n'est pas directement issu de la norme IFRS 9, mais est plus pertinent dans le contexte des IFRS 10 (Consolidation) et IAS 28 (Investissements dans des associés et des coentreprises).

IV.2. Dépréciation des instruments financiers

Il s'agit du changement le plus important apporté par la norme IFRS 9. En effet, alors qu'auparavant l'élément déclencheur d'une dépréciation d'actif résidait dans les pertes avérées, il réside désormais dans les pertes attendues. En outre, les modalités de dépréciation de l'IFRS 9 concernent à présent l'ensemble des instruments financiers pouvant faire l'objet d'une dépréciation. IFRS 9 distingue 3 niveaux de dépréciation du risque de crédit lié à l'instrument financier, appelés "buckets", à savoir :

- **Stade 1** concerne les actifs financiers qui n'ont pas connu d'augmentation significative du risque de crédit depuis leur reconnaissance initiale. Pour ces actifs, les provisions pour pertes de crédit sont basées sur les pertes attendues sur 12 mois.
- **Stade 2** inclut les actifs financiers pour lesquels il y a eu une augmentation significative du risque de crédit depuis leur reconnaissance initiale, mais qui ne sont pas encore défaillants. Dans ce stade, les provisions sont calculées sur la base des pertes de crédit attendues sur toute la durée de vie de l'actif.

La Watch List intervient ici car elle permet d'identifier les expositions dont le risque a augmenté de manière significative, signalant qu'elles doivent être surveillées de plus près et faisant basculer leur provisionnement du modèle de pertes attendues sur 12 mois au modèle de pertes attendues sur toute la durée.

- **Stade 3** est réservé aux actifs financiers défaillants ou pour lesquels il y a des preuves objectives d'une perte de crédit. Ici, le provisionnement est également basé sur les pertes de crédit attendues sur toute la durée, mais ces actifs sont considérés comme étant en défaut ou proches du défaut.

Stage 1 ——————▶ Stage 2 ——————▶ Stage 3
(Performant) (Sous surveillance) (Défaut / Crédit avéré)

Impayés ≥ 90 jours

impayés>=30jourset<90jours ECL Maturity

Impayés < 30 jours (ECL à 12mois)

Évolutions possibles :

- Stage 1 → Stage 2 si impayés ≥ 30j ou risque accru
- Stage 2 → Stage 3 si impayés ≥ 90j / défaut
- Stage 2 → Retour S1 si amélioration durable (régularisation)
- Stage 3 → Retour S2 ou S1 si recouvrement ou restructuration réussie

La classification d'un actif dans la Watch List et son passage au stade 2 sont donc des indicateurs que la banque reconnaît une dégradation significative de la qualité de crédit de l'actif, nécessitant un suivi plus intensif et une augmentation des provisions pour refléter le risque accru de perte. Cela permet de mieux gérer les risques de crédit et d'assurer que les provisions sont adéquates pour couvrir les pertes potentielles, conformément aux principes prudentiels d'IFRS 9.

IV.3. Mécanisme et évolution de la Watchlist

CONDITIONS	ACTIONS REQUISES
Mise en Watch List (WL) à la discrétion d'experts	• La fonction commerciale est chargée d'examiner attentivement chaque cas et de décider d'ajouter des contreparties à la Watch List si la situation le justifie.
Si une contrepartie est en WL	• Les contreparties placées en Watch List doivent être suivies et gérées de manière proactive pour éviter tout défaut potentiel.
➢ **NOTATION**	
Si une contrepartie n'est pas notée	• Toutes les contreparties doivent être évaluées et notées dans les meilleurs délais pour assurer une gestion efficace du risque de crédit.
Proposition automatique de placement en WL (S2)	• Si une contrepartie est notée et que sa notation est arrivée à échéance, son placement en Watch List doit être envisagé et décidé en fonction des résultats de l'évaluation de crédit. • Les notations des contreparties doivent être renouvelées avant date d'échéance
Proposition automatique de placement en WL (S2)	• Si la notation d'une contrepartie se dégrade significativement au cours de 18 derniers mois alors une analyse approfondie de la situation doit être effectuée pour décider de son placement en Watch List et d'une éventuelle provision sur les créances sensibles. (Denotching)
➢ **IMPAYÉS/DÉPASSEMENTS**	
Si le client a des impayés ou dépassement d'autorisation de plus de 30 jours et < 90 jours.	• Les impayés et/ou les dépassements doivent être résolus dans les plus brefs délais pour éviter une détérioration de la situation financière du client et des risques potentiels pour l'institution.
Proposition automatique de placement en WL (S2)	• Si un client est en dépassement (avec ou sans autorisation) depuis plus de 30 jours, une évaluation de son profil de risque doit être effectuée et une décision concernant son placement en Watch List doit être prise en fonction des résultats. • Les contreparties mise en WL le trimestre précèdent ayant régularisé le trimestre suivant fait l'objet d'une proposition à la sortie (impayé régularisée). • Seuls les impayés techniques peuvent exclus de la WL. (Un impayé technique est un retard de paiement temporaire sans difficulté financière avérée, souvent lié à un incident administratif)

Voiture balai automatique VB (Système Automatique)	• La voiture Balai automatique entrante est un système qui détecte les contreparties éligibles en WL lorsqu'elles sont non notées, note échues, dégradation de note. • La voiture Balai automatique sortante : les contreparties éligibles en WL pour note échues, absence de note et dont la note est validée sont proposés automatique à la sortie de la WL.
Batch de fin de probation	• S'applique aux entités en WL pour motif de défaut • Dont l'entrée en WL suite à la sortie de défaut date de plus de 6 Mois • Le batch doit être lancé une fois par trimestre au début du 1er mois du trimestre • Le batch reste en demande de sortie dans le workflow tant que la demande n'est pas validée
➢ **CONTAGION**	
Si une contrepartie a un contrat en WL	Si l'un des contrats d'une contrepartie est placé en Watch List, tous ses contrats doivent être examinés attentivement pour déterminer s'ils doivent également être placés en Watch List.

La modélisation de la Loss Given Default (LGD) et la probabilité de défauts (PD) peut différer entre les groupes homogènes de risque, tels que les entreprises et les particuliers. Les caractéristiques et les comportements de ces groupes peuvent varier, ce qui nécessite une approche de modélisation spécifique pour chaque groupe.

Méthodes qui peuvent être utilisées pour modéliser la LGD pour les entreprises et les particuliers :

➢ ***Entreprises :***

- **Modèles de régression :** Les modèles de régression peuvent être utilisés pour analyser les caractéristiques spécifiques des entreprises, telles que la taille, l'industrie, la santé financière, et estimer la relation avec la LGD.
- **Modèles basés sur des ratios financiers** : Certains ratios financiers, tels que le ratio dette/capital, le ratio d'endettement, le ratio de couverture des intérêts, peuvent être utilisés comme variables explicatives pour modéliser la LGD des entreprises.

- **Modèles sectoriels** : Les caractéristiques propres à chaque secteur d'activité peuvent influencer la LGD des entreprises. Des modèles spécifiques au secteur peuvent être développés en tenant compte de ces caractéristiques.
- **Matrice triangulaire** : Une matrice triangulaire d'entrée en défaut est un tableau qui suit, sur plusieurs années, les taux cumulatifs de recouvrement d'une même cohorte de prêts ou de contreparties. Elle permet de modéliser l'évolution du risque de crédit dans le temps pour estimer les pertes futures On suppose que :
  - Chaque ligne correspond à une année de début de suivi (cohorte).
  - Chaque colonne correspond au nombre d'années écoulées depuis cette origine.
  - Les cellules contiennent les taux cumulatifs de recouvrement (%)

➢ ***Particuliers :***

- **Modèles de scoring de crédit :** Les modèles de scoring de crédit sont couramment utilisés pour évaluer la probabilité de défaut des particuliers. Ces modèles peuvent également être utilisés pour estimer la LGD en intégrant des variables spécifiques telles que l'historique de crédit, le revenu, l'âge, etc.

- **Modèles basés sur des variables socio-économiques :** Les variables socio-économiques telles que le niveau d'éducation, l'emploi, le statut marital, peuvent être utilisées comme variables explicatives pour modéliser la LGD des particuliers.
- **Modèles comportementaux :** Les modèles comportementaux prennent en compte le comportement de remboursement des particuliers, tels que les retards de paiement, les défauts antérieurs, pour estimer la LGD.
- **Matrice triangulaire :** Une matrice triangulaire d'entrée en défaut est un tableau qui suit, sur plusieurs années, les taux cumulatifs de recouvrement d'une même cohorte de prêts ou de contreparties. Elle permet de modéliser l'évolution du risque de crédit dans le temps pour estimer les pertes futures.

➢ ***Cas particulier de la Matrice triangulaire selon approche simplifiée :***

Segment de clientèle	Méthode d'estimation de la PD	Méthode d'estimation de la LGD
Particuliers (PPI/PPO/PRO)	Matrice triangulaire par génération d'entrée en défaut S1, S2 (taux de défaut)	Utilisation de la matrice triangulaire basée sur les flux de récupération des encours douteux par génération d'entrée en defaut
Corporate	Taux de défaut interne par les données historiques sur 5 ans ou plus, Approche statistique ou notation interne (score ou rating)	Calibrage basé sur le taux de provisionnement moyen à l'entrée en défaut

La segmentation des particuliers en PPO (Prêts Personnels Ordinaires), PPI (Prêts Personnels Immobiliers) et PRO (Prêts Professionnels) permet de tenir compte des différences dans les caractéristiques des prêts accordés à ces segments. Chaque segment peut avoir des taux de récupération différents, en fonction des garanties, de la durée du prêt et d'autres facteurs spécifiques. La matrice triangulaire permet de modéliser ces différences et d'estimer la LGD de manière granulaire pour chaque segment.

IV.4. Calibrage de la LGD sur la segmentation « Corporate et PME » en fonction du taux de provisionnement à l'entrée en défaut moyen :

Les banques peuvent choisir de calibrer la LGD en fonction du taux de provisionnement à l'entrée en défaut moyen. Le taux de provisionnement est le pourcentage des pertes anticipées qui est mis de côté sous forme de provisions pour faire face aux risques de défaut.

Ce choix peut être motivé par le fait que le taux de provisionnement est une mesure importante de la capacité de l'institution financière à faire face aux pertes potentielles liées aux défauts des entreprises. En utilisant le taux de provisionnement à l'entrée en défaut moyen comme variable de calibrage, les banques prennent en compte les tendances historiques de pertes et d'expérience en matière de provisionnement pour estimer la LGD sur les entreprises de manière cohérente avec son processus de gestion des risques.

Les choix de modélisation et de calibrage peuvent varier d'une institution à l'autre et dépendent des données disponibles, de la méthodologie interne et des exigences réglementaires. Chaque institution peut adapter sa méthodologie en fonction de son expérience, de son expertise et des spécificités de son portefeuille de prêts.

Le taux de provisionnement moyen à l'entrée en défaut est calculé en divisant le montant total des provisions constituées à l'entrée en défaut par le montant total des encours à l'entrée en défaut.

$$Taux\ de\ provisionnement\ moyen = \frac{\text{montant total des provisions constituées à l'entrée en défaut}}{\text{montant total des encours à l'entrée en défaut}}$$

Cela permet de déterminer le pourcentage moyen des encours qui est mis de côté sous forme de provisions pour couvrir les pertes potentielles liées aux défauts.

➢ *Montant total des provisions à l'entrée en défaut :* Pour chaque défaut, déterminer le montant de provisions constituées à ce moment-là. Ces provisions sont généralement basées sur une estimation des pertes attendues pour chaque prêt en défaut Ces informations à partir de votre base de données internes relatif à l'état des créances douteuses et litigieuses (CDL).

➢ *Montant total des encours à l'entrée en défaut :* Pour chaque défaut, vous devez enregistrer le montant total des encours à l'instant précédant le défaut. Cela représente le montant exposé au risque avant que le défaut ne survienne. Ces informations à partir de votre base de données interne relatif à l'état des créances douteuses et litigieuse (CDL).

CHAPITRE II
APPROCHE SIMPLIFIÉE DE MODÉLISATION DU DÉFAUT EN IFRS 9

I. CALCUL DES INDICATEURS DE MODÉLISATION DU RISQUE DE DÉFAUT SUR LA SEGMENTATION CORPORATE

Méthode dite « Approche simplifiée »

L'approche simplifiée d'IFRS 9 permet de comptabiliser directement les pertes de crédit attendues sur toute la durée de vie des créances clients, en se basant sur des données historiques et des estimations statistiques. L'approche simplifiée, est une méthode allégée de calcul des pertes de crédit attendues (ECL), qui s'applique à certains types d'actifs comme les créances clients ou loyers à recevoir.

Contrairement à l'approche générale, cette méthode ne nécessite pas de suivre l'évolution du risque de crédit dans le temps (pas de suivi du passage des expositions du stade 1 au stade 2).

Ainsi, dès la comptabilisation initiale de l'actif, l'entité reconnaît immédiatement une provision sur la base des pertes attendues sur toute la durée de vie de l'actif, même si aucun incident de paiement n'est observé.

Segment	Approche utilisée	Remarques
Retail	Approche simplifiée	Pour les créances clients Utilisation directe du Lifetime ECL (durée de vie).
Corporate		Utilisation des trois stades (1, 2, 3) avec transition selon l'évolution du risque.
Souverain	Approche générale (sophistiquée)	Évaluation rigoureuse du risque crédit lié à la notation de l'État ou entité publique.

I.1. Définition de la Watch List selon la norme IFRS 9

Dans le contexte de la norme IFRS 9, la "Watch List" (WL) fait référence à une catégorie spécifique d'actifs financiers (créances sensibles). Selon IFRS 9, les actifs financiers peuvent être classés dans différentes catégories en fonction de leur profil de risque et de leur modèle d'affaires. La "Watch List" est une catégorie intermédiaire entre les actifs sains et ceux présentant des signes de détérioration significative du crédit.

Il s'agit d'instruments financiers qui présentent des signes de détérioration du crédit mais qui n'ont pas encore atteint le stade où ils sont considérés comme dépréciés. Ils sont soumis à une surveillance étroite et peuvent nécessiter des provisions pour pertes de crédit attendues, en fonction de leur évaluation de risque de crédit.

II. MESURES DE PERFORMANCE ET INDICATEURS CLÉS DE MODÉLISATION DU RISQUE DE CRÉDIT SELON IFRS 9

a. Efficacité de la WL

L'efficacité de la WL mesure la probabilité de passage de la WL(S2) au défaut en un an. On l'utilise pour calibrer le taux de provisionnement S2 en IFRS9.

$$Efficacité\ de\ la\ WL = \frac{\text{somme engagements net début de période en WL déclassé en défaut sur une année}}{\text{sommes engagements nets en WL début période}} = taux\ de\ passage\ \ de\ S2\ vers\ S3$$

b. Taux de retour en sain (S2 vers S1)

Le taux de retour en sain correspond à la part des actifs précédemment classés en S2 reclassés en sain

$$\text{Taux de retour en sain} = \frac{\text{somme engagements net début de période en WL reclasse en sain sur une année}}{\text{sommes engagements nets en WL début période}}$$

c. Le taux de stabilité de la WL

Le taux de stabilité de la WL mesure la part de la WL maintenue en WL au bout d'1an. Son but est de vérifier la dynamique de la WL en regardant si les dossiers ne stagnent pas dans celle-ci.

Stabilité de la WL = [1 – (Taux de retour en sain) – (Efficacité de la WL)]

Une forte stabilité peut indiquer un manque d'efficacité dans le suivi ou les actions correctives. Elle reflète une dynamique lente ou un risque mal piloté

Soit 100 clients en WL au début. 20 % reviennent en situation saine et 30 % passent en défaut (grâce à la détection de la WL).

Stabilité = 1 – 0,20 – 0,30 = 0,50 → 50 % des clients stagnent dans la WL après un an.

- Une WL dynamique désigne une liste de surveillance des crédits à risque où les dossiers évoluent activement :
- Les bons dossiers en sortent (retour en situation saine grâce aux actions correctives),

- Les mauvais dossiers en sortent aussi (reclassés en défaut si la situation se dégrade),

Il y a un suivi régulier, des réévaluations fréquentes et des décisions concrètes prises.

Autrement dit, une WL dynamique est un outil vivant et piloté, qui permet d'anticiper les défauts et d'optimiser le provisionnement.

- **Un taux de stabilité élevé** signifie que les dossiers restent longtemps dans la WL sans évolution

→ WL *peu dynamique*.

- **Un taux de stabilité faible** indique que les dossiers sortent rapidement de la WL (vers le retour sain ou vers défaut)

→ WL *dynamique*

d. Taux de prédictibilité du stage S1 vers S2 :

Le taux de prédictivité de la WL correspond à la part des engagements qui ont basculé en défaut sur le trimestre et qui sont passés par la WL le trimestre précèdent

Le taux de prédictibilité du stage S1 vers S2 mesure la capacité du modèle à prévoir avec précision les prêts qui passeront du stage S1 (stabilité) au stage S2 (détérioration).

$$\text{Taux de prédictibilité du stage S1 vers S2} = \frac{\text{Nombre de prêts passés du stage S1 au stage S2}}{\text{Nombre total de prêts en stage S1}}$$

Il est généralement calculé en divisant le nombre de prêts qui sont passés du stage S1 au stage S2 par le nombre total de prêts qui étaient en stage S1 pendant une période donnée.

e. Taux de prédictibilité du stage S2 vers S3 (ou taux de prédictibilité de la Watchlist)

Le taux de prédictibilité du stage S2 vers S3 (ou taux de prédictibilité de la Watchlist) mesure la capacité du modèle à prévoir avec précision les prêts qui passeront du stage S2 (détérioration) au stage S3 (défaut).

$$\frac{\text{Nombre de prêts passés du stage S2 au stage S3 sur le trimestre}}{\text{Nombre total de prêts en stage S2 le trimestre précèdent}}$$

f. Taux de défaut interne S1 et S2

Le taux de défaut interne S1 mesure la proportion de prêts dans le stage 1 qui ont effectivement fait défaut sur une période donnée.

Le taux de défaut interne S2 mesure la proportion de prêts dans le stage 1 qui ont effectivement fait défaut sur une période donnée.

$$\textbf{Taux de défaut interne S1} = \frac{\text{Nombre de prêts en défaut interne dans le stage S1}}{\text{Nombre total de prêts dans le stage S1}}$$

g. Taux d'ajustement (taux ADD)

Le taux flooré, également appelé taux d'ajustement ou taux d'ajustement des pertes (LGD), est une mesure utilisée dans la modélisation du risque de crédit pour ajuster les estimations de la LGD afin de refléter plus précisément les pertes réelles observées dans un portefeuille de crédit. La formule du taux flooré dépend généralement de la méthode spécifique utilisée pour ajuster les pertes.

Méthode	**Formule / Logique**	**Objectifs**
Régression linéaire	$\alpha \times$ LGD estimée + β	Ajuster selon données passées
Plancher réglementaire	max(LGD estimée, LGD plancher)	Respect Bâle et prudence minimale
Stress test additif	LGD estimée + choc	Refléter les pertes en scénario dur
Percentile (quantile)	Quantile élevé des LGD observées	Prise en compte des cas extrêmes

h. La maturité résiduelle

Représente la durée restante du prêt à partir de la période d'évaluation. Il est généralement calculé en soustrayant la période d'évaluation de la durée totale du prêt. Par exemple, si la durée totale du prêt est de 5 ans et la période d'évaluation est de 2 ans, la maturité résiduelle sera de 3 ans.

i. Ajustement forward-looking (macroéconomique)

PD ajustée= PD historiques + Δ macro avec Δ macro : ajustement basé sur les prévisions économiques (croissance, inflation, chômage) ;

LGDajustée= LGD historiques +Δ macro avec Δmacro : ajustement basé sur les prévisions économiques (croissance, inflation, chômage) ;

En IFRS 9, la simple observation historique des taux de défaut (PD) n'est pas suffisante. Il faut prendre en compte les perspectives macroéconomiques susceptibles d'affecter le risque de crédit à l'avenir. Cela permet d'anticiper une détérioration ou une amélioration du risque de défaut, même si celle-ci n'est pas encore observée dans les données historiques.

➢ Informations Macroéconomiques Prospectives (Forward-looking - FwL)

- Objectif : Utiliser des données macroéconomiques prévisionnelles pour estimer les pertes attendues liées aux actifs financiers.
- Niveaux d'Utilisation : Estimation des Paramètres : Les prévisions économiques doivent être intégrées dans la détermination des paramètres IFRS 9, comme la probabilité de défaut anticipée. Évaluation des Portefeuilles : Pour chaque portefeuille, il est important de prendre en compte des facteurs qualitatifs qui peuvent influencer l'appréciation de la dégradation significative du risque de crédit. Cela permet de décider si un portefeuille doit être considéré comme ayant des pertes attendues à maturité.

j. Comment interpréter le taux de provision S2 si nous connaissons le taux de prédictibilité de la Watch List ?

Si le taux de prédictibilité de la Watch List (WL) augmente, cela signifie qu'une plus grande proportion des engagements passés par la WL le trimestre précédent a effectivement fait défaut sur le trimestre actuel. Cette hausse correspondante du taux de provisionnement stage 2 indique une augmentation du nombre d'engagements classés en stage 2 en raison de leur risque accru de défaut.

En revanche, une baisse du taux de prédictibilité de la WL pourrait entraîner une diminution du taux de provisionnement stage 2, car moins d'engagements passant par la WL se révèlent être des défauts effectifs, ce qui peut réduire la nécessité de provisions pour ces engagements.

De ce fait, une variation du taux de provisionnement stage 2 pourrait être expliquée par les fluctuations correspondantes du taux de prédictibilité de la WL.

III. HISTORISATION ET CALCUL DE ECL EXPECTED CREDIT LOSS

Perte de Crédit Attendue (ECL) :

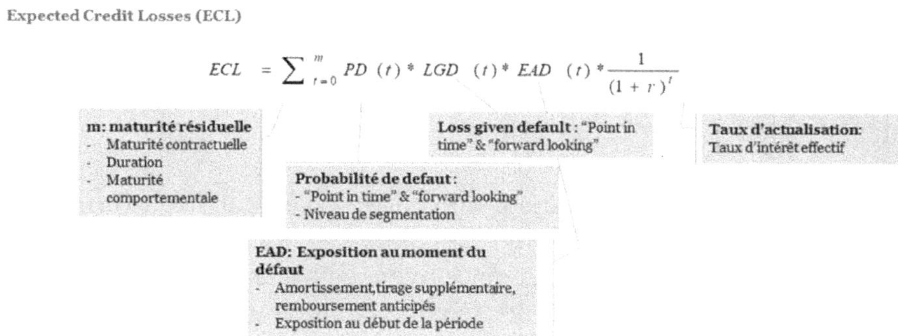

Les règles s'appliquent à toutes les méthodes basées sur des estimations internes de PD et LGD, selon le règlement (UE) n° 575/2013, mais ne couvrent pas les exigences de fonds propres liées au risque de dilution :

Pour calculer le taux de défaut à un an conformément aux lignes directrices, les établissements doivent suivre les étapes suivantes :

➢ **Le dénominateur** doit inclure le nombre de débiteurs non défaillants ayant une obligation de crédit active au début de la période d'observation d'un an. Cela couvre :

- o Les éléments de bilan (montants de principal, intérêts, frais).
- o Les éléments hors bilan (comme les garanties émises par l'établissement).

➢ **Le numérateur** inclut tous les débiteurs du dénominateur qui ont connu au moins un événement de défaut au cours de la période d'observation d'un an.

Les établissements bancaires doivent également :

- o Calculer le taux de défaut par échelon ou catégorie de notation, ou pour un segment de calibrage pertinent lorsqu'il s'agit du portefeuille global.
- o Inclure les débiteurs avec des obligations de crédit sans notation au début de la période, mais qui relèvent du modèle en question (c'est-à-dire les « notations manquantes »).

La formule générale pour le calcul du Taux de défaut à un an est la suivante :

Taux de défaut=Nombres de clients défaillants sur la période d'observation/Nombre total de débiteurs non défaillants au début de la période d'observations

Où :

- Numérateur : Nombre de débiteurs ayant connu au moins un événement de défaut pendant la période d'observation d'un an.
- Dénominateur : Nombre de débiteurs non défaillants au début de la période d'observation, y compris tous les éléments de bilan et hors bilan.

La formule du taux de défaut moyen observé peut être exprimée de manière générale de la manière suivante, en fonction de l'approche choisie (moyenne arithmétique ou moyenne pondérée) :

→ Moyenne arithmétique des taux de défaut à un an :

Taux_Défaut_Moyen_Observé=∑(N ;i=1)*1/N* Taux_Défaut i

N : Nombre d'années ou d'intervalles de temps utilisés pour le calcul.

Taux_Défaut_{i} : Taux de défaut observé pour l'intervalle i (par exemple, le nombre de défauts sur l'ensemble des expositions sur une période de 1 an).

→Moyenne pondérée des taux de défaut à un an (pour les expositions sur la clientèle de détail) :

Taux_Défaut_Moyen_Pondéré=∑(i=1 ;N)(wi×Taux_Défauti)/(i=1 ;N)(wi)

w_{i} : Pondération donnée à la période i (généralement, une pondération plus forte est accordée aux périodes récentes si elles sont jugées plus représentatives).

Taux_Défaut_{i} : Taux de défaut observé pour l'intervalle i.

Pour estimer la LGD, les établissements peuvent utiliser la formule suivante :

LGD = (Pertes Réalisées / Encours au Moment du Défaut) ×100

Où :

- Pertes Réalisées : Montant total des pertes après recouvrements.
- Encours au Moment du Défaut : Montant dû à la date du défaut, y compris le principal, les intérêts, et les frais.

Les pertes réalisées peuvent être détaillées par :

Pertes Réalisées = Montant Initial − Recouvrements − Annulations ou abandon de Créances

Le calcul de la LGD peut être exprimée comme suit : LGD=(Perte Totale−Recouvrements) /Encours de l'Exposition au Moment du Défaut

III.1. Corporate_PME

ECL = **EAD** x **PD** x **LGD**

ECL = Expected credit loss. C'est la Perte de Crédit Attendue, c'est-à-dire l'estimation des pertes probables liées au défaut de paiement sur un instrument financier ;

EAD = Exposure at default. C'est l'Exposition au moment du Défaut, c'est-à-dire le montant total résiduel exposé à un risque de crédit au moment du défaut. Cela peut inclure le principal en cours, les intérêts courus, et d'autres éléments ;

PD = Probability at default. Il s'agit de la Probabilité de Défaut indiquant la chance qu'un emprunteur ou un instrument financier fasse défaut sur un horizon de T.

LGD = loss given defaut. C'est la Perte en cas de Défaut, exprimée généralement en pourcentage de l'Exposition au Moment du Défaut (EAD) ;

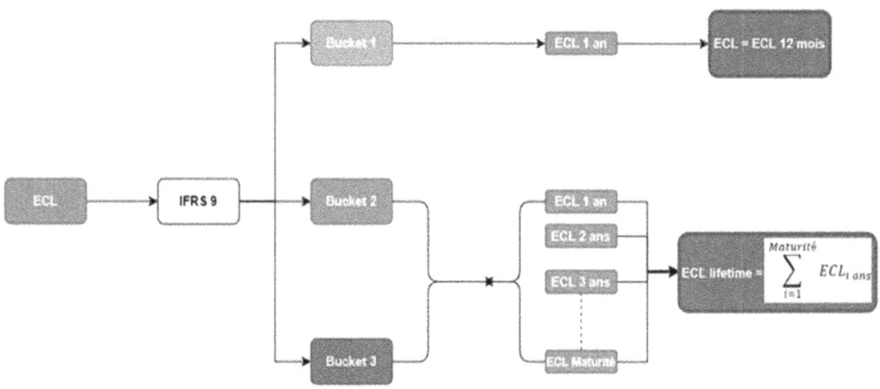

a. ECL (S1 à 12 Mois)

S1 : ECL = PD à 12 Mois x LGD x EAD

Avec PD (S1 à 12 mois) = (encours passés de S1 à S3 sur 4 trimestres) / (encours total des S1)

PD à 12 Mois : La Probabilité de Défaut sur une période de 12mois. Cette probabilité indique la chance qu'un emprunteur ou un instrument financier fasse défaut au cours de la prochaine année. (Ou taux de défaut interne).

LGD = Taux de provisionnement moyen à l'entrée en défaut en fonction des données historiques sur 60 mois (5ans) au moins.

b. ECL (S2 à maturité)

PD à maturité = 1-
$[1-(\mathbf{PD}\text{ à }\mathbf{12\ Mois\ (S2)})]^{Maturité\ (exprimée\ en\ années)}$ –

Avec **PD à 12 Mois (S2)** = $\frac{\text{encours passés de S2 à S3 sur 4 trimestres}}{\text{encours total des S2}}$

ECL à Maturité : C'est l'estimation des pertes probables liées au défaut de paiement sur un instrument financier à la maturité de cet instrument.

PD à Maturité (PD à Maturité) : C'est la probabilité de défaut à la maturité de l'instrument financier.

PD à 12 Mois (S2) : Il s'agit de la Probabilité de Défaut sur une période de 12 mois pour la classe S2. Cette probabilité indique la chance qu'un emprunteur ou un instrument financier classifié dans la classe S2 fasse défaut au cours de la prochaine année.

LGD : Taux de provisionnement moyen à l'entrée en défaut en fonction des données historiques.

Taux de provision S2 ou ECL S2= P(S2→S3) * LGD

La probabilité de passage de l'étape S2 à l'étape S3 (P(S2→S3)) représente la proportion d'entreprises qui, une fois arrivées à l'étape S2, passeront effectivement à l'étape S3. Cette probabilité est généralement estimée en utilisant des données historiques ou des modèles statistiques. Le taux de provision moyen à l'entrée en défaut (LGD) représente la perte attendue en cas de défaut. Il peut être calculé en prenant la moyenne des taux de provision pour tous les crédits entrant en défaut.

En multipliant la probabilité de passage de S2 à S3 par le taux de provision moyen à l'entrée en défaut, on obtient le taux de provision S2, qui est une estimation de la perte attendue à l'étape S2.

Tableau de synthèse du recalibrage _Corporate

	Taux de défaut interne	Predictivité WL	Forword Looking	Efficacité	Maturité	P(S2->S3) à maturité	LGD	TAUX S1	TAUX S2
Calibrage taux Corporate	Moyenne sur 15 trimestres (Taux de défaut S1+S2) à 12 mois en Encours : Dont Encours passée en défaut dans les 12 mois suivant /Encours des contrat en S1 +S2	Moyenne sur 15 trimestres au moins:[dont en WL le trimestres précédent/Entrée en S3 sur le trimestre (en nombre et en encours)]	FwL = Δ macro en %	Moyenne sur 15 trismestres [Dont Encours passés en défaut dans les 12 mois suivant/Encours des contrats en S2]	Moyenne sur 15 trimestres au moins [Maturité residuel]	1-(1-Taux d'efficacité)^Maturité	Taux de provisionnement à l'entrée en défaut sur 5 ans	Taux de défaut interne*(1+FwL)*LGD	P(S2->S3) à maturité * LGD

« Proxy » de la PD : Calcul des taux de défaut à 12 mois

Taux de défaut à 12 mois du "S1+S2" (appelé taux de défaut interne)

Taux de défaut à 12 mois du S1 : PD S1

Taux de défaut à 12 mois du S2 (appelé efficacité=> PDS2)

Afin de pouvoir calculer les taux de défaut en nombre et encours, il est préférable d'avoir pour chaque photo trimestrielle les informations ci-dessous :

- Le nombre et l'encours des contrats du périmètre donné (S1, S2 ou S1+S2) en fin trimestre du trimestre considéré ;

- Parmi les contrats ci-dessus, le nombre et l'encours passé en défaut dans les 12 mois ;

En cible, il faut calculer la moyenne sur 5 ans (12 trimestres)

Tableau d'estimation du taux de défaut_Corporate (selon l'historique)

Trimestre	S1+ S2					
	Nombre des contrats en S1+S1	Encours des contrats en S1+S2	Dont Nombre passés en défaut dans les 12 mois suivants	Dont Encours passés en défaut dans les 12 mois suivants	Taux de défaut S1+S2 à 12 mois en Nombre	Taux de défaut S1+S2 à 12 mois en Encours
Q1 N - Q1 N+1						
Q2 N - Q2 N+1						
Q3 N - Q3 N+1						
Q4 N - Q4 N+1						
Q1 N+1 - Q1 N+2						
Q2 N+1 - Q2 N+2						
Q3 N+1 - Q3 N+2						
Q4 N+1 - Q4 N+2						
Moyenne arithmétique						
Moyenne pondérée						

Trimestre	S2					
	Nombre de contrats en S2	Encours des contrats en S2	Dont Nombre passés en défaut dans les 12 mois suivants	Dont Encours passés en défaut dans les 12 mois suivants	Taux de défaut S2 à 12 mois en Nombre	Taux de défaut S2 à 12 mois en Encours
Q1 N - Q1 N+1						
Q2 N - Q2 N+1						
Q3 N - Q3 N+1						
Q4 N - Q4 N+1						
Q1 N+1 - Q1 N+2						
Q2 N+1 - Q2 N+2						
Q3 N+1 - Q3 N+2						
Q4 N+1 - Q4 N+2						
Q1 N+2 - Q1 N+3						
Q2 N+2 - Q2 N+3						
Q3 N+2 - Q3 N+3						
Q4 N+2 - Q4 N+3						
Moyenne arithmétique						∑
Moyenne pondérée						∑Moyenne
Taux de défaut interne calibrage N+3						
Efficacité calibrage N+3						

➢ ***Probabilité conditionnelle PD du S2 vers S3 à maturité selon la loi binomiale***

La probabilité de défaut (PD) à maturité reflète la possibilité qu'un emprunteur ne parvienne pas à rembourser son prêt jusqu'à l'échéance.

Raisonnement :

La **probabilité de défaut (PD) à maturité** mesure le risque qu'un emprunteur ne parvienne pas à rembourser son prêt sur toute sa durée, jusqu'à l'échéance finale.

Lorsqu'un prêt est en stade 1, il est encore considéré comme sain, sans signe notable de détérioration. Le risque de défaut est donc estimé sur un horizon de 12 mois, car le niveau de risque est jugé faible et stable à court terme.
En revanche, lorsque le prêt passe en stade 2, cela signifie que le risque de crédit s'est significativement accru. À ce stade, il est essentiel de regarder plus loin dans le temps et d'estimer la probabilité de défaut sur toute la durée de vie restante du prêt.

Cette approche permet aux banques de mieux anticiper les pertes potentielles à long terme, en tenant compte de la fragilité croissante de l'emprunteur, surtout si la maturité est longue. Par exemple, un prêt de 5 ans dont la situation de crédit s'est détériorée après 2 ans nécessite une évaluation plus prudente sur les 3 années restantes, car le risque de défaut ne cesse d'évoluer.

Ainsi, la PD à maturité pour le stade 2 aide à affiner l'évaluation du risque et à renforcer les provisions, en particulier pour les prêts qui montrent déjà des signes de vulnérabilité.

La probabilité de succès, notée p, correspond au taux de défaut de S2 vers S3.

La probabilité d'échec, notée q, est égale à 1 - p, où p est le complément de p.

Une épreuve de Bernoulli est une expérience admettant exactement deux issues. Ces deux issues sont donc contraires l'une de l'autre. On appelle communément les deux issues : « succès » notée S et sa probabilité p ; « échec » notée et sa probabilité $q = 1 - p$. En d'autres termes, $P(S)= p$.

X est la variable aléatoire qui associe :

- La valeur 1 si l'épreuve est un succès (par exemple, si un prêt en stade 2 passe en stade 3, donc fait défaut),
- La valeur 0 si l'épreuve est un échec (le prêt reste en stade 2 sans passer en défaut).

X = {1 avec une probabilité p (succès : défaut)

0 avec une probabilité′ q=1−p (échec : pas de défaut)

Pour une variable aléatoire X qui suit une loi de Bernoulli de paramètre p, les propriétés suivantes sont :

- L'espérance de X, notée $E(X)$, est égale à p.
- La variance de X, notée $V(X)$, est égale $p(1-p)$.
- L'écart-type de X, noté σ, est la racine carrée de la variance, donc $\sigma = \sqrt{p(1-p)}$.

La formule de la loi binomiale pour calculer la probabilité de k succès dans n tentatives est donnée par :

$$\mathbf{P\ (X = k) =} \ \mathrm{C}(\mathbf{n},\mathbf{k}) * \boldsymbol{p^k} * \boldsymbol{q^{n-k}}$$

Où :

P(X = k) est la probabilité d'obtenir k succès dans n tentatives.

C(n, k) est le coefficient binomial, qui représente le nombre de façons de choisir k succès parmi n tentatives.

p est la probabilité de succès dans une tentative.

q est la probabilité d'échec dans une tentative.

(X = k) représente la probabilité d'observer k succès (défauts) dans n tentatives (mois) selon la loi binomiale.

Dans notre cas, nous cherchons à calculer la probabilité de passage de S2 à S3, ce qui signifie le nombre de défauts observés pendant une période de m mois (maturité résiduelle de crédit après 12 mois). Nous pouvons donc réécrire la formule comme suit :

$P(S2 \rightarrow S3) = 1 - P\ (X = 0)$

P (X = 0) représente la probabilité de ne pas observer de défaut pendant la période de m mois.

La probabilité de ne pas avoir de défaut pendant m années est P(X=0), soit :

P(X=0) = C(D,0) * p^0 * (1-p)^(m-0)

P(X=0) = (1-p)^m

Dans la formule de la loi binomiale, lorsque k = 0, cela signifie qu'il n'y a pas de succès (défauts), c'est-à-dire que les m tentatives (mois) se sont toutes soldées par un non-défaut.

Donc, en remplaçant les valeurs dans la formule de la loi binomiale, nous avons :

$\mathbf{P\ (X = 0)} = C(m, 0) * p^0 * q^m = 1 * 1 * q^m = q^m$

En substituant cette valeur dans notre formule précédente, nous obtenons :

$\mathbf{P\ (S2 \rightarrow S3) = 1 -} q^m$

Ainsi, la formule : $\mathbf{P\ (S2 \rightarrow S3) = 1 - (1 - \text{taux de défaut de S2 vers S3})^m}$ est obtenue.

Cette formule nous permet d'estimer la probabilité de passage de S2 à S3 en fonction du taux de défaut de S2 vers S3 et de la maturité résiduelle du crédit après 12 mois.

➢ ***Probabilité conditionnelle PD du S2 vers S3 à maturité selon le théorème de Thomas Bayes***

Principes de base des probabilités conditionnelles

Les probabilités conditionnelles sont un concept fondamental en théorie des probabilités, permettant de calculer la probabilité d'un événement donné, sachant qu'un autre événement s'est produit.

La probabilité conditionnelle de l'événement A, sachant que l'événement B s'est produit, est notée $P(A|B)$ et se calcule par la formule : $P(A/B) = \frac{P(A \cap B)}{P(B)}$

Où $P(A \cap B)$ est la probabilité que les événements A et B se produisent ensemble, et $P(B)$ est la probabilité que l'événement B se produise.

Deux événements A et B sont indépendants si la probabilité que l'un se produise n'est pas affectée par la présence de l'autre, ce qui signifie que $P(A/B) = P(A)$ et $P(B/A) = P(B)$.

Dans ce cas, $P(A \cap B) = P(A) * P(B)$.

La probabilité que deux événements A et B se produisent tous les deux peuvent être calculée à l'aide de probabilités conditionnelles : $\boldsymbol{P(A \cap B) = P(A/B) * P(B) = P(B/A) * P(A)}$

Cette règle peut être étendue à plusieurs événements pour calculer la probabilité d'une séquence d'événements.

Le théorème de Bayes est une application des probabilités conditionnelles qui permet de réviser les probabilités à la lumière de nouvelles informations.

Il s'exprime comme : $P(A|B) = P(B)*P(B|A) / P(A)$

Ce théorème est particulièrement utile pour calculer la probabilité d'un événement A sachant B, lorsque l'on connaît la probabilité de B sachant A

Nous avons les informations suivantes :

- P(S2) : Probabilité d'être à l'étape S2
- P(S3/S2) : Probabilité de passer de l'étape S3 sachant S2
- P(S2/S3) : Probabilité d'être à l'étape S2 sachant qu'on est à l'étape S3

Nous voulons trouver la probabilité P(S3), c'est-à-dire la probabilité d'être à l'étape S3. Selon la formule de la probabilité conditionnelle de Bayes, nous avons :

$$P(S3/S2) = \frac{P(S2/S3)*P(S3)}{P(S2)}$$

Nous pouvons réarranger cette formule pour obtenir P(S3) :

$$P(S3) = \frac{P(S3/S2)*P(S2)}{P(S2/S3)}$$

Puisque nous savons que P(S2/S3) est égal au taux de défaut de l'étape S2 vers l'étape S3, nous pouvons le substituer dans l'équation :

$$P(S3) = \frac{P(S3/S2)*P(S2)}{\text{taux de défaut de S2 vers S3}}$$

Maintenant, nous avons la probabilité P(S3) en fonction de P(S3/S2) et P(S2). Pour obtenir la probabilité de passage de l'étape S2 à l'étape S3 (P(S2→S3), nous utilisons la formule complémentaire :

$$P(S2\rightarrow S3)=1- P(\text{non passage de S2 à S3})= 1 - [1 - P(S3)]= P(S3)$$

Donc, la probabilité cumulative de défaut avant ou à la m[e] période, c'est-à-dire de passer de S2 à S3 à un moment quelconque dans les m périodes, est le complémentaire :P (S2→S3 en ≤m périodes) =1−[1−P(S3)]^m

En utilisant la notation m pour la maturité du crédit après 12 mois, nous obtenons la formule finale :

P(S2→S3) = 1 - $(\mathbf{1} - \textbf{taux de défaut de S2 vers S3})^m$

Cette formule permet de calculer la probabilité de passage de l'étape S2 à l'étape S3 en fonction du taux de défaut de S2 vers S3 et de la maturité du crédit après 12 mois.

Si on veut savoir la probabilité qu'un débiteur en S2 tombe en défaut avant ou au plus tard à la période m, on raisonne en termes de survie (ne pas être en défaut pendant m périodes).

- La probabilité de ne pas tomber en défaut une période donnée est :1−P(S3))
- Donc la probabilité cumulative de défaut au plus tard à m périodes est le complémentaire :P(S2→S3 en ≤m)=1−[1−P(S3)]^m

c. ECL (S3)

S3 : ECL = LGD x EAD Avec PD = 1 car risque avéré et Taux de provisionnement = PD x LGD ,
donc, Taux de provisionnement= LGD

<u>Postulat :</u> Taux de provisionnement S3 > taux de provisionnement S2 > taux de provisionnement S1 (Plus le risque de non-remboursement augmente, plus la banque doit mettre de côté (provisionner) pour se protéger contre le non-remboursement total ou partiel du prêt, c'est-à-dire un défaut de paiement.)

ECL Total = $ECL_{S1} + ECL_{S2} + ECL_{S3}$
Cout net du risque = Variation (ECL M – ECL M-1)

➢ ***Calibrage des PD TTC 12 mois***

- PD TTC (Probability of Default Through The Cycle) : C'est la probabilité qu'un client fasse défaut en tenant compte de ses caractéristiques propres, indépendamment variations conjoncturelles. Elle est stable dans le temps, car elle intègre déjà les effets moyens des cycles économiques.

- PD PIT (Probability of Default Point-In-Time) : Elle reflète la probabilité de défaut à un moment donné, sensible aux conditions économiques actuelles. Si la conjoncture se dégrade, la PD PIT augmente ; si elle s'améliore, la PD PIT diminue.

IFRS 9 et transformation PD TTC → PD PIT :

Selon la norme IFRS 9, les banques doivent utiliser des PD PIT pour évaluer les pertes attendues, ce qui implique de convertir les PD TTC (souvent issues des modèles internes) en PD PIT, en y intégrant les données macroéconomiques les plus récentes.

La PD TTC est une mesure structurelle et stable du risque de défaut, tandis que la PD PIT est une mesure conjoncturelle et dynamique, adaptée aux exigences d'IFRS9 pour refléter les évolutions économiques actuelles.

La transformation repose sur l'idée que la PD PIT est une déformation de la PD TTC en fonction des facteurs macroéconomiques conjoncturels.

Mathématiquement, on écrit souvent : PDPIT(i,t)=f(PDTTC(i), Xt)

- PDTTC(i) = probabilité de défaut TTC du client iii,
- Xt = vecteurs de facteurs macroéconomiques (croissance PIB, chômage, taux d'intérêt, inflation, etc.),
- f = fonction de transformation (souvent logistique ou modèle de migration).

Modèle logit standard (pratique IFRS 9)

On exprime la **probabilité de défaut PIT** comme :

$PDPIT(i,t)=\Phi(\Phi-1(PDTTC(i))+\beta\cdot Mt)$

avec :

- Φ = fonction de répartition de la loi normale,

$\Phi-1$ = son inverse (quantile normal),

- β = sensibilité du portefeuille au facteur macro,
- Mt = indicateur de cycle économique à t (écart de PIB par rapport à la tendance, output gap, etc.).

Supposons :

- PD TTC = 2 % (0,02)
- Facteur macro (output gap) : Mt=−1 (récession d'1 écart-type)
- Sensibilité au cycle : β=0,5

Étape 1 : transformation en quantile normal $\Phi-1(0,02)\approx-2,05$

Étape 2 : ajustement macro : $-2,05+(0,5\times-1)=-2,55$

Étape 3 : retour en probabilité

$PDPIT=\Phi(-2,55)\approx0,0054=0,54\%$

En période de récession, la PD augmente fortement par rapport à la PD TTC (ici de 2 % → 0,54 %).

La probabilité de défaut PD, pour une créance, représente une mesure de la distance au défaut de la contrepartie associée. Elle est intimement liée à la notion de défaillance. Le défaut d'une contrepartie exprime un état d'insolvabilité constaté à une échéance données. La norme prévoit une présomption de défaut après 90 jours d'impayés.

Mathématiquement : PD(T)=P(Défaut à horizon T) ou $P(\tau \leq 90jours)=PD(90j)$

Avec : horizon temporel (souvent 12 mois), et « Défaut » = évènement aléatoire (non-paiement > 90 jours, faillite, restructuration).

→Modèle de Merton

Le modèle de Merton est un modèle structurel du risque de crédit qui assimile l'entreprise à :

- un actif économique dont la valeur suit un mouvement aléatoire (processus de diffusion log-normal),
- et dont le défaut survient lorsque la valeur de ses actifs devient inférieure au montant de la dette exigible à une échéance donnée.

Dans ce cadre :

- Les actionnaires sont vus comme détenteurs d'une option d'achat (call) sur la valeur des actifs de l'entreprise, avec un prix d'exercice égal au montant de la dette.
- Les créanciers sont assimilés à des détenteurs d'une obligation sans risque, diminuée de la probabilité que l'entreprise tombe en défaut.

→Idée de base

- L'entreprise est vue comme un actif économique Vt.
- Les actionnaires détiennent une option d'achat (call) sur cet actif, avec prix d'exercice égal au montant de la dette exigible .
- À l'échéance T :
  - Si VT>D, les actionnaires remboursent et conservent la valeur résiduelle → pas de défaut.
  - Si VT<D, l'entreprise ne peut pas rembourser → défaut.

Le **défaut** est donc un évènement optionnel lié à la valeur des actifs par rapport à la dette.

→ Modélisation des actifs

La valeur des actifs suit un mouvement brownien géométrique :

$dVt=\mu Vtdt+\sigma Vt$

- Vt = valeur des actifs,
- μ = rendement attendu des actifs,
- σ = volatilité des actifs,
- Wt = mouvement brownien.

Ce qui implique que VT suit une loi log-normale.

→ Condition de défaut

Le défaut survient si :$VT<D$

La probabilité de défaut à horizon T est donc :$PD(T)=P(VT<D)$

→ Distance au défaut (DD)

En transformant l'inégalité, on définit la **distance au défaut** :

$DD=\ln(V0/D)+(\mu-1/2*\sigma^2)T/$ σ racine carrée(T)

- $V0$ = valeur initiale des actifs,
- D = dette exigible,
- μ = rendement attendu,
- σ = volatilité.

→Probabilité de défaut

La probabilité de défaut est donnée par :

$PD(T)=\Phi(-DD)$ où Φ est la fonction de répartition de la loi normale standard.

→ Interprétation

- Plus DD est grand → plus l'entreprise est éloignée du défaut → PD faible.
- Plus DD est petit → plus l'entreprise est proche du défaut → PD élevée.

Cas pratique : Détermination de la Probabilité de Défaut (PD)

La banque analyse la contrepartie Entreprise Y qui sollicite un prêt syndiqué.On dispose des éléments suivants du bilan :

- Total Actif comptable : 400 Mds XOF
- Capitaux propres : 120 Mds XOF
- Dette totale : 280 Mds XOF
  - dont dette long terme à échéance 1 an : 200 Mds XOF (cible DD)

Estimer la probabilité de défaut à 1 an en utilisant le modèle de Merton.

Étape 1 – Valeur de marché des actifs (V_0)

Dans le modèle de Merton, on travaille avec la valeur économique (de marché) des actifs.

- Hypothèse : l'actif économique ≈ actif comptable * (1 + prime de valorisation).
- Disons qu'on retient une prime de **10 %** →

$V0=400\times1,10=440$ Mds XOF

Étape 2 – Dette exigible (D)

On prend la partie de la dette **exigible à 1 an** :

$D=200$ Mds XOF

Étape 3 – Rendement attendu des actifs (μ)

On peut approximer le rendement attendu des actifs par le ROA économique projeté.

- Supposons que l'entreprise projette un **ROA = 8 %** →$\mu=8\%$

Étape 4 – Volatilité des actifs (σ)

La volatilité est souvent estimée à partir :

- de l'historique du cours de bourse (si société cotée), ou
- de la volatilité sectorielle (banque → 15 %, industrie → 25–30 %). Ici, supposons une entreprise industrielle →

$\sigma=30\%=0,3$

Étape 5 – Distance au défaut (DD)

Formule :

DD=ln(V0/D)+(μ−1/2σ^2)*T/σ racine carrée(T)

Avec T=1:

- ln(V0/D)=ln(440/200)=ln(2,2)≈0,788
- μ−1/2*σ^2=0,08−0,5(0,30)^2=0,035
- Numérateur = 0,788+0,035=0,8230,788 + 0,035=0,823
- Dénominateur = 0,30×racine carrée(1)=0,30

Étape 6 – Probabilité de défaut (PD)

$PD(1)=\Phi(-DD)=\Phi(-2,74)$

D'après les tables de loi normale : $\Phi(-2,74)\approx0,0031$, Probabilité de défaut ≈ 0,31 % sur 1 an

Interprétation bancaire

- DD = 2,74 (donc > 2 écarts-types de la barrière de défaut) → **situation très solide**.

- PD ≈ 0,3 % → correspond à une notation interne Investment Grade (AA ou A).

Si un prêt de **100 Mds XOF** :

- si LGD = 45 %,
- EAD = 100 Mds,
- alors $ECL = PD \times LGD \times EAD = 0{,}0031 \times 0{,}45 \times 100 \approx 0{,}14$

Mds La banque provisionnera donc 140 millions XOF seulement, ce qui est très faible → crédit acceptable.

❖ Notion de la probabilité de défaillance

La norme requiert de déterminer la probabilité de défaillance à horizon 12 mois ou à maturité. Par conséquent, il faut définir la structure par termes des probabilités de défaillance, c'est-à-dire définir une PD en fonction de l'horizon choisi. La présomption que le défaut intervienne après 90 jours de retard de paiement pourra être réfutée pour certains portefeuilles.

TDj = Nombre de défaut observé de la classe j dans la cohorte i / Nombre total d'individus de la classe j dans la cohorte i ;

La PD TTC 12 mois de la classe homogène de risque j : $\sum TDj / Ni{=}1$

Approche simpliste d'estimation de la PD

❖ Hypothèses de base :

Pour appliquer cette méthode, on pose les hypothèses suivantes :

- Le portefeuille est constitué de N crédits indépendants (par exemple, 1 000 prêts octroyés à des clients).
- Chaque crédit **i** a une probabilité pi(t) de faire défaut à un horizon donné t.
- Les défauts sont indépendants (aucune contagion ou corrélation entre eux).
- On suit chaque crédit sur une période d'un an (ou autre) et on enregistre s'il est en défaut ou non.

❖ Variable de défaut :

On définit une variable binaire Di(t) pour chaque crédit :

- Di(t)=1 si le crédit **i** est en défaut à l'horizon t,
- Di(t)=0 sinon.

Le nombre total de défauts observés dans le portefeuille à l'instant t est :$D(t)=\sum (i ; N)\ Di(t)/N$

Définition fondamentale de la PD

PD=N défaut/N Performants

- Ndéfaut : nombre de contreparties ayant fait défaut pendant la période observée
- Nperformant : nombre de contreparties saines en début de période
- Horizon typique : 12 mois (PD à 1 an)

Méthode des cohortes (par génération de crédit) : PDt,n = Dt+n / Et

- PDt,n : probabilité de défaut à n mois pour la cohorte t
- Dt+n : nombre de défauts à n mois pour la cohorte t
- Et : nombre de crédits octroyés à la période t

❖ **Calcul de la PD à 1 an (ou 12 mois) :**

On utilise alors la **fréquence empirique** des défauts pour estimer la **PD à 1 an** :PD1an=D(1)/N

où :

- D(1) = nombre de défauts observés à 1 an,
- N= nombre total de crédits.

Exemple : Si 30 crédits sur 1 000 sont en défaut après 1 an, alors :PD 1an=30/1000 =3%

❖ **Projection de la PD à t années :**

Une fois la PD annuelle estimée, on peut l'utiliser pour obtenir la PD cumulée sur plusieurs années en supposant que la probabilité de défaut est constante chaque année.

La **formule** utilisée est :PDt =1−(1−PD1an) ^t où :

- PDt = probabilité qu'un crédit fasse défaut au moins une fois avant t ans,
- (1−PD1an)^t= probabilité que le crédit ne fasse pas défaut pendant t années.

Exemple : Si PD1an=3% alors la PD à 3 ans est :PD3ans =1−(1−0,03)^3=1−0,9127=8,73%

III.2. Particulier_Retail (PPI PPO PRO)

ECL = EAD x PD x LGD EAD
ECL = Expected credit loss

EAD = Exposure at default

PD = Probability at default

LGD = loss given défaut

<u>Justification :</u> en moyenne dans le temps, la perte attendue à horizon de 1 an sur les encours sains doit être égale au CNR spécifique moyenne.

Le CNR spécifique moyen représente la perte moyenne réellement observée par la banque sur tous les clients, y compris ceux qui ont fait défaut.

En Stage 1, les prêts sont sains, donc le risque de perte est plus faible. Par conséquent, la perte attendue à 12 mois (ECL S1) est inférieure ou égale au CNR, qui agit comme un plafond (majorant). **Donc : CNR ≥ ECL S1**.

S1 : Le stage 1 étant de meilleure qualité que le stage 2, le CNR spécifique moyenne est donc un majorant de ECL S1 à 12mois.

S2 : ECL à maturité = PD à maturité x LGD x EAD

Avec PD à maturité = calculé en fonction de la matrice triangulaire du taux de défaut à maturité 48 mois ou 72 mois (voir annexe 2)

LGD = Taux de couverture ou de provisionnement sur 4 trimestres

S3 : ECL = LGD x EAD Avec PD = 1 car risque avéré et taux de provisionnement = PD x LDG

Postulat : taux de provisionnement S3 > taux de provisionnement S2 > taux de provisionnement S1(Plus le risque de non-remboursement augmente, plus la banque doit mettre de côté (provisionner) pour se protéger.

ECL Total = $ECL_{S1} + ECL_{S2} + ECL_{S3}$

Cout net du risque = variation $(ECL_N - ECL_{N-1})$

Tableau de Synthèse de recalibrage (Retail)

	Calibrage taux Retail				
GHR	Recalibrage PD S1	Recalibrage PD S2	Recalibrage Taux de couverture	Taux recalibré 2018 S1	Taux recalibré 2018 S2
PPI	PD 12 mois selon test de tukey	PD à maturité (48mois) selon la matrice triangulaire	Taux de couverture calibré (Provision IAS/Encours Douteux)	CNR spécifique moyenne S1 en % : un majorant de ECL S1 à 12mois	PD à maturité x LGD
PPO	PD 12 mois selon test de tukey	PD à maturité (48mois) selon la matrice triangulaire	Taux de couverture calibré (Provision IAS/Encours Douteux)	CNR spécifique moyenne S1 en % : un majorant de ECL S1 à 12mois	PD à maturité x LGD
PRO	PD 12 mois selon test de tukey	PD à maturité (48mois) selon la matrice triangulaire	Taux de couverture calibré (Provision IAS/Encours Douteux)	CNR spécifique moyenne S1 en % : un majorant de ECL S1 à 12mois	PD à maturité x LGD

IV. INTERPRÉTATION DE L'ECL et du CNR

IV.1. Probabilité de passer du stage 1 au stage 2 crédit

Dans le cadre du modèle de classification de la perte de crédit, les banques doivent suivre les évolutions de la qualité de crédit de leurs clients et les classer en trois stades différents en fonction de leur risque de défaut. Le passage d'un stade à l'autre se fait en fonction de la probabilité de défaut des clients.

Le passage du stage 1 au stage 2 intervient lorsque le risque de défaut du client augmente sensiblement. Plus précisément, la norme IFRS 9 définit le passage du stage 1 au stage 2 comme un événement qui se produit lorsque la probabilité de défaut à 12 mois du client est supérieure à celle mesurée lors de la première évaluation, et que cette augmentation est significative. Cependant, il n'existe pas de formule standard pour calculer la probabilité de passage du stage 1 au stage 2, car elle dépend des caractéristiques spécifiques de chaque client et de l'environnement économique.

IV.2. Coût net du risque CNR en Stage 1

Avec Exposition globale = Balance sheet exposure + Balance équivalente ; et EAD = Balance sheet exposure + (Off balance sheet *Taux CCF) avec Balance equivalente= Off balance Sheet*Taux CCF

- Si ECL N < ECL N-1 alors On constate une reprise de provision
- Si ECL N > ECL N-1 alors On constate une dotation de provision

Tableau de synthèse du CNR par Groupe Homogène de risque (GHR)

	Groupe homogène de risque (GRH)	M-1	M				
		Expositions	*ECL*	*CNR*	*Expositions*	*ECL*	*CNR*
Stage 1	***PPI***	Balance sheet exposure+Balance équivalente	EAD* Taux S1	ECL M-1 - ECL M-2	Balance sheet exposure+Balance équivalente	EAD* Taux S1	ECL M-1 - ECL M-2
	PPO	Balance sheet exposure+Balance équivalente	EAD* Taux S1	ECL M-1 - ECL M-2	Balance sheet exposure+Balance équivalente	EAD* Taux S1	ECL M-1 - ECL M-2
	PRO	Balance sheet exposure+Balance équivalente	EAD* Taux S1	ECL M-1 - ECL M-2	Balance sheet exposure+Balance équivalente	EAD* Taux S1	ECL M-1 - ECL M-2
	Corporate/PME	Balance sheet exposure+Balance équivalente	EAD* Taux S1	ECL M-1 - ECL M-2	Balance sheet exposure+Balance équivalente	EAD* Taux S1	ECL M-1 - ECL M-2
	Total	Σ	Σ	Σ	Σ	Σ	Σ

Le coût net du risque (CNR) est une mesure du coût des pertes de crédit nettes pour une banque, ajusté des récupérations de crédit. En fonction des normes comptables et des réglementations en vigueur, le CNR peut être calculé différemment en fonction des différents stades de l'impayé :

CNR Stage 1 = (Provisions pour pertes de crédit en fin de période - Provisions pour pertes de crédit en début de période)

Avec : les "provisions pour pertes de crédit" représentent les montants que la banque a mis de côté pour couvrir les pertes de crédit futures. Elles sont comptabilisées en charges dans les états financiers de la banque.

En Stage 1, les créances sont considérées comme étant en retard de paiement mais il n'y a pas encore de signes de détérioration de la qualité du crédit. Ainsi, le calcul du CNR en Stage 1 prend en compte les pertes et les récupérations effectivement enregistrées au cours de la période, ainsi que les ajustements de provisions pour pertes de crédit d'une période à l'autre.

IV.3. Coût net du risque CNR en Stage 2

- Si ECL N < ECL N-1 alors On constate une reprise de provision
- Si ECL N > ECL N-1 alors On constate une dotation de provision

Tableau de synthèse du CNR S2 par GHR

	Groupe homogène de risque (GRH)	N-1			N		
		Expositions	*ECL*	*CNR*	*Expositions*	*ECL*	*CNR*
Stage 2	*PPI*	Balance sheet exposure+Balance équivalente	EAD* Taux S2	ECL N-1 - ECL N-2	Balance sheet exposure+Balance équivalente	EAD* Taux S2	ECL N -ECL N-1
	PPO	Balance sheet exposure+Balance équivalente	EAD* Taux S2	ECL N-1 - ECL N-2	Balance sheet exposure+Balance équivalente	EAD* Taux S2	ECL N -ECL N-2
	PRO	Balance sheet exposure+Balance équivalente	EAD* Taux S2	ECL N-1 - ECL N-2	Balance sheet exposure+Balance équivalente	EAD* Taux S2	ECL N -ECL N-3
	Corporate/PME	Balance sheet exposure+Balance équivalente	EAD* Taux S2	ECL N-1 - ECL N-2	Balance sheet exposure+Balance équivalente	EAD* Taux S2	ECL N -ECL N-3
	Total	Σ	Σ	Σ	Σ	Σ	Σ

Le coût net du risque (CNR) est une mesure du coût des pertes de crédit nettes pour une banque, ajusté des récupérations de crédit. En fonction des normes comptables et des réglementations en vigueur, le CNR peut être calculé différemment en fonction des différents stades de l'impayé :

CNR Stage 2 = (Provisions pour pertes de crédit en fin de période - Provisions pour pertes de crédit en début de période)

Où :

Les "provisions pour pertes de crédit" représentent les montants que la banque a mis de côté pour couvrir les pertes de crédit futures. Elles sont comptabilisées en charges dans les états financiers de la banque.

En Stage 2, le calcul du CNR prend en compte les pertes sur créances estimées pour la période, les récupérations effectivement enregistrées au cours de la période et les ajustements de provisions pour pertes de crédit d'une période à l'autre.

IV.4. Coût net du risque CNR en Stage 3

Avec Expositions = Balance sheet exposure + Balance équivalente ; et EAD = Balance sheet exposure + Balance équivalente *Taux CCF *(convertor crédit factor)*

- Si ECL N < ECL N-1 alors On constate une reprise de provision
- Si ECL N > ECL N-1 alors On constate une dotation de provision

Tableau de synthèse du CNR S3 par GHR

		N-1			N		
	Groupe homogène de risque (GRH)	*Expositions*	*ECL*	*CNR*	*Expositions*	*ECL*	*CNR*
Stage 3	*PPI*	Balance sheet exposure+Balance équivalente	EAD* LGD S3	ECL M-1 - ECL M-2	Balance sheet exposure+Balance équivalente	EAD* LGD S3	ECL M-1 - ECL M-2
	PPO	Balance sheet exposure+Balance équivalente	EAD* LGD S3	ECL M-1 - ECL M-2	Balance sheet exposure+Balance équivalente	EAD* LGD S3	ECL M-1 - ECL M-2
	PRO	Balance sheet exposure+Balance équivalente	EAD* LGD S3	ECL M-1 - ECL M-2	Balance sheet exposure+Balance équivalente	EAD* LGD S3	ECL M-1 - ECL M-2
	Corporate/PME	Balance sheet exposure+Balance équivalente	EAD* LGD S3	ECL M-1 - ECL M-2	Balance sheet exposure+Balance équivalente	EAD* LGD S3	ECL M-1 - ECL M-2
	Total	Σ	Σ	Σ	Σ	Σ	Σ

Le coût net du risque (CNR) est une mesure du coût des pertes de crédit nettes pour une banque, ajusté des récupérations de crédit. En fonction des normes comptables et des réglementations en vigueur, le CNR peut être calculé différemment en fonction des différents stades de l'impayé :

CNR Stage 3 = (Provisions pour pertes de crédit en fin de période - Provisions pour pertes de crédit en début de période) - Pertes sur créances enregistrées pendant la période + Récupérations sur créances amortie enregistrées pendant la période

Où :

Les "provisions pour pertes de crédit" représentent les montants que la banque a mis de côté pour couvrir les pertes de crédit futures. Elles sont comptabilisées en charges dans les états financiers de la banque.

Les "pertes sur créances enregistrées pendant la période" représentent les pertes sur les crédits et les prêts qui ont été enregistrées au cours de la période considérée.

Les récupérations sur créances amorties (RCA) correspondent aux montants encaissés par la banque au titre de créances précédemment passées en pertes, et ce, au cours de la période considérée.

En Stage 3, les créances sont considérées comme étant en défaut de paiement et la probabilité de recouvrement est très faible. Ainsi, le calcul du CNR en Stage 3 prend en compte les pertes et les récupérations effectivement enregistrées au cours de la période, ainsi que les ajustements de provisions pour pertes de crédit d'une période à l'autre.

V. MISE EN PLACE DU COMITE IFRS 9

Le comité IFRS 9, doit être organiser chaque trimestre, ayant pour mission de valider l'exercice de provisionnement conformément à la norme IFRS 9.

Il réunit le Directeur Général, le Directeur des Risques et ses responsables de risques, les Responsables des segments métiers (Retail, Corporate, Institutionnel, etc.), ainsi que le ou les référents IFRS du Groupe si la banque est une filiale consolidée.

Le mémo de provision IFRS 9 présenté en séance doit fournir une vision consolidée par filiale et par stade de dépréciation (S1, S2, S3). Il doit inclure : les encours engagés, le stock de provisions, le coût net du risque (CNR), ainsi qu'un détail des passages à pertes et des recouvrements attendus.

Des explications précises sur les transferts de stages et les évolutions significatives des indicateurs sont indispensables pour la traçabilité et la justification des décisions.

V.1. Processus de l'exercice provision IFRS 9

➢ Collecte et structuration des données :

Rassembler les engagements par filiale, classer par stade (S1, S2, S3) et identifier les passages à pertes et sorties de bilan.

➢ Calcul des indicateurs clés :

Par stage et par filiale :

- Encours (EAD)
- Provisions (ECL)
- Coût Net du Risque (CNR = Dotations – Reprises + Pertes)

Avec une explication :

- S1 : perte sur 12 mois
- S2/S3 : perte sur la durée de vie + recouvrement estimé

➢ Analyse des transferts de stages :

Suivre les migrations (S1→S2→S3), les retours éventuels, et justifier les variations d'indicateurs.

➢ Traitement des pertes :

Détail des montants passés en pertes, recouvrements attendus, et conformité avec les règles internes.

➢ Élaboration du mémo IFRS 9 :

Vision consolidée par filiale et par stade, analyse des écarts (vs N-1 ou budget), commentaires de risques et recommandations.

V.2. Comment analyser le coût net du risque S1 ?

Le coût net du risque en Stage 1 (CNR S1) est une mesure importante pour les banques car elle reflète le coût des pertes de crédit nettes ajustées des récupérations de crédit sur les prêts pour lesquels aucun événement de crédit significatif ne s'est encore produit.

L'analyse du CNR S1 peut fournir des indications sur la qualité du portefeuille de crédit de la banque, ainsi que sur la performance de la banque en matière de gestion des risques.

Tendance historique : Suivre l'évolution du CNR S1 au fil du temps pour évaluer la performance de la banque. Si le CNR S1 est en augmentation, cela peut indiquer que la qualité du portefeuille de crédit se détériore, tandis qu'une baisse peut indiquer une amélioration de la qualité du portefeuille.

Politique de souscription des prêts : L'analyse de la politique de souscription des prêts de la banque peut aider à comprendre pourquoi le CNR S1 évolue de manière particulières la banque a assoupli ses critères de souscription de prêts, cela peut augmenter le risque de défauts de crédit et donc, augmenter le CNR S1.

Concentration du portefeuille : L'analyse de la concentration du portefeuille de prêts peut aider à identifier les risques potentiels pour la banque. Si la banque a une forte concentration de prêts dans un secteur particulier ou auprès d'un groupe d'emprunteurs, cela peut augmenter le risque de défauts de crédit et donc, augmenter le CNR S1.

Explication par la matrice de transition : Expliquer l'évolution significative de l'EAD S1 et ECL S1

- **Matrice de transition EAD**

Variation totale EAD (ou ECL)=EAD (ou ECL)M −EAD (ou ECL)M−1

S1	M-1	M
Variation EAD entre M-1et M Dont variation d'encours sur les clients maintenu en S1 Dont nouvelles entrées en S1(Nouveaux clients) Dont Sortie du S1 (remboursement total) Dont sortie du S1 vers S2 Dont entrée en S1 venant du S2 Dont entrée en S1 venant du S3 Dont Sortie du S1 vers du S3		

- **Matrice de transition ECL**

S1	M-1	M
Variation ECL entre M-1et M Dont variation d'encours sur les clients maintenu en S1 Dont nouvelles entrées en S1(Nouveaux clients) Dont Sortie du S1 (remboursement total) Dont sortie du S1 vers S2 Dont entrée en S1 venant du S2 Dont entrée en S1 venant du S3 Dont Sortie du S1 vers du S3		

Comment analyser le coût net du risque S2 ?

Le coût net du risque en Stage 2 (CNR S2) est un indicateur clé en IFRS 9. Il mesure l'impact net, sur le compte de résultat, des variations de pertes de crédit attendues (ECL – Expected Credit Loss) et des reprises liées aux récupérations sur créances, pour les expositions dont le risque de crédit s'est significativement accru depuis l'origine (SICR – Significant Increase in Credit Risk), mais qui ne sont pas encore classées en défaut (Stage 3).

L'analyse du CNR S2 permet d'apprécier à la fois la qualité du portefeuille de crédits et l'efficacité des dispositifs de gestion du risque de crédit. Elle peut s'articuler autour des axes suivants :

Tendance historique

- Suivre l'évolution du CNR S2 sur plusieurs périodes afin d'identifier les tendances structurelles ou conjoncturelles.

- Une hausse du CNR S2 peut indiquer une dégradation de la qualité du portefeuille ou un environnement économique défavorable, tandis qu'une baisse traduit souvent une amélioration de la qualité des actifs ou une réduction du risque perçu.

Durée moyenne de séjour en Stage 2

- Mesurer le temps moyen pendant lequel les expositions restent en Stage 2 avant un retour en Stage 1 ou un passage en Stage 3.
- Une durée prolongée peut signaler une fragilité persistante des emprunteurs ou un durcissement des critères de reclassement en Stage 1.

Politiques de recouvrement et de restructuration

- Évaluer l'efficacité des actions de recouvrement et de restructuration mises en place pour les contreparties en Stage 2.
- Une politique proactive et adaptée aux segments de clientèle peut limiter les pertes attendues et améliorer les reprises sur créances, réduisant ainsi le CNR S2.

Facteurs macroéconomiques et modèles de provisionnement

- Analyser l'impact des hypothèses macroéconomiques utilisées dans les modèles IFRS 9 (PIB, taux de chômage, inflation, taux d'intérêt, etc.) sur le niveau des ECL en Stage 2.
- Vérifier la cohérence des paramètres de risque (PD – Probability of Default, LGD – Loss Given Default, EAD – Exposure at Default) avec les conditions de marché et les scénarios retenus.

Explication par la matrice de transition : Expliquer l'évolution significative de l'EAD S2 ou ECL S2

- **Matrice de transition EAD (En montant)**

S2	M-1	M
Variation EAD entre M-1et M Dont variation d'encours sur les clients maintenu en S1 Dont nouvelles entrées en S2 (Nouveaux clients) Dont Sortie du S2(remboursement total) Dont sortie du S2 vers S1 Dont entrée en S2 venant du S1 Dont entrée en S2 venant du S3 Dont Sortie du S2 vers du S3		

- **Matrice de transition ECL(En montant)**

S2	M-1	M
Variation ECL entre M-1et M Dont variation d'encours sur les clients maintenu en S1 Dont nouvelles entrées en S2 (Nouveaux clients) Dont Sortie du S2(remboursement total) Dont sortie du S2 vers S1 Dont entrée en S2 venant du S1 Dont entrée en S2 venant du S3 Dont Sortie du S2 vers du S3		

➢ **Comment analyser le coût net du risque S3 ?**

En IFRS 9, le coût net du risque en Stage 3 (CNR S3) mesure l'impact net, sur le compte de résultat, des pertes de crédit attendues (ECL – Expected Credit Loss) et des reprises sur créances pour les expositions classées en défaut (au sens de la définition réglementaire ou interne), conformément à la norme.

Les expositions en Stage 3 sont celles présentant un événement de défaut avéré (retard de paiement significatif, restructuration en situation de détresse, insolvabilité, etc.). Les provisions y sont calculées sur la base de pertes attendues à maturité (lifetime ECL).

L'analyse du **CNR S3** permet d'évaluer la qualité résiduelle du portefeuille en défaut et l'efficacité des mesures de recouvrement et de provisionnement.

➢ **Tendance historique**

- Suivre l'évolution du CNR S3 sur plusieurs périodes afin de détecter des changements structurels ou conjoncturels.
- Une hausse du CNR S3 peut refléter une détérioration de la qualité des actifs en défaut, un durcissement des hypothèses macroéconomiques ou une baisse des taux de recouvrement.
- Une baisse peut indiquer une amélioration des performances de recouvrement, une réduction du stock d'expositions en défaut ou une reprise de provisions antérieures
-

➢ **Composition du portefeuille en défaut**

- Examiner la ventilation des expositions S3 par secteur économique, type de contrepartie, zone géographique et taille des engagements.
- Une forte concentration sectorielle ou géographique accroît la sensibilité aux chocs macroéconomiques et donc la volatilité du CNR S3.
-

➢ **Taux de recouvrement**

- Calculer le taux de recouvrement effectif (montants encaissés / encours en défaut) et l'analyser dans le temps.
- Un taux élevé reflète une bonne stratégie de recouvrement (gestion judiciaire, négociation amiable, réalisation de garanties).
- Un taux faible peut signaler des garanties insuffisantes ou des procédures de recouvrement inefficaces.
-

➢ **Mesures de provisionnement**

- Évaluer la pertinence des provisions constituées pour les expositions S3 au regard des pertes attendues à maturité.
- Vérifier la cohérence des paramètres de risque utilisés dans les modèles IFRS 9 :

PD (Probability of Default) = 100 % par définition en Stage 3

LGD (Loss Given Default) = reflète les pertes nettes après prise en compte des garanties et frais de recouvrement

EAD (Exposure at Default) = montant d'exposition en défaut

➢ **Explication par la matrice de transition :** Expliquer l'évolution significative de l'EAD S3 ou ECL S3

- **Matrice de transition EAD(En montant)**

S3	M-1	M
Variation EAD entre M-1et M Dont variation d'encours sur les clients maintenu en S3 Dont nouvelles entrées en S3 (Nouveaux clients) Dont Sortie du S3(remboursement total) Dont sortie du S3 vers S2 Dont entrée en S3 venant du S1 Dont entrée en S3 venant du S2		

Les entrées en Stade 3 (S3) selon IFRS 9 correspondent aux défauts avérés ou compromis : cela signifie que l'emprunteur est considéré comme étant en défaut de paiement ou que la banque juge que le remboursement est sérieusement compromis

Les entrées en S3 sont des défauts compromis ont une PD =1 et provisionnée selon l'instruction 026 de la BCEAO relatif aux provisionnements des créances en souffrances :

LGD = 20% à l'entrée en défaut ;

LGD = 50% au bout de 3 mois dans le défaut ;

LGD = 100% au bout de 9 mois dans le défaut.

Motif de défaut

Catégories ou motif de défaut	Segment Corporate	Segment Retail
Retard de paiement	Retard > 90 jours (règle NDOD) sur une dette significative ou Impayé glissant	Retard > 90 jours sur crédit conso, prêt perso, carte crédit, etc
Difficultés financières	Chute de CA, pertes nettes successives, EBITDA négatif	Perte d'emploi, baisse de revenus, surendettement personnel
Restructuration de dette	Rééchelonnement avec pertes, allongement d'échéances défavorables	Réaménagement du prêt suite à incapacité à rembourser
Procédures judiciaires	Redressement judiciaire, liquidation, sauvegarde	Saisie sur salaire, jugement d'insolvabilité personnelle
Signes de stress opérationnel	Fermeture d'usines, retrait de marchés clés	Absence prolongée de revenus, maladie longue durée, licenciements
Indicateurs internes de la banque	Notation interne dégradée, déclassement monitoring	Niveau d'endettement élevé, usage répété de découvert autorisé
Indicateurs comportementaux	Absence de communication, non-respect des engagements	Multiples rejets de prélèvements, absence de contact client
Événements externes	Choc sectoriel, sanctions pays, retrait d'investisseurs	Crise économique, crise sanitaire impactant l'emploi

Analyse de la matrice de transition	**Hausse**	**Baisse**
Variation totale EAD/ECL	Croissance du portefeuille ou dégradation globale du risque	Réduction des engagements, remboursements importants, amélioration du risque
Variation sur clients maintenus en S1	Détérioration du risque (hausse ECL), ou augmentation des encours	Amélioration de la qualité ou remboursement partiel
Nouvelles entrées en S1	Nouvelle production de crédit ou retour de clients en meilleure position	Ralentissement commercial ou entrée directe en S2/S3
Sorties du S1 (remboursements totaux)	Moins de créances en portefeuille, bonne santé du portefeuille	Moins de remboursements, allongement des durées ou stagnation des encours
Sortie S1 → S2	Dégradation du risque : augmentation des encours sous surveillance accrue	Amélioration de la qualité du portefeuille, meilleure sélection en entrée
Entrée S1 depuis S2	Amélioration du risque ou reprise d'activité normale	Clients dégradés non encore rétablis
Entrée S1 depuis S3	Résolution de défauts passés, performance positive de restructuration	Moins de reprises ou échec de plans de restructuration
Sortie S1 → S3	Entrée brutale en défaut, signal de crise ou défaut sévère	Moins de défauts identifiés, effet positif des politiques de suivi

CHAPITRE III
MODÉLISATION ET CALCUL DE LA PROBABILITÉ DE DÉFAUT PD ET LGD

La probabilité de défaut (PD) mesure le risque qu'un emprunteur ne rembourse pas sa dette. Elle peut être modélisée par des approches structurelles (ex. : modèle de Merton) ou réduites (ex. : régression logistique), souvent combinées pour plus de précision. Le calcul repose sur des données historiques et dépend fortement des hypothèses et de la qualité des données.

I. PROBABILITÉ DE DÉFAUT BANCAIRE (Application de la Régression logistique et du modèle des moindres carrées)

I.1. Regression logistique

La formule de la probabilité de défaut (PD) bancaire dépend de la méthode de modélisation utilisée. La méthode la plus courante pour modéliser la PD est la méthode de scoring, qui repose sur une régression logistique ou une analyse discriminante.

Dans la méthode de scoring, la PD est calculée comme la probabilité estimée que le client ou l'emprunteur fasse défaut sur une période donnée (généralement un an). Le score de crédit est généralement utilisé pour calculer la PD. Le score de crédit est calculé en fonction d'un certain nombre de variables qui ont été identifiées comme ayant une influence significative sur la probabilité de défaut, telles que l'historique de crédit, le revenu, le niveau d'endettement, l'âge, le type d'emploi, etc.

Modéliser la probabilité qu'un client fasse défaut, notée $P(y=1|x)$, en fonction d'un ensemble de variables explicatives $x=(x1,x2,\ldots,xk)$, telles que :

- x1 = score crédit,
- x2 = revenu,
- x3 = ancienneté, etc.

La **régression logistique** modélise la probabilité de défaut comme suit : $\log(P(y=1|x))/1-P(y=1|x)=\beta0+\beta1x1+\beta2x2+\cdots+\beta kxk$

$PD=1/(1+e\hat{}-(\beta0+\beta1x1+\beta2x2+\cdots+\beta kxk))$

- PD : Probabilité que l'emprunteur fasse défaut dans un horizon (souvent un an)
- Xi : variables explicatives (revenu, ancienneté, score interne, etc.)
- βi beta : coefficients calibrés du modèle

En score de crédit peut être exprimé comme une combinaison linéaire des variables :

$Score=\beta0+\beta1x1+\cdots+\beta kxk$ Alors : $PD=1/(1+e-\hat{}ScorePD)$

La formule pour calculer la PD à partir d'un score de crédit est généralement une fonction de distribution cumulative, telle que la distribution normale standard ou la distribution logistique. Une formule courante pour la PD est la suivante :

$$PD = 1 - F\left(\frac{score - \alpha}{\beta}\right)$$

Où :

PD est la probabilité de défaut,

F est la fonction de distribution cumulative,

Score est le score de crédit du client,

$\boldsymbol{\alpha}$ ***et*** $\boldsymbol{\beta}$ sont des paramètres de calibrage du modèle.

Exemple 1 :

Un client professionnel sollicite un crédit moyen terme de 100 millions XOF sur 5 ans. Il fournit un dossier complet.

La banque utilise un système de scoring interne reposant sur plusieurs critères pondérés. Le client obtient un score final de 580 points et α=650, β=40. Et LGD =45%

La grille de score se présente comme suit :

Critères d'évaluation	Modalités	Points attribués	Score du client
Situation financière	Résultat net > 0	150	150
	Capitaux propres positifs	100	100
Secteur d'activité	Faiblement risqué	100	50
Comportement bancaire	Pas d'incident 12 derniers mois	100	100
Expérience du dirigeant	> 5 ans dans le secteur	50	50
Qualité des garanties	Garanties faibles ou non liquides	100	30
Historique avec la banque	Client nouveau	100	100
Total Score possible	–	**700**	**580**

TAF : Calcul de la Probabilité de Défaut (PD) et Calcul de la Perte Attendue (Expected Loss)

Étape 1 : Calcul de la Probabilité de Défaut (PD)

Modèle logistique de la banque :

PD=1−1/ (1+ e− ^((Score−α) /β)) ou`α=650, β=40 ;

z= (580−650) /40=−1,75 ; e^1,75

PD=1−1/(1+5,75) ≈0,8519 soit*85,19 %

Étape 2 : Calcul de la Perte Attendue (Expected Loss)

EL=PD×LGD×EAD avec LGD=45%,

EL=0,8519×0,45×100 000 000=38 335 500XOF

Conclusion : Ce client a une PD très élevée (85 %), ce qui traduit un risque de défaut critique. La perte attendue de plus de 38 millions XOF est significative. En conséquence, le gestionnaire crédit recommande un refus, sauf si des garanties fortes viennent compenser ce risque.

Exemple 2 : Scoring de crédit (PD)

Une banque souhaite évaluer le risque de défaut de ses clients sur une période de 12 mois. Elle dispose d'un historique de prêts avec :

- Le score de crédit du client (entre 300 et 850),
- Son ancienneté dans la banque (en années),
- Son revenu mensuel,
- Une variable cible : Défaut (1 = le client a fait défaut, 0 = bon payeur).

L'objectif est de construire un modèle de scoring pour estimer la probabilité qu'un nouveau client fasse défaut, c'est-à-dire sa PD individuelle.

Client	**Score_Credit**	**Ancienneté (ans)**	**Revenu mensuel (XOF)**	**Défaut**
1	720	5	5 000 000	0
2	660	3	4 000 000	0
3	580	1	2 000 000	1
4	730	7	6 000 000	0
5	610	2	2 500 000	1
...	...	...	...	...

Développer un modèle logistique de score de défaut qui estime la probabilité de défaut (PD) pour tout client.

Formule du logit (forme linéaire) :

Log((PD/(1−PD))=β0+β1·Score_Credit+β2·Anciennete´+β 3·Revenu_mensuel

C'est la fonction logit. Le membre de gauche est le logarithme du rapport de chance de défaut (odds ratio).

Forme transformée (fonction sigmoïde) :

PD=1/1+e−^(β0+β1·Score_Credit+β2·Anciennete´+β3·Revenu_mensuel)

C'est la fonction logistique, qui transforme une combinaison linéaire des variables en une probabilité entre 0 et 1.

- **Implémentation en Python**

```
import pandas as pd
from sklearn.linear_model import LogisticRegression
from sklearn.model_selection import train_test_split
from sklearn.metrics import roc_auc_score, classification_report
# Exemple de jeu de données
data = pd.DataFrame({
    'Score_Credit': [720, 660, 580, 730, 610],
    'Anciennete': [5, 3, 1, 7, 2],
    'Revenu': [5_000_000, 4_000_000, 2_000_000, 6_000_000,
2_500_000],
    'Defaut': [0, 0, 1, 0, 1]})
# Variables explicatives et cible
X = data[['Score_Credit', 'Anciennete', 'Revenu']]
```

```
y = data['Defaut']
# Modèle de régression logistique
model = LogisticRegression()
model.fit(X, y)
# Coefficients estimés
print("Intercept :", model.intercept_)
print("Coefficients :", model.coef_)
# Prédiction de la probabilité de défaut (PD)
data['PD_estimee'] = model.predict_proba(X)[:, 1]
print(data[['Score_Credit','Anciennete','Revenu', 'PD_estimee']])
```

Supposons que les coefficients estimés soient :

- β^0=−8
- β^1=0.015 pour le score
- β^2=−0.3 pour l'ancienneté
- β^3=−0.000001 pour le revenu

Alors, pour un client avec :

- Score = 620
- Ancienneté = 3 ans
- Revenu = 3 000 000

Oncalcule :

z=−8+0.015·620−0.3·3−0.000001·3000000=−8+9.3−0.9−3=−2.6

PD=11+e−^(−2.6)≈0.069 ;Donc ce client a une probabilité estimée de défaut d'environ 6.9%.

I.2. Méthode des moindres carrés (estimation approximative)

Forme : logit=β0+β1·Score ; On applique la formule de régression linéaire simple :

a) Calculs intermédiaires

X¯= (720+660+580+730+610)/5=660

Y¯= (−4.595−4.595+4.595−4.595+4.595)/5=−0.919

∑(Xi−X¯)(Yi−Y¯)=(720−660)*(−4.595+0.919)+...=−551.4

∑(Xi−X¯)^2= (720−660)^2+...=14800

β1=−551.4/14800≈−0.0373

β0=Y¯−β1·X¯=−0.919−(−0.0373)(660)≈23.67

b) ÉQUATION FINALE :

Log ((PD/(1−PD))=23.67−0.0373·Score

c) CALCULONS LA PD POUR UN NOUVEAU CLIENT

Par exemple, Score = 600 :
$z=23.67-0.0373\cdot 600=23.67-22.38=1.29$; PD =1/ (1+e^−1.29)1 ≈0.784

Donc ce client a une probabilité de défaut estimée à 78.4%

→ Cas logistique (MLE, coefficients donnés) :

- $\beta 0 = -8$; $\beta 1 = 0.015$; $\beta 2 = -0.3$; $\beta 3 = -0.000001$.
- Client Score=620, Ancienneté=3, Revenu=3 000 000 :
  - $z = -2.6 \rightarrow$ PD ≈ **6.9 %**.

→ Cas OLS (approximation simple avec Score seul) :

- $\beta 0 \approx 23.67$; $\beta 1 \approx -0.0373$.
- Client Score=600 :
  - $z = 1.29 \rightarrow$ PD ≈ **78.4 %**.

La différence énorme (6.9 % vs 78.4 %) vient du fait que :

- Dans OLS, tu n'utilises qu'une seule variable (Score), donc tu perds l'effet stabilisateur d'ancienneté et revenu.
- La méthode OLS ne cherche pas à maximiser la vraisemblance mais juste à minimiser une somme de carrés → cela biaise fortement les coefficients dans un modèle logit.
- Tu as très peu de données (5 clients), donc les coefficients sont très sensibles et pas représentatifs.

En effet, la méthode OLS est utilisée comme illustration de la forme du logit, mais pas pour produire un vrai score de défaut.

Exemple 3 : Estimation des paramètres α et β à partir de la grille de scoring réelle (score total = 580 sur 700).

Le modèle bancaire de probabilité de défaut est donné par :

PD=1/(1+e^−z) où z=a+bS ou parfois écrit sous la forme bancaire : PD=1/[1+e^−((S−α)/β)]

Isoler une relation linéaire entre le score et la "fonction logit" : On veut une équation droite de type ln(PD/(1−PD))=a+bS

Partons de la définition de PD : PD=1/(1+e^−z)

1/ PD=1+e^−z

e^−z=(1/PD)−1

−z=ln(1−PD/PD)

z=−ln(1−PD/PD)

En simplifiant le signe négatif (propriété du log) : z=ln (PD/(1−PD))

Comme on sait que z=a+bS on obtient la forme logit linéaire : ln(PD/(1−PD))=a+bS

➔ Données de départ

Critère	Points max	Points client
Situation financière : Résultat net > 0	150	150
Capitaux propres positifs	100	100
Secteur d'activité faiblement risqué	100	50
Comportement bancaire : pas d'incident	100	100
Expérience du dirigeant > 5 ans	50	50
Qualité des garanties : faibles	100	30
Historique avec la banque : nouveau client	100	100
Total	**700**	**580**

Donc : S=580, Smax=700

➔ Objectif

Transformer ce score global (580) en une probabilité de défaut (PD) à l'aide d'un modèle logistique interne, défini par : PD=1 /1+e^(S−α) /β

➔ Comment déterminer les paramètres α et β

Une banque ne "devine" pas α et β — elle les calibre à partir des scores et des taux de défaut observés historiquement dans chaque tranche de score.

Supposons que la banque dispose d'un historique de 5 ans sur 700 clients ayant un score similaire à la grille ci-dessus. Elle observe les taux de défaut réels suivants :

PDobservé=nombre total de clients dans la tranche/ nombre de défauts

Tranche de score	Score moyen (S)	Taux de défaut observé (PD observé)
650–700	675	3%
600–649	625	8%
550–599	575	20%
500–549	525	40%
< 500	475	65%

Score initial	Nombre de clients	Nombre de défauts après 5 ans	PD observé
650–700	200	6	6 / 200 = **3 %**
600–649	150	12	12 / 150 = **8 %**
550–599	150	30	30 / 150 = **20 %**
500–549	120	48	48 / 120 = **40 %**
< 500	80	52	52 / 80 = **65 %**

➔ Transformation logistique

La relation linéaire est :ln(PD/1−PD)=a+bS
On calcule le **logit** pour chaque tranche :

Score (S)	PD	logit(PD/(1−PD))
675	0.03	ln(0.03/0.97) = -3.476
625	0.08	ln(0.08/0.92) = -2.442
575	0.20	ln(0.20/0.80) = -1.386
525	0.40	ln(0.40/0.60) = -0.405
475	0.65	ln(0.65/0.35) = 0.619

➔ Calcul par régression linéaire

On cherche :Y=a+bS avec les couples (S, Y) ci-dessus.
Calcul des moyennes :
S¯=(675+625+575+525+475)/5
Y¯=(−3.476−2.442−1.386−0.405+0.619)/5=−1.418
Calcul de la pente : b=∑(S−S¯)*(Y−Y¯)/∑(S−S¯)^2

S	Y	S−S̄	Y−Ȳ	Produit
675	-3.476	100	-2.058	-205.8
625	-2.442	50	-1.024	-51.2
575	-1.386	0	0.032	0
525	-0.405	-50	1.013	-50.65
475	0.619	-100	2.037	-203.7

∑(S−S¯)(Y−Y¯)=−511.35
∑(S−S¯)^2=100^2+50^2+0^2+(−50)^2+(−100)^2=25.000
b=−511.35/25000=−0.02045
a=Y¯−bS¯=−1.418−(−0.02045)(575)=−1.418+11.76=10.34

➔ **Déduction de α et β**

La relation entre les deux modèles est :b=1/β⇒β=1/b=48.9 et a=−α/β⇒α=−a*β=−10.34×48.9=−505

Mais α représente un **score de référence positif** (le score à PD = 50 %).

On garde la valeur absolue :α=505,β=49

➔ **Formule finale :** PD=11+e^((S−505/49))

➔ **Application à ton client (S = 580)** PD=11+e((580−505)/49=0.178 , **Probabilité de défaut estimée = 17,8%**

Code python :

```
import numpy as np
import pandas as pd
from sklearn.linear_model import LinearRegression
# ------------------------------
# 1. Données historiques
# ------------------------------
data = pd.DataFrame({"Score": [675, 625, 575, 525, 475],
   "PD_obs": [0.03, 0.08, 0.20, 0.40, 0.65]})
# Transformation logit
data["Logit_PD"] = np.log(data["PD_obs"] / (1 - data["PD_obs"]))
print("Table des logits :\n", data)
# ------------------------------
# 2. Estimation par régression linéaire : logit(PD) = a + b*S
# ------------------------------
X = data[["Score"]]
y = data["Logit_PD"]
reg = LinearRegression()
reg.fit(X, y)
a = reg.intercept_
b = reg.coef_[0]
print(f"\nParamètres estimés : a = {a:.3f}, b = {b:.5f}")
# ------------------------------
# 3. Conversion vers α et β du modèle logistique
# ------------------------------
beta = 1 / abs(b)
alpha = abs(a * beta)
print(f"Paramètres logistiques : α = {alpha:.2f}, β = {beta:.2f}")
# ------------------------------
```

```
# 4. Application au client (S = 580)
# -------------------------------
S = 580
PD = 1 / (1 + np.exp((S - alpha) / beta))
print(f"\nScore client : {S}")
print(f"Probabilité de défaut estimée : {PD:.3%}")
```

I.3. Modèle de survie

Les modèles de survie sont une méthode de modélisation de la probabilité de défaut (PD) qui prend en compte la durée de l'exposition des emprunteurs ou des clients à un risque de défaut. Cette méthode est également connue sous le nom de modèles de durée ou modèles de temps jusqu'au défaut.

La formule pour la PD dans les modèles de survie est généralement basée sur la fonction de survie, qui est la probabilité qu'un emprunteur ou un client ne fasse pas défaut avant un certain point dans le temps. La fonction de survie est modélisée à l'aide d'une distribution de probabilité, telle que la distribution de Weibull ou la distribution exponentielle.

La formule pour la PD à un point donné dans le temps est alors calculée en utilisant la fonction de survie. Par exemple, pour un modèle de survie paramétrique, la PD à un moment t est calculée comme suit :

$PD_{(t)} = 1 - S_{(t)}$ où PD(t) est la probabilité de défaut à l'instant t, et S(t) est la fonction de survie à l'instant t.

Les modèles de survie ont l'avantage de prendre en compte la durée de l'exposition au risque de défaut, ce qui peut être particulièrement utile pour les portefeuilles de prêts avec des durées variables. Cependant, ils peuvent être plus complexes que les modèles de scoring traditionnels, car ils nécessitent des données sur la durée de l'exposition, ainsi que des hypothèses sur la distribution de probabilité sous-jacente.

La formule pour la PD à un point donné dans le temps est alors calculée en utilisant la fonction de survie. Par exemple, pour un modèle de survie paramétrique, la PD à un moment t est calculée comme suit :
PD(t) = 1 - S(t)

où PD(t) est la probabilité de défaut à l'instant t, et S(t) est la fonction de survie à l'instant t.

Si la probabilité de défaut est d, alors la probabilité de survie (ne pas faire défaut) pendant cet intervalle est 1−d.

La fonction de survie est définie comme la probabilité qu'un crédit ne fasse pas défaut avant la date d'échéance. Ainsi, la fonction de survie à la maturité T peut être écrite comme :**S(T) = P (T > Défaut)** où T_defaut est la date de défaut.

Démonstration :

Soit Tdéfaut est une variable aléatoire représentant le moment du défaut d'un emprunteur. La probabilité que le défaut survienne avant ou au plus tard à une date T (exprimée en années) est appelée probabilité de défaut cumulée à maturité, notée PD(T) Cette probabilité s'écrit :

PD(T)= P (Tdéfaut ≤T), Par définition, la fonction de survie S(T) c'est-à-dire la probabilité de ne pas faire défaut jusqu'à la date T, est donnée par : S(T)=P(Tdéfaut>T))

La relation fondamentale entre les deux est donc : PD(T)=1−S(T)

Supposons maintenant que le risque de défaut soit stationnaire, c'est-à-dire que la probabilité conditionnelle de survie à chaque période soit constante et indépendante du passé. Ce comportement correspond à une loi géométrique discrète pour le temps de défaut. Dans ce cadre, la fonction de survie vérifie la propriété multiplicative suivante :S(T)= S(1)^T

Si l'on appelle PD(1) la probabilité de défaut sur une année, alors on a :

PD (1) =P(Tdéfaut≤1) = 1−S(1) ⇒S(1)=1−PD(1)

À partir de là, la fonction de survie à T années s'exprime comme le produit des probabilités de survie annuelle :

S(T)=P(Tdéfaut>T)=P(survie pendant T années)=P(survie en année 1∩⋯∩survie en année T)

Or, par indépendance des périodes :

S(T)=P(survie en année 1)×⋯×P(survie en année T)=[P(survie sur 1 an)]^T

Une suite géométrique de raison r∈(0,1) est définie par :uT = u0·r^T Ici, on a :u0=1 (survie certaine à t = 0) et r=1−PD(1)

En injectant cette expression dans la fonction de survie à T années, on obtient :S(T)=[1−PD(1)]^T

Ainsi, on démontre que la probabilité cumulée de défaut à l'échéance T, sous l'hypothèse d'une probabilité de défaut marginale constante, est égale à : PD(T)=1−[1−PD(1)]^T

La fonction de survie est définie par :S(T)=P(Tdéfaut>T) = ∑ (t=T+1 ; ∞) P(Tdéfaut=t)

En utilisant la loi géométrique : $S(T)=\sum(t=T+1\ ;\infty)\ (1-PD(1))^{t-1} * PD(1)$

Faisons un changement d'indice : Posons $k=t-1$, donc $t=k+1$, et quand $T+1$, alors $k=T$. On obtient : $S(T)=PD(1) * \sum(k=T\ ;\infty)\ (1-PD(1))^k$

C'est une série géométrique de raison $r=1-PD(1) \in (0,1)$, et on connaît sa somme : $\sum_{k=T}^{\infty} r^k= r^T/(1-r)$

Donc : $S(T)=PD(1)*(1-PD(1))^T/(1-(1-PD(1))= 1-PD(1))^T$; soit $S(T)=[1-PD(1)]^T$

Exemple 1 :

Client : PME "SOTRAFO"

Montant prêté : 100 millions XOF

Durée du prêt : 3 ans

Score obtenu : 620 points

Distribution logistique utilisée pour convertir le score en PD :

$PD=1/\ (1+e^{-(\alpha+\beta \cdot Score)})$

Paramètres du modèle (estimés lors du calibrage historique interne) : $\alpha=8{,}5$ $\beta=-0{,}015$

TAF : Détermination de la PD à 1 an à partir du score et

Calcul de la PD à 3 ans avec la fonction de survie

ÉTAPE 1 – Détermination de la PD à 1 an à partir du score

$PD1an=1/(1+e^{-(8{,}5+(-0{,}015 \cdot 620))})= 1/3{,}2255\approx 0{,}31$; PD à 1 an = 31 %

ÉTAPE 2 – Calcul de la PD à 3 ans avec la fonction de survie

Utilisation du modèle simple de survie (indépendance annuelle) :

$PD3ans=1-(1-PD1an)^3 = 1-(1-0{,}31)^3=1-(0{,}69)^3$ → PD à 3 ans ≈ 67,15 %

ÉTAPE 3 – Calcul de la perte attendue (Expected Loss) avec LGD = 45 % et EAD = 100 millions XOF

$EL=PD3ans\times LGD\times EAD=0{,}6715\times 0{,}45\times 100\,000\,000=30\,217\,500$ XOF,

La PD cumulée sur 3 ans atteint 67,15 %, ce qui est très significatif. L'analyse via modèle de survie permet de mieux intégrer la durée de l'exposition

Exemple 2 :

Une banque FARIED souhaite estimer la probabilité cumulée de défaut (PD) d'un emprunteur sur une période de 10 ans, en utilisant un

modèle de survie discret fondé sur une probabilité de défaut annuelle constante.
La probabilité annuelle de défaut, notée PD(1), est estimée à 3 %. On suppose que le risque de défaut est stationnaire, c'est-à-dire indépendant du passé, et que les défauts suivent une loi géométrique. L'objectif est de calculer la fonction de survie S(T) = P(Tdéfaut > T) pour chaque année T de 1 à 10.
On en déduira la probabilité cumulée de défaut PD(T) = 1 − S(T) pour chaque T.
Présenter les résultats sous forme d'un tableau avec les colonnes : Année, S(T), PD(T).
Représenter graphiquement l'évolution de la fonction de survie et de la PD cumulée.
Interpréter les résultats : quel est le risque cumulé de défaut à 5 ans ? à 10 ans ?
Comparer le comportement de la fonction de survie avec celui d'un taux de défaut de 10 %.
Quelle conclusion peut-on tirer sur l'impact d'une faible PD annuelle sur le risque cumulé à long terme ?

- **Code Python avec tous les calculs et graphiques associés** :

```
import numpy as np
import pandas as pd
import matplotlib.pyplot as plt
# Paramètres
pd_annual = 0.03  # Probabilité de défaut annuelle = 3%
years = np.arange(1, 11)  # De 1 à 10 ans
# Calculs
S_T = (1 - pd_annual) ** years
PD_T = 1 - S_T
# Création du tableau
df = pd.DataFrame({
   'Année (T)': years,
   'Survie S(T)': S_T.round(4),
   'PD cumulée PD(T)': PD_T.round(4)})
# Affichage du tableau
print(df.to_string(index=False))
# Graphique
plt.figure(figsize=(10,5))
plt.plot(years, S_T, label='Fonction de survie S(T)', marker='o')
```

```
plt.plot(years, PD_T, label='PD cumulée PD(T)', marker='x')
plt.title("Évolution de la fonction de survie et de la PD cumulée (PD(1)=3%)")
plt.xlabel("Année (T)")
plt.ylabel("Probabilité")
plt.grid(True)
plt.legend()
plt.show()
```

➢ **Interprétation des résultats :**

- À 5 ans, la PD cumulée est :

PD(5)=1−(1−0,03)^5≈0,141⇒Soit 14,1%

- À 10 ans, la PD cumulée est :

PD(10)=1−(1−0,03)^10≈0,26⇒Soit 26%

Si la PD(1) était de 10 %, alors PD(10)=1−0,9^10≈0,651, soit 65,1 %.

Même une faible probabilité annuelle de défaut comme 3 % peut conduire à un risque cumulé significatif sur 10 ans : environ 26 %. Cela souligne l'importance de prendre en compte l'horizon temporel et la durée d'exposition dans l'évaluation du risque de crédit.

➢ **Résolution manuelle :**

Données : Probabilité annuelle de défaut : PD(1)=3%=0,03 ; S(1)=1−PD(1)=0,97

Année (T)	**S(T) = 0,97^T**	**PD(T) = 1 - S(T)**
1	0,97	0,03
2	0,9409	0,0591
3	0,9127	0,0873
4	0,8853	0,1147
5	0,8587	0,1413
6	0,8329	0,1671
7	0,8079	0,1921
8	0,7837	0,2163
9	0,7599	0,2401
10	0,7361	0,2639

➢ **Interprétation des résultats**

- À 5 ans, la probabilité cumulée de défaut est 14,13 %. Cela signifie qu'un client sur 7 risque d'avoir fait défaut au bout de 5 ans.

- À 10 ans, la probabilité cumulée de défaut atteint 26,39 %. En d'autres termes, un peu plus d'un quart des clients similaires pourraient faire défaut sur cette période.

Avec une probabilité de défaut annuelle de 3 %, le risque cumulé augmente fortement sur la durée. Cela illustre la puissance de l'effet du temps sur le risque, ce que les modèles de survie permettent de quantifier précisément.

II. UNE MÉTHODE DE CALCUL DE LA LGD SUR UN SEGMENT SELON EBA

Le calibrage de la LGD (Loss Given Default) consiste à estimer la perte moyenne sur un segment donné, en cas de défaut. Ce segment est composé de plusieurs cohortes, et la LGD du segment est obtenue en agrégeant les LGD estimées sur chacune de ces cohortes.

Conformément à l'article 149 des guidelines de l'EBA, le calcul de la LGD doit prendre en compte l'ensemble des contrats ayant connu un défaut, qu'ils soient clos ou non.

Deux types de contrats en défaut sont alors distingués :

- Les contrats clos, dont le processus de recouvrement est terminé : leur LGD est connue et directement utilisable.
- Les contrats non clos, encore en phase de recouvrement : leur LGD est inconnue et doit être estimée.

Pour intégrer les contrats non clos dans le calibrage, il est nécessaire de prédire leur LGD, en estimant les flux de recouvrements futurs. Cela revient à modéliser l'évolution dans le temps des taux de recouvrement jusqu'à la clôture du contrat.

La valeur prédite de la LGD d'un contrat non clos est alors déduite de son taux de recouvrement cumulé final estimé, selon la formule :

LGD prédit = 1 − taux de recouvrement cumulé final prédit.

Une fois la LGD de tous les contrats en défaut disponible, il est possible de calculer la LGD sur le segment.

Présentation d'un segment de LGD :

Cohortes	Période de récupération				
	1	2	3	4	5
1					
2					
3					
4					
5					

Données observées des taux de recouvrements
Partie à compléter

Une cohorte regroupe l'ensemble des contrats entrés en défaut pendant la même période (mois ou trimestre par exemple).

Les cases grisées représentent les périodes pour lesquelles les recouvrements (ou récupérations) ont déjà été effectués, et donc sont observés. Ainsi, si on décide de calculer la LGD à la période 5, il faudra estimer les récupérations des cases orange en utilisant les valeurs des cases grises. L'estimation de ces récupérations se fait généralement par la méthode du chain ladder.

II .1. Calcul de la LGD à différents niveaux

LGD au niveau d'un contrat :

Lorsqu'un contrat passe en défaut, la banque engage un processus de recouvrement, qu'il soit amiable ou judiciaire, afin de récupérer tout ou partie des sommes dues. Ce processus engendre des coûts spécifiques.

La Loss Given Default (LGD) sur un contrat est donc calculée selon la formule suivante :

LGD=EAD−(Recouvrements cumulés actualisés−Coûts de recouvrement actualisés) / EAD ou EAD représente l'exposition au moment du défaut.

➢ **LGD au niveau d'une cohorte :** Le calcul suit le même principe que celui appliqué à un contrat, mais en utilisant des données agrégées pour l'ensemble des contrats appartenant à la même cohorte.

- **LGD au niveau d'un segment :**

Une fois la matrice de recouvrements complétée grâce à la méthode Chain-Ladder, les montants sont actualisés.

Ensuite, on calcule un taux de recouvrement global pour le segment (noté TxRecvSegment) en réalisant la moyenne pondérée des taux de recouvrements finaux des cohortes du segment, en fonction de leur effectif, conformément aux Guidelines EBA 2018.

La LGD du segment est alors déterminée comme suit : LGD Segment =100%−TxRecvSegment

II.2. Explication de la règle ODOD VS NDOD Nouvelle définition du défaut

Sujet	ODOD (Article 178 du ref UE 575/2013)	NDOD (EBA/GL/2016/07). Orientations sur l'application de la définition du défaut au titre de l'article 178 du règlement (UE) n° 575/2013
Arriérés	90jours d'impayés cumulés	90 jours d'impayés cumulés Les montants impayés doivent dépasser les seuils absolu et relatif pendant les 90 jours.
Indications d'absence probable de payement	Non comptabilisation des ICNE • Ajustement pour risque de crédit Vente de l'obligation de crédit avec une perte économique significative Mise en faillite du débiteur ou mesure similaire	Non comptabilisation des ICNE : des clarifications ont été apportées. Ajustement pour risque de crédit : des clarifications ont été apportées. Vente de l'obligation de crédit avec une perte économique significative : des clarifications ont été apportées. Mise en faillite du débiteur ou mesure similaire: des clarifications ont été apportées. Plusieurs nouveaux critères ont été suggérés
Forbearance	Restructuration en urgence du crédit induisant une perte	Si la forbearance entraine une dégradation de l'obligation financière (une perte) de plus de 1%, le prêt doit être classé en défaut. Des explications sur la
Contagion du défaut	Pas d'obligation : les règles sont définies en interne	L'analyse de la contagion doit se faire systématiquement pour les clients liés économiquement ou d'un point de vue du capital à un autre client en défaut.
Condition de retour en sain	Pas d'obligation : les règles sont définies en interne	Le rétablissement du statut sain ne survient qu'après une période d'observation de 1 an, débutant dès que les raisons initiales du défaut disparaissent.

Difference	Ancienne définition (ODoD)	Nouvelle définition (NDoD)
Critères d'entrée en défaut	- Client jugé incapable de rembourser (faillite, surendettement, etc.)	- Client jugé improbable de rembourser (mêmes critères que ODoD)
	- 90 jours d'impayés consécutifs, quel que soit le montant	- 90 jours d'impayés consécutifs, mais uniquement si :
		Montant ≥ 100 € (particulier) ou ≥ 500 € (entreprise)
		ET représente ≥ 1 % de la dette totale
Seuils de matérialité	Aucun seuil → même 5 € impayés pendant 90 jours = défaut	Seuils introduits : Seuil absolu (100 € pour un particulier 500 € pour une entreprise) +Seuil relatif(au moins 1 % de la dette totale)
Sortie du défaut	Dès que le client rembourse → sortie immédiate	Période de probation obligatoire : 3 mois (sans restructuration) 12 mois (si restructuration)
Problème constaté	- Trop de défauts "artificiels" (petits montants) - Clients qui sortent et rechutent vite	- défauts plus réalistes (on ignore les montants insignifiants)
		- Sortie plus robuste (période de probation)
Exemple concret	Client a 80 € d'impayés pendant 90 jours → défaut	Client a 80 € d'impayés pendant 90 jours → pas défaut (car < 100 € et < 1 %)
Application	Défaut compté au niveau de chaque crédit	Défaut compté au niveau du client globalement (tous ses crédits dans la banque sont additionnés)

Introduite en 2019, la nouvelle définition du défaut (NDOD) vise à harmoniser au niveau européen les pratiques des institutions financières en matière d'identification du défaut. Elle impacte directement l'évaluation du risque de crédit, notamment à travers les éléments suivants :

Principe	Description	Détails
#1 Arriérés de paiement matériels > 90 jours	Mise en défaut automatique d'un emprunteur en cas d'impayés pendant 90 jours consécutifs au-dessus des seuils de matérialité.	- Seuil absolu : Retail : impayés > 100euro Non-Retail : impayés > 500euro '- Seuil relatif : ∑impayés/∑expositions>1% Calcul quotidien, à l'échelle du groupe de consolidation.
#2 Indications d'absence probable de paiement	Harmonisation des motifs d'entrée en défaut à dire d'expert et de leurs critères d'application.	Exemples : fraude, procédure de mise en redressement, dégradation de la situation financière, etc.
#3Restructuration de crédit	Dégradation en défaut obligatoire si la restructuration entraîne une diminution de l'obligation financière de l'emprunteur de plus de 1%.	-
#4 Contagion du défaut	Analyse systématique de la contagion du défaut aux clients liés capitalistiquement ou économiquement, avec justification si exception.	-
#5 Conditions minimales de sortie du défaut	Le retour au statut sain n'est possible qu'à l'issue d'une période de probation de 6 mois débutant lorsque toutes les conditions sont réunies.	-

➢ **Arriérés**

Désignent le montant total dû par un emprunteur (impayés ou irréguliers), dès qu'il dépasse un **seuil de matérialité** fixé en montant et en durée (90 jours en général).

➢ **Indications d'absence probable de paiement**

Ce sont des signaux précurseurs d'un risque de non-remboursement, tels qu'un affaiblissement financier de l'emprunteur ou une dégradation de la situation de l'entreprise.

➢ **Forbearance (mesures de tolérance)**

Accords temporaires accordés à un emprunteur en difficulté, visant à éviter un défaut immédiat en ajustant provisoirement les conditions du prêt.

➢ **Contagion du défaut**

Lorsqu'un emprunteur est en défaut, les liens juridiques ou économiques avec d'autres emprunteurs peuvent entraîner leur propre classification en défaut (ex : groupes liés, co-emprunteurs).

➢ **Conditions de retour en situation saine**

Un contrat peut quitter le statut de défaut si des conditions réglementaires précises sont remplies (période probatoire sans nouvel incident, remboursement effectif, etc.).

Catégories de portefeuilles concernées par la NDOD

La nouvelle définition du défaut s'applique à différents types d'exposition, notamment :

- Prêts aux particuliers : immobiliers, personnels, automobiles.
- Prêts aux entreprises : prêts commerciaux, immobiliers, ou aux petites entreprises.
- Créances sur le secteur public, les institutions financières, les organisations internationales ou encore les emprunteurs étrangers.

La validité actuelle des PD des Classes Homogènes de Risque (CHR)

Pour vérifier si les Probabilités de Défaut (PD) utilisées restent pertinentes, il est nécessaire de :

- Recalculer les PD en intégrant le nouvel historique de défauts.
- Comparer ces nouvelles PD avec celles actuellement utilisées en production.

Le degré de similarité entre les PD anciennes et nouvelles sert d'indicateur important. S'il existe un écart significatif, cela pourrait justifier une révision des valeurs actuelles de PD.

Capital économique (EC) : définition et calcul

Le capital économique est un indicateur interne crucial pour les banques. Il représente la quantité de capital nécessaire pour couvrir les risques auxquels la banque est exposée, en assurant une marge de sécurité supérieure aux exigences réglementaires minimales (fonds propres). Il se calcule ainsi :EC=VaR−EL

- **EC (Economic Capital)** : capital économique nécessaire pour couvrir les risques.
- **VaR (Value-at-Risk)** : estimation de la perte maximale potentielle dans des conditions de marché défavorables, avec une certaine probabilité.
- **EL (Expected Loss)** : pertes attendues, c'est-à-dire la moyenne des pertes anticipées sur une période donnée.

➢ **RWA et provisions : deux mécanismes complémentaires pour couvrir le risque de crédit**

- RWA (Risk-Weighted Assets) correspondent aux actifs pondérés par le risque. Ils servent à déterminer le capital que la banque doit mettre de côté pour se protéger contre les pertes inattendues. Ce calcul est encadré par les règles prudentielles de Bâle. C'est le montant minimum de fonds propres que la banque doit détenir pour couvrir ses risques de crédit, de marché et opérationnels
- Les provisions, quant à elles, sont des montants comptabilisés pour couvrir les pertes attendues sur les actifs exposés au risque de crédit. Elles sont régies par les normes comptables IFRS.

Les RWA représentent la somme totale des actifs pondérés par des risques (actifs appartenant au portefeuille de crédit). Elles peuvent être vu comme la somme totale que la banque estime être susceptible de perdre, de manière inattendue, sur ses actifs exposés au risque de crédit.

RWA=Valeur de l'actif× Pondération de risque (RW)

La pondération de risque (RW) dépend des paramètres suivants :

- **PD (Probability of Default)** : probabilité que le client fasse défaut.
- **LGD (Loss Given Default)** : part de l'exposition perdue en cas de défaut.
- **EAD (Exposure at Default)** : montant dû au moment du défaut

EAD= Exposition bilan + CCF * Exposition hors bilan.

Les RWA (actifs pondérés par les risques) sont obtenus en multipliant la valeur d'un actif (A) par une pondération de risque (RW), elle-même fonction de la probabilité de défaut (PD) et de la perte en cas de défaut (LGD).
La PD évalue la probabilité qu'un client fasse défaut, la EAD (exposition au moment du défaut) mesure le montant dû au moment du défaut, et la LGD exprime la part de cette exposition que la banque perd effectivement.
Le CCF (facteur de conversion de crédit) permet d'estimer l'EAD pour les engagements hors bilan en évaluant la proportion tirée avant défaut.
La formule EAD = Encours bilan + CCF × Encours hors bilan est utilisée pour les contrats sains.
La calibration du CCF et de la LGD se fait par segments homogènes, à partir de données historiques observées sur des cohortes de contrats.

➤ **L'impact de l'augmentation du CNR lié à la norme IFRS 9 sur le RWA en approche Internal Ratings-Based (IRB) & sur les fonds propres règlementaire FPE.**

En IRB, les RWA crédit sont calculés à partir de : PD (probabilité de défaut), LGD (perte en cas de défaut), EAD (exposition) et M (maturité). Le CNR IFRS9 reflète les pertes attendues, liées à l'augmentation du PD ou du LGD. Une hausse du CNR, notamment en stage 2 ou 3, signale une dégradation du portefeuille Cette dégradation entraîne une hausse des PD/LGD, donc une augmentation directe du RW (coefficient de pondération).

RW ↑ → RWA ↑ car RWA = 12,5 × (PD × LGD × EAD).

Plus les expositions sont risquées, plus elles sont pondérées lourdement. Les expositions en défaut (stage 3) ont généralement un LGD plus élevé. En IRB, chaque client ou segment a ses propres paramètres de risque.

Le CNR est donc un indicateur avancé d'évolution des RWA. En IRB, CNR élevé = augmentation immédiate des RWA crédit.

Les FPE (fonds propres exigés) sont calculés comme : FPE = RWA × 11.5 %. Si le CNR augmente → RWA augmentent → FPE exigés augmentent également. Pour rester conforme, la banque doit mobiliser plus de fonds propres réglementaires (CET1, Tier 1). Cela peut réduire le ratio de solvabilité si les fonds propres ne suivent pas la même croissance. Le ratio de solvabilité = Fonds propres / RWA.

Si les RWA augmentent plus vite que les fonds propres → baisse du ratio de solvabilité. Cela peut rapprocher la banque des seuils réglementaires (11,5% selon les exigences locales de la BCEAO). En cas de pression prolongée, cela limite la capacité à distribuer des dividendes ou à accorder de nouveaux crédits. Une forte augmentation du CNR peut donc impacter la flexibilité financière et la notation prudentielle de la banque. Donc, CNR élevé = FPE plus élevés et pression à la baisse sur le ratio de solvabilité.

➢ **Mesures clés pour optimiser les RWA en IFRS 9 selon l'approche IRB, tout en respectant les exigences prudentielles :**

Pour renforcer la maîtrise des risques de crédit et optimiser les exigences en fonds propres, plusieurs leviers d'action peuvent être mobilisés. Tout d'abord, une amélioration de la qualité du portefeuille peut être obtenue en réorientant les crédits vers des contreparties mieux notées et des secteurs moins risqués, ce qui permet de réduire la probabilité de défaut (PD) ainsi que la perte en cas de défaut (LGD). Dans le même esprit, l'affinement des modèles internes de notation contribue à mieux refléter le risque réel, en évitant la surpondération réglementaire des actifs pondérés par les risques (RWA).

La réduction de la LGD passe également par un renforcement des garanties, en veillant à leur solidité et à leur valorisation régulière, ainsi qu'à l'insertion de clauses de recouvrement efficaces dans les contrats. Par ailleurs, une gestion proactive du cadre IFRS 9 permet de limiter les transferts d'expositions vers les stages dégradés (Stage 2 ou 3) grâce à un suivi resserré du risque de crédit et la mise en place de dispositifs d'alerte précoce.

En complément, la structuration des expositions peut être optimisée en privilégiant les échéances courtes, en adaptant les structures contractuelles ou en recourant à des mécanismes de titrisation. L'atténuation du risque de crédit (CRM) doit être également renforcée en maximisant l'effet des garanties éligibles ou d'autres techniques reconnues par le cadre Bâle afin de réduire à la fois l'exposition au défaut (EAD) et la LGD.

Une attention particulière doit également être portée à la cohérence entre les paramètres utilisés dans les comptes (CNR/IFRS 9) et ceux issus des modèles IRB, en alignant les estimations de PD, LGD et ECL pour assurer une articulation fluide entre exigences comptables et réglementaires. Enfin, la gouvernance des données représente un pilier essentiel : l'amélioration de la qualité des données relatives aux défauts, aux sûretés et aux recouvrements est indispensable pour fiabiliser les modèles internes et justifier des niveaux de RWA plus faibles face aux autorités de supervision.

Axe d'action	**Mesures clés**	**Effet sur paramètres IRB**	**Impact sur RWA / FPE**
Qualité du portefeuille	Réorienter vers contreparties mieux notées et secteurs moins risqués	↓ PD	Réduction des RWA
Modèles internes	Affiner les modèles IRB, fiabiliser la calibration	PD et LGD plus réalistes (évite surpondération)	RWA plus alignés au risque réel
Garanties (LGD)	Garanties solides, valorisation régulière, clauses de recouvrement	↓ LGD	Réduction des RWA
Gestion IFRS 9	Suivi resserré, alertes précoces, limitation des transferts Stage 2/3	Maintien PD/LGD à des niveaux stables	Contenir la hausse des RWA
Structuration des expositions	Échéances courtes, structuration contractuelle, titrisation	↓ Maturité, ↓ EAD	RWA plus faibles
CRM (atténuation du risque de crédit)	Garanties éligibles, assurances, dérivés de crédit	↓ EAD et ↓ LGD	Réduction des RWA
Alignement IFRS 9 ↔ IRB	Harmoniser PD, LGD, ECL entre comptable et réglementaire	Cohérence des paramètres	RWA mieux justifiés face au superviseur
Gouvernance des données	Améliorer données défauts, sûretés, recouvrements	Fiabilisation PD/LGD/EAD	RWA optimisés et crédibles

Exemple1 :

- Encours bilan = 100 millions
- Encours hors bilan = 50 millions
- CCF = 40% (0,4)
- PD = 2% (0,02)
- LGD = 45% (0,45)

On calcule d'abord l'EAD : EAD = $100+0{,}4\times50=100+20=120$ millions,

Ensuite, la pondération de risque (RW) dépend du modèle interne ou réglementaire, mais peut s'approximer à :

$RW\approx PD\times LGD=0{,}02\times0{,}45=0{,}009=0{,}9\%$

Enfin, les RWA : $RWA=EAD\times RW=120\times0{,}009=1{,}08$ millions

Exemple 2 :

Contexte de départ (sain)

Paramètres	**Valeurs**
Exposition (EAD)	100 milliards XOF
Probabilité de défaut (PD)	1%
Perte en cas de défaut (LGD)	45%
Maturité (M)	2,5 ans
Facteur correctif	1 (pour simplifier)
Fonds propres CET1	12 milliards XOF

On dispose de : **CET 1 (Commun equity tiers one) =** Capital + Prime d'émission + RANC + Bénéfice après distribution des dividendes +réserve spéciale + réserve statutaire ou règlementée

Reserve spécial (RS) = 15% * Bénéfices net déduits du report à nouveau debiteur (RAND) selon le dispostif prudentiel de l'UEMOA.

FPE = CET1 + AT1 + T2 avec T1 = CET +AT1 et AT1=instrument de capital émis + Prime d'émission des instruments

FPB T2 = Subvention d'investissement +fonds affecté + Compte bloqué actionnaire + provision règlementée.

Étape 1 : Calcul des RWA (avant dégradation) RWA = 12,5 × PD × LGD × EAD × facteur

→ $RWA=12{,}5\times1\%\times45\%\times100=562{,}5$ milliards XOF

Étape 2 : Fonds propres exigés (FPE)

→ $FPE=RWA\times11{,}5\%=562{,}5\times11{,}5\%=64{,}68$ milliardsXOF

Étape 3 : Ratio de solvabilité

Fonds propres effectif FPE= Fonds propres CET1+ AT1+T2= 12+0+0

Ratio solvabilité=Fonds propres effectif /RWA=12/562,5≈2,13%, Ce ratio est très bas (nécessite en réalité bien plus de fonds propres).

- **Scénario après dégradation (hausse du CNR)**

Supposons une hausse du PD à 5 % (portefeuille se dégrade), LGD passe à 55 **%** :

RWA nouveau=12,5×5%×55%×100=3437,5 milliards XOF

FPE nouveau= 3 437,5×11.5%= 395,31milliardsXOF

Ratio de solvabilité = 12 / 3437,5 = 0,35%

La dégradation du portefeuille (hausse de la PD et LGD) entraîne une explosion des RWA (+511%), faisant chuter le ratio de solvabilité à un niveau critique de 0,35%, très en deçà du minimum réglementaire (8%). La banque est gravement sous-capitalisée

- **Plan d'actions** :

- Renforcer les fonds propres via augmentation de capital ou émission d'instruments AT1/T2.
- Réduire significativement les RWA et la qualité du credit en sortant les créances douteuses par le renforcement de la politique de recouvrement et l'option de la titrisation
- Revoir la stratégie de risque en resserrant les critères d'octroi et en renforçant les contrôles internes.
- Diversification du portefeuille vers des actifs à faible pondération.

III. MÉTHODE DE KAPLAN- MEIER ET WEIBULL : MODÉLISATION RESPECTIVE (PD ; LGD)

Les méthodes Kaplan-Meier et Chain Ladder sont toutes deux utilisées pour l'analyse temporelle, mais dans des contextes différents :

➢ Méthode de Kaplan-Meier

- **Objectif** : Estimer la fonction de survie (probabilité qu'un individu ou contrat "survive", c'est-à-dire ne subisse pas un événement comme un défaut ou un décès, à chaque instant).
- **Type** : Méthode non paramétrique.
- **Banque** : Estimer la probabilité de survie d'un emprunteur, donc indirectement sa probabilité de défaut (1 - fonction de survie).
- **Utilisation classique** : Durée de vie des patients, produits, emprunteurs, etc.
- **Base de données** : Données historiques incluant les moments de défaut (ou non) des emprunteurs.
- Formule :

$S(t)=\prod_{i:t_i \leq t} (1-d_i/n_i)$ où d_i est le nombre de défauts à t_i et n_i le nombre de survivants juste avant t_i.

III.1. La méthode de Kaplan-Meier

: Estimer la fonction de survie S(t), soit la probabilité qu'un emprunteur ne fasse pas défaut jusqu'au temps t.

La formule de Kaplan-Meier est la suivante : $S(t) = S(t-1) \times (1 - d(t)/n(t))$

où :

S(t) est la fonction de survie estimée à l'instant t.

S(t-1) est la fonction de survie estimée à l'instant précédent t-1.

- d(t) est le nombre d'événements survenus à l'instant t.
- n(t) est le nombre de sujets à risque (c'est-à-dire les sujets encore présents et à risque d'événement) à l'instant t.

La fonction de survie S(t) représente la probabilité qu'un individu survive au-delà de l'instant t. Initialement, à t=0, S(0) est généralement fixé à 1.

La formule de Kaplan-Meier utilise des données observées sur les événements (décès, échecs, etc.) et les durées de suivi pour estimer la fonction de survie. Elle estime la probabilité de survie à chaque instant t en prenant en compte les événements survenus jusqu'à cet instant et le nombre de sujets à risque à cet instant.

Etapes pour estimer la probabilité de défaut (PD) avec la méthode de Kaplan-Meier :

➢ **Généralisation :**

Étape 1 : Organiser les données

Liste tous les prêts avec :

- La durée d'observation (en années, mois, etc.)
- Le statut :1 = défaut ; 0 = censuré (remboursé sans défaut)

Étape 2 : Trier les prêts par ordre croissant de durée : Met d'abord les prêts qui ont fait défaut, puis ceux censurés, selon leur durée.

Étape 3 : À chaque durée t, calcule :

- n(t)= nombre de prêts encore à risque juste avant t
- d(t) = nombre de défauts à t
- Formule de survie :**$S(t)=S(t-1)\times(1-d(t)/n(t))$**

Étape 4 : Calculer la PD cumulée / À chaque temps t : $PD(t)=1-S(t)$

Étape 5 : Interpréter : Le PD final = probabilité qu'un prêt du portefeuille fasse défaut au bout de la période (ex. 5 ans).

Démonstration :

La fonction de survie S(t) est définie comme la probabilité qu'un individu survive au moins jusqu'au temps t, c'est-à-dire :$S(t)=P(T\geq t)$ où T est la variable aléatoire représentant le temps jusqu'à l'événement (par exemple, le défaut).

On peut décomposer cette probabilité en termes conditionnels, en utilisant la relation suivante :$S(t)=P(T\geq t|T\geq t-1)\times P(T\geq t-1)$ ce qui s'écrit aussi :

S(t)=P(survivre jusqu'à t| survivre jusqu'à t−1) ×S(t−1)

La quantité $P(T\geq t|T\geq t-1)$ correspond à la probabilité de survie sur l'intervalle [t−1, t), conditionnée à la survie jusqu'au temps t−1.On peut la réécrire comme :$P(T\geq t|T\geq t-1) =1-P(T=t|T\geq t-1)$

Ici, $P(T=t|T\geq t-1)$ est la probabilité de l'événement (par exemple, défaut) survenant exactement au temps t, sachant que l'individu a survécu jusqu'à t−1.

Empiriquement, si au temps t il y a n(t) individus à risque (c'est-à-dire ceux qui ont survécu jusqu'à t−1 sans être censurés), et si d(t) événements sont observés, on estime cette probabilité conditionnelle par la proportion :$P(T=t|T\geq t-1) \approx d(t)/n(t)$

Ainsi, la probabilité de survie conditionnelle est estimée par :$P(T\geq t|T\geq t-1) =1-d(t)/n(t)$

En substituant cette expression dans la décomposition conditionnelle, on obtient la formule de Kaplan-Meier : $S(t)=S(t-1)\times(1-d(t)/n(t))$

Cette formule exprime la probabilité de survie jusqu'au temps t comme le produit de la probabilité de survie jusqu'à t−1t-1t−1 et de la probabilité de survie conditionnelle entre t−1et t.

En répétant cette formule à tous les temps où un événement survient $t1<t2<\ldots<tk$, la fonction de survie estimée devient :$S(t)=\prod ti\leq t$ (1−d(ti)/n(ti))

Conditions pour utiliser la méthode de Kaplan-Meier :

- Les durées de survie des personnes doivent être indépendantes les unes des autres.
- Les personnes qui quittent l'étude (censurées) ne doivent pas avoir un risque différent des autres.
- Il faut bien savoir à quel moment les événements et les censures se produisent.
- La population étudiée doit être homogène ou divisée en groupes similaires.
- Le risque relatif entre groupes ne doit pas trop changer dans le temps.

Imaginons que tu es une banque et que tu suis un portefeuille de 100 emprunteurs qui ont tous un crédit en cours. Tu veux savoir, à un moment donné t (par exemple après 6 mois), quelle est la probabilité qu'un emprunteur fasse défaut juste à ce moment-là, sachant qu'il n'a pas fait défaut avant.

À ce moment t :

- Il y a $n(t)=100$ emprunteurs qui sont encore « à risque » de faire défaut (c'est-à-dire qu'ils n'ont pas encore fait défaut avant t).
- Parmi ces 100 emprunteurs, $d(t)=5$ viennent de tomber en défaut juste maintenant.

Si tu prends un emprunteur au hasard parmi les 100 qui étaient encore en règle juste avant le temps t, la probabilité que cet emprunteur fasse défaut à ce moment précis est environ : $d(t)/n(t)=5/100$

Autrement dit, sur ces 100 emprunteurs en règle juste avant t, 5 viennent de faire défaut, donc la probabilité conditionnelle d'un défaut à ce moment est de 5%.

La méthode de Kaplan-Meier pour estimer la probabilité de défaut :

- Définissez l'événement d'intérêt :

Dans ce cas, l'événement d'intérêt est le défaut. Définir clairement ce qui constitue un défaut dans votre contexte spécifique, par exemple, un retard de paiement supérieur à un certain nombre de jours ou la non-exécution des obligations de paiement.

- Collectez les données :

Collecte de données sur un groupe d'emprunteurs pour lesquels vous connaissez l'état de défaut ou de non-défaut au fil du temps. Les données peuvent inclure la durée de suivi, l'état de défaut (oui/non) et les moments auxquels les défauts se produisent.

- Calculez la probabilité de survie :

Dans ce cas, la "survie" fait référence à la non-occurrence du défaut. Vous pouvez calculer la probabilité de survie à chaque instant de temps t à l'aide de la formule de Kaplan-Meier modifiée :

Probabilité de survie à l'instant t = (Nombre d'emprunteurs non défaillants à t) / (Nombre total d'emprunteurs à risque à t)

La probabilité de défaut à l'instant t peut être estimée en soustrayant la probabilité de survie à 1 :

Probabilité de défaut à l'instant t = 1 - Probabilité de survie à l'instant t

La méthode Kaplan-Meier est une méthode non paramétrique qui calcule la probabilité de survie S(t) à chaque instant t, en tenant compte :

- des événements de défaut (événements observés)
- des prêts censurés (informations partielles)

Mais pour bien la mettre en œuvre, il faut parcourir chronologiquement les instants où des événements se produisent. D'où l'importance de trier par ordre de durée.

On cherche à répondre à la question :"Quelle est la probabilité qu'un prêt survive (sans défaut) au moins jusqu'à t ?"

Pour y répondre correctement, il faut étudier les événements dans l'ordre du temps :

- À chaque instant, on calcule la probabilité de survivre ce moment en se basant sur les prêts encore actifs à ce moment-là (prêts à risque).
- Donc : pas de bon calcul sans bon ordre chronologique.

Le tri permet de :

- Identifier à chaque moment combien de prêts sont encore "à risque" (non encore en défaut ni censurés).
- Appliquer correctement la formule de survie à chaque événement (défaut ou censure), dans le bon ordre.
- Éviter les erreurs de calcul de la probabilité de défaut cumulée

Le tri par durée est indispensable pour suivre l'évolution du risque dans le temps, comme le veut la logique de la méthode Kaplan-Meier

Estimation de la probabilité de défaut en utilisant la méthode de Kaplan-Meier dans le domaine bancaire. Nous allons créer un tableau d'illustration pour mieux comprendre le processus.

Supposons que vous travaillez pour une banque et que vous souhaitez estimer la probabilité de défaut pour un portefeuille de prêts commerciaux sur une période de cinq ans. Vous disposez des données suivantes :

Prêt	**Montant (en millions de XOF)**	**Statut (1 = en défaut, 0 = remboursé)**
A	10	1
B	15	0
C	5	1
D	12	0
E	8	0
F	20	1
G	6	0

Les étapes pour estimer la probabilité de défaut à l'aide de la méthode de Kaplan-Meier

➢ ***Tri des prêts par ordre croissant en fonction de leur durée jusqu'au défaut.***

Si un prêt est remboursé sans défaut, la durée jusqu'au défaut pour ce prêt est considérée comme censurée.

En statistiques (et particulièrement en analyse de survie), une donnée censurée correspond à une observation incomplète : on sait que l'événement (ici, le défaut) n'est pas survenu pendant la période d'observation, mais on ne sait pas s'il surviendra plus tard.

Dans le contexte bancaire :

- Statut = 0 → Donnée censurée : Cela signifie que le prêt a été remboursé normalement ou n'a pas fait défaut pendant la période observée (ici 5 ans).
- Statut = 1 → Défaut observé : Cela signifie que le défaut s'est effectivement produit pendant la période d'observation.

Durée (fictive)	Prêt	Statut
0	F	1 (défaut)
1	A	1 (défaut)
2	C	1 (défaut)
3	E	0 (censuré)
3	G	0 (censuré)
4	D	0 (censuré)
5	B	0 (censuré)

➢ ***Calcul des probabilités de survie pour chaque durée jusqu'au défaut (ou durée censurée) en utilisant la formule de Kaplan-Meier.***

À chaque moment t, les prêts à risque sont ceux :

- Qui n'ont pas encore fait défaut
- Qui ne sont pas encore censurés
- Donc, ils sont encore "vivants" à ce moment-là.

Le nombre de prêts à risque n(t) à un temps t correspond au nombre de prêts qui sont encore en observation juste avant ce temps-là, c'est-à-dire :

- Qui n'ont pas encore fait défaut
- Qui n'ont pas encore été censurés

On part donc du total de prêts, et on réduit n(t) au fur et à mesure que les défauts ou censures sont observés dans les périodes précédentes ou à t.

→ Temps 0

- Tous les prêts sont encore dans le portefeuille : n (0) =7
- Pas encore de défaut ou de censure : d (0) =0, donc S (0) =1

→ Temps 1 (événement : défaut de F à t = 0)

- On compte F comme ayant fait défaut à t = 0 → il n'est plus à risque à t = 1
- n (1) =6 (tous sauf F)
- Défaut de A → d (1) =1

Par exemple : $S(1)=S(0)\times(1-d(1)/n(1))=1\times(1-1/6)=0.8333$

Le tableau que tu montres a considéré F à t = 1 pour simplifier (ce n'est pas faux dans ce cadre), d'où n(1)=7, et défaut de F à t = 1. On peut donc supposer que t = 1 est la période dans laquelle F a fait défaut, et non exactement au temps 0. Cela se voit dans le premier défaut listé à t = 1. On va adopter cette convention ici pour rester cohérent avec ton tableau.

Temps t	Prêts à risque n(t)	Défauts d(t)	Censures	S(t)	PD(t)=1−S(t)	Interprétation
0	7	0	0	1.0000	0.0000	Aucun prêt encore défaillant ou censuré
1	7	1 (F)	0	1×(1−1/7)=0.8571	0.1429	F a fait défaut ; tous les autres sont à risque
2	6	1 (A)	0	0.8571×(1−1/6)=0.7143	0.2857	A fait défaut, 5 autres à risque
3	5	1 (C)	0	0.7143×(1−1/5)=0.5714	0.4286	C fait défaut, 4 prêts encore actifs
4	4	0	2 (E, G)	0.5714×1=0.5714	0.4286	E et G sont censurés, donc sortent du portefeuille après cette période
5	2	0	1 (D)	0.5714×1=0.5714	0.4286	D est censuré, sort à ce moment. Reste B à risque
6	1	0	1 (B)	0.5714×1=0.5714	0.4286	B censuré à la fin. Plus de prêt à risque

La fonction de survie estimée à t = 5 ans est :S (5) =0.5714 et Donc, la probabilité cumulée de défaut (PD) sur 5 ans est : PD=1−S(5)=1−0.5714=0.4286⇒42,86%

➢ ***Calcul de la probabilité de défaut en soustrayant la probabilité de survie de la période précédente de la probabilité de survie de la période actuelle.***

Durée jusqu'au défaut	**Nombre de prêts à risque**	**Nombre de prêts en défaut**	**Probabilité de survie**	**Probabilité de défaut**
5	7	0	1.0000	0.0000
4	6	0	1.0000	0.0000
3	4	1	0.7500	0.2500
2	3	1	0.5000	0.2500
1	2	2	0.2500	0.2500
0	0	2	0.2500	0.2500

Dans cet exemple, nous avons utilisé les données triées par ordre croissant de la durée jusqu'au défaut. Nous avons calculé le nombre de prêts à risque et le nombre de prêts en défaut pour chaque durée. Ensuite, nous avons utilisé la formule de Kaplan-Meier pour estimer la probabilité de survie à chaque durée.

Enfin, nous avons calculé la probabilité de défaut en soustrayant la probabilité de survie de la période précédente de la probabilité de survie de la période actuelle.

Durée jusqu'au défaut	**Nombre de prêts à risque**	**Nombre de prêts en défaut**	**Probabilité de survie**
5	7	0	1.0000
4	6	0	1.0000
3	4	1	0.7500
2	3	1	0.5000
1	2	2	0.2500
0	0	2	-

Notez que la probabilité de survie à la durée 0 est généralement considérée comme 1 car il n'y a pas de prêt en défaut au début. Cependant, la durée 0 ne fournit pas d'informations sur la probabilité de survie réelle, car aucun prêt n'est à risque à ce moment-là En utilisant la formule de Kaplan-Meier, nous pouvons calculer les probabilités de survie pour chaque durée en utilisant les données de défaut et de prêts à risque disponibles.

➢ ***Cas pratique détaillé et objectif de modélisation de la probabilité de défaut bancaire en utilisant la formule de Kaplan-Meier :***

Supposons que nous ayons recueilli des données sur un portefeuille de prêts bancaires sur une période de cinq ans. Le portefeuille comprend un total de 500 prêts accordés à des emprunteurs différents. Nous souhaitons modéliser la probabilité de défaut des emprunteurs au fil du temps à l'aide de la formule de Kaplan-Meier.

Étape 1 : Préparation des données

Supposons que nous ayons collecté des données sur un portefeuille de prêts hypothécaires accordés par une banque. Les données comprennent les informations suivantes pour chaque prêt :

- Identifiant du prêt : P1, P2, P3, ...
- Date de début du prêt (t0) : 01/01/2018, 01/02/2018, 01/03/2018, ...
- Durée du prêt en années (T) : 3, 5, 10, ...

Statut de défaut (1 si le prêt a fait défaut, 0 sinon) : 0, 1, 0,

Identifiant du prêt	**Date de début du prêt (t0)**	**Durée du prêt (années)**	**Statut de défaut (1 = défaut, 0 = OK)**
P1	01/01/2018	3	0
P2	01/02/2018	5	1
P3	01/03/2018	10	0

Étape 2 : ***Calcul des statistiques de survie***

Nous allons maintenant calculer les statistiques de survie à l'aide de la formule de Kaplan-Meier.

Étape 2.1 : Trier les prêts par ordre croissant de leur date de début (t0).

Trier les prêts par ordre croissant de leur date de début (t0) :

- P1 : 01/01/2018, T1 = 3, défaut = 0
- P2 : 01/02/2018, T2 = 5, défaut = 1
- P3 : 01/03/2018, T3 = 10, défaut = 0
- ..

Étape 2.2 : Initialiser les variables :

- t = 0 (temps initial)
- S(t) = 1 (probabilité de survie initiale)
- n(t) = nombre total de prêts à t (nous commençons avec n(t) = nombre total de prêts dans le portefeuille)
- d(t) = 0 (nombre de prêts en défaut à t)

Étape 2.3: Parcourir chaque prêt dans l'ordre de la date de début :

Pour P1 :

- t = 01/01/2018 (nouveau temps)
- n(t) = 3 (nombre total de prêts restants)
- Si le prêt fait défaut (défaut = 0), d(t) = 0 (pas de changement)
- Calculer S(t) = S(t-1) x (1 - d(t)/n(t)) = 1 x (1 - 0/3) = 1

Pour P2 :

- t = 01/02/2018 (nouveau temps)
- n(t) = 2 (nombre total de prêts restants)
- Si le prêt fait défaut (défaut = 1), d(t) = 1 (augmenter de 1)
- Calculer S(t) = S(t-1) x (1 - d(t)/n(t)) = 1 x (1 - 1/2) = 0.5

Pour P3 :

- t = 01/03/2018 (nouveau temps)
- n(t) = 1 (nombre total de prêts restants)
- Si le prêt fait défaut (défaut = 0), d(t) = 1 (pas de changement)
- Calculer $S(t) = S(t-1) \times (1 - \frac{d(t)}{n(t)}) = 0.5 \times (1 - \frac{1}{1}) = 0$

Étape 2.4 : Répéter l'étape 2.3 jusqu'à ce que tous les prêts soient traités.

P4, P5, ... : effectuez les mêmes calculs pour chaque prêt restant dans le portefeuille.

Prêt	Date (t)	Nombre de prêts restants n(t)	Défaut d(t)	Calcul de S(t)	Valeur de S(t)
P1	01/01/2018	3	0	S(t) = 1 × (1 - 0/3)	1
P2	01/02/2018	2	1	S(t) = 1 × (1 - 1/2)	0,5
P3	01/03/2018	1	0	S(t) = 0,5 × (1 - 1/1)	0

Étape 3 : Analyse des résultats

Une fois que nous avons calculé les statistiques de survie pour chaque période de temps, nous pouvons les utiliser pour analyser la probabilité de défaut des emprunteurs.

- Les valeurs de S(t) à chaque période de temps représentent la probabilité de survie des prêts jusqu'à cette période. Par exemple, S(t) = 1 signifie qu'aucun prêt n'a fait défaut jusqu'à cette période, tandis que S(t) = 0 signifie que tous les prêts ont fait défaut jusqu'à cette période.
- Les valeurs de (1 - S(t)) représentent la probabilité de défaut des prêts jusqu'à cette période.

- Nous pouvons également tracer la courbe de survie de Kaplan-Meier pour visualiser la probabilité de défaut au fil du temps.

Dans cet exemple, nous avons obtenu les valeurs suivantes pour la probabilité de survie :

- Au temps t = 01/01/2018 : S(t) = 1 (probabilité de survie initiale)
- Au temps t = 01/02/2018 : S(t) = 0.5 (50% de probabilité de survie, 50% de probabilité de défaut)
- Au temps t = 01/03/2018 : S(t) = 0 (100% de probabilité de défaut)

Cela nous indique que sur l'ensemble du portefeuille de prêts, aucun prêt n'a fait défaut jusqu'au 01/01/2018, puis la probabilité de défaut a augmenté à 50% au 01/02/2018, et finalement, tous les prêts ont fait défaut au 01/03/2018.

En traçant la courbe de survie de Kaplan-Meier, nous pouvons visualiser cette évolution de la probabilité de défaut au fil du temps.

➢ ***La courbe de survie de Kaplan-Meier***

La courbe de survie de Kaplan-Meier serait un graphe en escalier qui représente la probabilité de survie des prêts dans le portefeuille au fil du temps. Comment la courbe de survie se construirait en utilisant les valeurs calculées précédemment :

- Au temps t = 01/01/2018, la probabilité de survie est de 1 (100%) car aucun prêt n'a fait défaut jusqu'à cette période. Donc, le premier point de la courbe serait (0, 1).
- Au temps t = 01/02/2018, la probabilité de survie est de 0.5 (50%) car la moitié des prêts a fait défaut jusqu'à cette période. Le deuxième point de la courbe serait (1, 0.5), indiquant une chute de la probabilité de survie.
- Au temps t = 01/03/2018, la probabilité de survie est de 0 (0%) car tous les prêts ont fait défaut jusqu'à cette période. Le troisième point de la courbe serait (2, 0), montrant une diminution complète de la probabilité de survie.

La courbe de survie de Kaplan-Meier serait formée par des segments horizontaux reliant ces points, créant ainsi une courbe en escalier.

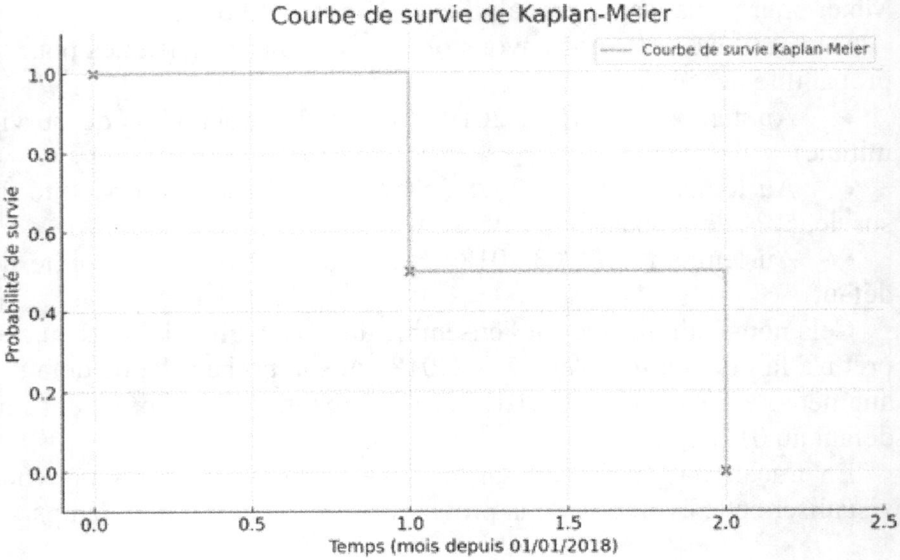

➢ **Code Python utilisant la bibliothèque Matplotlib pour générer la courbe de survie de Kaplan-Meier à partir des valeurs calculées dans l'exemple précédent (avec ggplot2 pour générer le graphique)**

```
import matplotlib.pyplot as plt
# Données de survie
temps = ['01/01/2018', '01/02/2018', '01/03/2018']
probabilite_survie = [1, 0.5, 0]
# Génération de la courbe de survie
plt.step(temps, probabilite_survie, where='post')
plt.xlabel('Temps')
plt.ylabel('Probabilité de survie')
plt.title('Courbe de survie de Kaplan-Meier')
plt.ylim([0, 1])  # Définition des limites de l'axe y entre 0 et 1
plt.show()
```

- Générer la courbe de survie de Kaplan-Meier avec un style **ggplot** dans matplotlib

```
import matplotlib.pyplot as plt
# Activer le style ggplot
```

```
plt.style.use('ggplot')
# Temps en mois (0 = 01/01/2018)
temps = [0, 1, 2]
# Probabilité de survie correspondante
survie = [1.0, 0.5, 0.0]
# Création du graphique en escalier
plt.step(temps, survie, where='post', label='Courbe de survie
Kaplan-Meier', linewidth=2)
# Ajouter les points pour visualiser clairement les étapes
plt.scatter(temps, survie, color='red')
plt.title("Courbe de survie de Kaplan-Meier")
plt.xlabel("Temps (mois depuis 01/01/2018)")
plt.ylabel("Probabilité de survie")
plt.ylim(-0.1, 1.1)
plt.xlim(-0.1, 2.5)
plt.legend()
plt.show()
```

III.2. Application de la loi de Weibull pour l'estimation de la LGD

La loi de Weibull est une distribution continue utilisée pour modéliser des temps de vie, durées jusqu'à un événement (comme une panne, un défaut), ou des phénomènes de survie.

- **Fonction de densité (PDF)** :f(t)=k/λ* (t/λ)^k−1 * e−^(t/λ)^k pour t≥0
- **Fonction de survie** :S(t)=e−^(t/λ)^k
- **Taux de défaillance (hazard)** :h(t)=k/λ * (t/λ)^k−1
- **Paramètres** :k = forme (taux de défaillance croissant, constant ou décroissant selon k>1,=1,<1 et λ = échelle (étire la courbe dans le temps)

Supposons que le taux de défaillance instantané à un temps t soit donné par la fonction :

h(t)=k/λ(t/λ)^(k−1) avec k>0vet λ>0.

Ce taux h(t) représente la probabilité qu'un individu qui a survécu jusqu'au temps t connaisse la défaillance dans un petit intervalle autour de t.

- Si k<1, alors h(t) diminue avec le temps, ce qui modélise un phénomène de "panne infantile" (risque fort au début puis qui diminue).

- Si k=1, alors $h(t)=1/\lambda$ est constant, et la loi de Weibull devient la loi exponentielle.
- Si k>1, alors h(t) augmente avec le temps, ce qui modélise un vieillissement ou une usure progressive.

On sait que la fonction de survie S(t) s'exprime en fonction du taux de défaillance par : $S(t)=\exp\left(-\int_0^t h(u)\,du\right)$ c'est-à-dire la survie jusqu'au temps t est l'exponentielle négative de la somme cumulative des risques instantanés de 0 à t.

Calculons cette intégrale :

$\int_0^t h(u)\,du=\int_0^t (k/\lambda) \times (u/\lambda)^{k-1}du =(k / \lambda^k) \times \int_0^t u^{k-1}du$

L'intégrale de u^{k-1} de 0 à t est : $\int_0^t u^{k-1}\,du=(t^k) / k$

On obtient donc : $\int_0^t h(u)du=(k/\lambda^k)\times(t^k/k)=(t/\lambda)^k$

On en déduit la fonction de survie : $S(t)=\exp(-(t/\lambda)^k)$

La fonction de densité f(t) est liée à la fonction de survie par : $f(t)=-\frac{d}{dt} S(t)$

Calculons la dérivée : $\frac{d}{dt} S(t)=\frac{d}{dt} e^{-(t/\lambda)^k}=e^{-(t/\lambda)^k} \times\frac{d}{dt}[-(t/\lambda)^k]$

La dérivée de $(t / \lambda)^k$ est : $\frac{d}{dt} (t/\lambda)^k = k\times (t/\lambda)^{k-1}\times 1 / \lambda = (k/\lambda) \times (t/\lambda)^{k-1}$

Donc : $\frac{d}{dt} S(t)= -e^{-(t/\lambda)^k} \times k/\lambda\times (t/\lambda)^{k-1}$

Ainsi, la fonction de densité est : $f(t)=e^{-(t/\lambda)^k} \times k/\lambda\times (t/\lambda)^{k-1}$ donc le taux de défaillance est égal au rapport entre la densité et la survie : $h(t)=f(t)/S(t)=(k/\lambda)\times (t/\lambda)^{k-1}$

La loi de Weibull modélise la durée de vie ou le temps avant un événement (panne, défaut).

Elle permet de modéliser comment les pertes évoluent dans le temps après un défaut de paiement. Elle aide à estimer combien la banque pourra récupérer au fil des années. C'est utile car toutes les pertes ne sont pas récupérées immédiatement. La loi s'adapte à différentes situations grâce à ses paramètres. En résumé, elle rend le calcul de la perte (LGD) plus réaliste .

➢ **Conditions d'application de la loi de Weibull** pour modéliser la LGD (Loss Given Default),

- Durée depuis le défaut : Connaître le temps écoulé entre le défaut et les recouvrements.
- Historique suffisant : Disposer de données de défauts et recouvrements suffisamment riches pour estimer les paramètres (forme k et échelle τ).

- Indépendance des événements : Les recouvrements doivent être considérés comme indépendants dans le temps.
- Tendance temporelle : Adaptée lorsque le taux de recouvrement varie dans le temps (croissant ou décroissant).
- Homogénéité du portefeuille : Plus efficace pour des créances similaires (type de crédit, secteur, etc.).

Une institution financière souhaite analyser la dynamique de récupération après défaut sur un portefeuille de crédits afin d'estimer la LGD (Loss Given Default) de manière plus précise dans le temps. Pour cela, elle dispose de données sur 15 prêts entrés en défaut, incluant la durée (en mois) depuis le défaut et une indication sur la récupération (1 = non récupéré, 0 = récupéré). Dans un premier temps, la fonction de survie est estimée à l'aide de la méthode non paramétrique de Kaplan-Meier. Ensuite, un ajustement paramétrique est réalisé en supposant que les durées suivent une loi de Weibull. L'objectif est d'estimer les paramètres de forme (ρ) et d'échelle (λ) de cette loi pour modéliser la probabilité de non-recouvrement au fil du temps. Le résultat permettra de mieux prévoir le rythme des recouvrements et d'intégrer cette dynamique dans les modèles de pertes attendues (ECL). Les courbes de survie sont tracées pour visualiser les probabilités de non-recouvrement. Vous êtes chargé d'interpréter les résultats de l'estimation et de comparer l'ajustement Weibull à la courbe Kaplan-Meier.

Le tableau des données simulées est le suivant :

Index	**Durée depuis défaut (mois)**	**Événement observé (1 = non recouvré, 0 = recouvré)**
0	3	1
1	5	1
2	8	0
3	12	1
4	15	0
5	20	1
6	22	0
7	25	0
8	30	1
9	35	1
10	40	0
11	45	0
12	50	1
13	55	0
14	60	1

- La colonne *Durée depuis défaut* représente le nombre de mois écoulés depuis l'entrée en défaut du prêt.
- La colonne *Événement observé* indique si la perte est toujours présente (1) ou si un recouvrement a été effectué (0).
- Ces données servent à estimer la **fonction de survie** (Kaplan-Meier) et à ajuster une **loi de Weibull** (paramétrique) pour modéliser la **probabilité de non-recouvrement (LGD)** dans le temps.

Code Python :

```
import numpy as np
import pandas as pd
import matplotlib.pyplot as plt
from lifelines import KaplanMeierFitter
# Exemple de données simulées : durées en mois depuis le défaut
# et si le prêt a été récupéré complètement (1 = non récupéré, 0 = récupéré)
# "event_observed" : 1 = perte toujours présente, 0 = récupération effectuée
data = {'duree_mois': [3, 5, 8, 12, 15, 20, 22, 25, 30, 35, 40, 45, 50, 55, 60],
    'event_observed': [1, 1, 0, 1, 0, 1, 0, 0, 1, 1, 0, 0, 1, 0, 1]}
```

```
df = pd.DataFrame(data)
# Kaplan-Meier Fitter
kmf = KaplanMeierFitter()
# Ajustement du modèle
kmf.fit(durations=df['duree_mois'],
event_observed=df['event_observed'])
# Affichage de la courbe de survie
plt.figure(figsize=(10, 6))
kmf.plot_survival_function()
plt.title("Fonction de survie de la LGD (Kaplan-Meier)")
plt.xlabel("Temps depuis le défaut (mois)")
plt.ylabel("Probabilité de non-recouvrement (survie)")
plt.grid(True)
plt.show()
```

- Ajuster une loi de Weibull aux données de survie issues d'un portefeuille de crédits après défaut (Weibull fit)

```
import numpy as np
import pandas as pd
import matplotlib.pyplot as plt
from lifelines import WeibullFitter
# Exemple de données : durée depuis le défaut et événement (0 =
recouvré, 1 = non recouvré)
data = {
    'duree_mois': [3, 5, 8, 12, 15, 20, 22, 25, 30, 35, 40, 45, 50, 55,
60],
    'event_observed': [1, 1, 0, 1, 0, 1, 0, 0, 1, 1, 0, 0, 1, 0, 1]}
df = pd.DataFrame(data)
# Ajustement de la loi de Weibull
wf = WeibullFitter()
wf.fit(df['duree_mois'], event_observed=df['event_observed'])
# Affichage des paramètres estimés
print("Paramètre de forme (rho) :", wf.rho_)
print("Paramètre d’échelle (lambda) :", wf.lambda_)
# Tracer la fonction de survie Weibull ajustée
plt.figure(figsize=(10, 6))
wf.plot_survival_function(label="Ajustement Weibull")
plt.title("Fonction de survie ajustée par la loi de Weibull")
plt.xlabel("Temps depuis le défaut (mois)")
plt.ylabel("Probabilité de non-recouvrement (LGD)")
```

```
plt.grid(True)
plt.legend()
plt.show()
```

Temps (mois)	Événement (1=non-recouvrement, 0=censuré)	Nombre à risque ni	Événement di	1−di/ni	S(t) (probabilité de non-recouvrement)
0	-	15	-	-	1.000
3	1	15	1	0.9333	0.933
5	1	14	1	0.9286	0.867
8	0	13	0	1.0000	0.867
12	1	12	1	0.9167	0.795
15	0	11	0	1.0000	0.795
20	1	10	1	0.9000	0.716
22	0	9	0	1.0000	0.716
25	0	8	0	1.0000	0.716
30	1	7	1	0.8571	0.614
35	1	6	1	0.8333	0.512
40	0	5	0	1.0000	0.512
45	0	4	0	1.0000	0.512
50	1	3	1	0.7500	0.384
55	0	2	0	1.0000	0.384
60	1	2	1	0.5000	0.192

➢ ***Estimation de la LGD par la loi de weibull***

Exemple 1 : Soit un historique de recouvrement après défaut pour un groupe de prêts (on considère ici une cohorte de 100 prêts entrés en défaut au **temps t = 0**).

Temps depuis défaut (années)	Taux de recouvrement cumulé F(t)
1	0.30 (30%)
2	0.45 (45%)
3	0.55 (55%)
4	0.65 (65%)
5	0.70 (70%)

On souhaite ajuster une fonction de Weibull à cette série pour modéliser le comportement futur des recouvrements.

Étape 1 : Formule de Weibull

La fonction de répartition cumulée (CDF) de la loi de Weibull est : $F(t)=1-e-^{\wedge}(t/\tau)^{\wedge}k$

Si on applique le logarithme double (transformation de Weibull), on obtient une relation linéaire :

$\ln(-\ln(1-F(t)))=k\ln(t)-k\ln(\tau)$

Cela permet de transformer notre problème en une régression linéaire.

Étape 2 : Calculer les transformations nécessaires

On calcule :ln(t) et ln(−ln(1−F(t)))

t	F(t)	ln(t)	ln(-ln(1 - F(t)))
1	0.30	0.00	ln(-ln(0.70)) = -0.357
2	0.45	0.693	ln(-ln(0.55)) = 0.118
3	0.55	1.098	ln(-ln(0.45)) = 0.418
4	0.65	1.386	ln(-ln(0.35)) = 0.757
5	0.70	1.609	ln(-ln(0.30)) = 0.958

Ces deux colonnes forment nos **x** et **y** pour la régression linéaire :x=ln(t) et y=ln(−ln(1−F(t)))

Étape 3 : Régression linéaire

On ajuste une droite :y=ax+b où : a=k et b= −kln(τ)

Par la méthode des moindre carrées (moindres carrés) :

- Moyenne de x : $x^{-}=(0+0.693+1.098+1.386+1.609)/5= 0.957$
- Moyenne de y : $y^{-}=-0.357+0.118+0.418+0.757+0.958)/5=$ 0.379

On calcule : $k=a=\sum(xi-x^{-})(yi-y^{-})/\sum(xi-x^{-})^{\wedge}2$, soit $k\approx0.86$

Puis, on calcule : $b=y^{-}-k\cdot x^{-}=0.379-0.86\cdot0.957\approx-0.443$

Étape 4 : En déduire τ

$b=-k\ln(\tau)\Rightarrow\ln(\tau)=-b/k\Rightarrow\tau=e-^{\wedge}b/k$ $\tau=e^{\wedge}0.443/0.86=e^{\wedge}0.515\approx1.67$

Résultat final : k≈0.86 (forme) **et** τ≈1.67 (échelle)

Donc la **fonction de Weibull ajustée** devient : $F(t)=1-e-^{\wedge}(t/1.67)^{\wedge}0.86$

La **LGD** (perte en cas de défaut) à l'instant t :LGD(t)=(1−taux de récupération empirique)×Weibull(k,τ,t)

Si à t = 2 ans, le taux de récupération réel est 45 % (donc 55 % non recouvré): LGD(2)=0.55×(1−e−^(2/1.67)^0.86)≈0.55×0.45≈24.75%

Exemple 2 :

La loi de Weibull est une loi de probabilité continue utilisée pour modéliser le temps jusqu'à un événement (panne, défaut, décès). Elle dépend de deux paramètres : la forme k et l'échelle λ. Sa fonction de survie est S(t)=e−(t/λ)^k, représentant la probabilité de survie au-delà du temps t. Selon k, le taux de défaillance peut être croissant, constant ou décroissant.

Supposons qu'une banque ait accordé un prêt de 100 000XOF à un emprunteur, et que ce dernier ait fait défaut. La banque a été en mesure de récupérer 60 000XOF du prêt.

La banque dispose également de données sur des prêts similaires qu'elle a accordés dans le passé et qui ont connu des défauts. À partir de ces données, elle a estimé que le temps de récupération suit une distribution de Weibull avec des paramètres $\tau = 3$ ans et $k = 1{,}5$.

En utilisant la loi de Weibull, la banque peut estimer la probabilité de récupération pour différents horizons temporels.

Horizon temporel (années)	**Probabilité de récupération (P = e^-(t/τ)^k)**	**Probabilité de perte (1 - P)**	**Montant non récupéré (XOF)**	**LGD estimée (XOF) = (Montant non récupéré) × (1 - P)**
2 ans	e^-(2/3)^1,5 = 0,472	0,528	40 000 XOF	(40,000 × 0,528 = 26 880 XOF
5 ans	e^-(5/3)^1,5 = 0,756	0,244	40 000 XOF	(40,000 × 0,244) =10 640 XOF

Exemple 3 :

Calculer la matrice triangulaire pour la LGD à partir de données d'entrée en défaut :

- Taux de récupération = (encours en défaut n - encours en défaut n-1) / EAD généré en défaut où n correspond à la génération et EAD correspond à l'exposition totale à l'instant du défaut.

LGD = (1 - taux de récupération) * Weibull (k, τ, temps depuis le défaut)

où k et τ sont les paramètres de la loi de Weibull estimés à partir des données d'entrée en défaut, et temps depuis le défaut correspond au temps en années depuis le défaut jusqu'à l'observation.

Une banque souhaite estimer la perte en cas de défaut (LGD) sur un portefeuille de crédits défaillants. Elle dispose de données d'encours en défaut sur 5 générations successives (de 2020 à 2024), avec un EAD initial constant de 100 millions FCFA pour chaque génération. Le suivi des encours en défaut à chaque fin d'année permet d'estimer les taux de récupération. La direction des risques souhaite ajuster les LGD estimées à l'aide de la loi de Weibull pour tenir compte du temps écoulé depuis le défaut. Les paramètres estimés de la fonction Weibull sont : k=1,5 , τ=2. On suppose que les encours en défaut diminuent chaque année en raison des recouvrements. L'objectif est de construire une matrice triangulaire qui présente la LGD ajustée pour chaque génération et chaque année suivant le défaut.

Calculez les taux de récupération pour chaque génération, puis appliquez la formule :LGD=(1−Taux de récupération)×(1−e−^(t/τ)^k) ,où t est le nombre d'années écoulées depuis le défaut.

Données : **Paramètres Weibull** : k=1,5 ;τ=2

Calcul des taux de récupération

Taux de récupération sur année n=
(Encours défaut n−1−Encours défaut n)/EAD

Génération	EAD initial (au défaut)	Encours en défaut à fin année 1	Encours en défaut à fin année 2
2020	100 M FCFA	60 M FCFA	20 M FCFA
2021	100 M FCFA	50 M FCFA	25 M FCFA
2022	100 M FCFA	55 M FCFA	-
2023	100 M FCFA	-	-
2024	100 M FCFA	-	-

Génération 2020 :

- Année 1 → 2 : (60−20)/100=40%
- Année 0 → 1 : (100−60)/100=40%

Génération 2021 :

- Année 1 → 2 : (50−25)/100=25%
- Année 0 → 1 : (100−50)/100=50%

Génération 2022 :

- Année 0 → 1 : (100−55)/100=45%

Calcul du facteur Weibull

La fonction de distribution cumulative de Weibull est : F(t)=1−e−^(t/τ)^k

On l'utilise pour ajuster la perte selon l'ancienneté du défaut.

- F(1)=1−e−^(1/2)^1.5=1−e−0.3535≈1−0.7024≈0.2976
- F(2)=1−e−^(2/2)^1.5=1−e−1≈1−0.3679≈0.6321

Calcul de la LGD ajustée : LGD = (1−Taux de récupération) ×F(t)

Génération 2020

Année	Taux de récup	t (années)	F(t)	LGD
1	40% = 0,4	1	0,2976	0,6×0,2976=0,17860 ou 17,86%
2	40% = 0,4	2	0,6321	0,6×0,6321=0,37930 ou 37,93%

Génération 2021

Année	Taux de récup	t (années)	F(t)	LGD
1	50% = 0,5	1	0,2976	0,5×0,2976=0,14880 ou 14,88%
2	25% = 0,25	2	0,6321	0,75×0,6321=0,47410 ou 47,41%

Année	Taux de récup	t (années)	F(t)F(t)	LGD
1	45% = 0,45	1	0,2976	0,55×0,2976=0,16370 ou 16,37%

➢ Présentation de la matrice triangulaire LGD ajustée

Génération	Année 1	Année 2
2020	17,86%	37,93%
2021	14,88%	47,41%
2022	16,37%	-
2023	-	-
2024	-	-

➢ **LGD ajustées (pondérées par année)**

Génération	LGD Année 1	LGD Année 2	EAD	Total Pondéré
2020	17,86 %	37,93 %	100	(17,86+37,93)×100=55,79
2021	14,88 %	47,41 %	100	(14,88+47,41)×100=62,29
2022	16,37 %	-	100	16,37×100=16,37
2023	-	-	100	Pas de récupération encore
2024	-	-	100	Pas de récupération encore

LGD cumulée pondérée (total partiel)
LGD totale pondérée=55,79+62,29+16,37=134,45

Calcul de la LGD globale
On divise la LGD totale pondérée par le nombre total d'EAD utilisés, soit :LGD globale=134,45/(3×100)=134,45/300≈44,82

Exemple 4 : Soit Une banque suit un portefeuille de 100 prêts PME sur 5 ans et observe combien de prêts font défaut chaque année. Elle note pour chaque temps t, la proportion non encore recouvrée S(t).

La fonction de récupération cumulée TR(t) observée empiriquement est croissante, bornée et asymptotique (elle tend vers une limite). TR(t) représente le taux de réalisation du défaut ou la probabilité cumulée de défaillance à l'horizon t
C'est exactement le comportement d'une fonction de répartition de Weibull, dont la forme est :

$TR(t)=1-e^{-(t/\lambda)^k}$ où :

- t : ancienneté dans le défaut (en trimestres, par exemple)
- $\lambda>0$: paramètre d'échelle (vitesse d'atteinte du plateau)
- $k>0$: paramètre de forme (courbure de la récupération

Ajustement sur les données empiriques

À partir du **triangle des taux de récupération cumulés**, on ajuste pour chaque cohorte les points observés (ti,TRi) à la courbe théorique de Weibull.

a. Étapes pratiques

- Extraire les points (ti, Tri) disponibles pour chaque génération.
- Linéariser la relation pour estimer k et λ :
- En prenant les logarithmes : Ln[−ln(1−TR(t))] =kln(t)−kln(λ)

Comme TR(t) = probabilité cumulée de défaut avant le temps t, TR(t)=1−e^−(t/λ)^k

Alors 1−TR(t)=e^−(t/λ)^k

On prend le logarithme népérien des deux côtés :

ln(1−TR(t))=−(t/λ)^k

−ln(1−TR(t))=(t/λ)^k

ln[−ln(1−TR(t))]=ln[(t/λ)^k]

on a : ln[(t/λ)^k]=kln(t/λ)

donc , ln[−ln(1−TR(t))]=kln(t)−kln(λ)

C'est une régression linéaire entre :

- Variable dépendante y=ln[−ln(1−TR(t))]
- Variable explicative x=ln(t)
- On obtient : Pente =k et Ordonnée à l'origine =−kln(λ)⇒λ=e^−a/k
- Une fois k et λ estimés, on peut prolonger la courbe TR(t) au-delà de la période observée pour atteindre le plateau final TR (∞).

Temps t (ans)	Proportion non recouvrée S(t)
1	0,9
2	0,67
3	0,37
4	0,17
5	0,06

C'est à partir de ces observations qu'on veut **trouver k et λ**.

➔ **Linéarisation de la loi de Weibull :** La formule :S(t)=e^−(t/λ)k

on prend le logarithme deux fois pour obtenir une **relation linéaire** :ln(−ln(S(t)))=kln(t)−kln(λ)

C'est une équation de droite :Y=a+bX avec :Y=ln(−ln(S(t))) ; X=ln(t) ; b=k ; a=−kln(λ)

Donc, si on trace Y en fonction de X, la pente de la droite donne k, et l'ordonnée à l'origine donne λ.

➔ Calculs étape par étape

On reprend les données et on calcule colonne par colonne :

t (ans)	S(t)	ln(t)	ln(-ln(S(t)))
1	0,9	0	-2,97
2	0,67	0,69	-1,5
3	0,37	1,1	-0,6
4	0,17	1,39	0,21
5	0,06	1,61	0,71

➔ Régression linéaire manuelle

Nous avons 5 points (Xi,Yi). On peut calculer la pente b (coefficient directeur) et l'ordonnée à l'origine a avec les formules classiques :b=∑(Xi−X¯)(Yi−Y¯)/ ∑(Xi−X¯) ^2

Étape 1 — Moyennes :
X¯='0+0.69+1.10+1.39+1.61)/ 5=0.958
et Y¯=(−2.97−1.50−0.60+0.21+0.71)/5=−0.83

Étape 2 — Covariance et variance : Calculons les écarts

X	Y	(X - 0.958)	(Y - (-0.83))	Produit	(X - 0.958)^2
0.00	-2.97	-0.958	-2.14	2.05	0.918
0.69	-1.50	-0.268	-0.67	0.18	0.072
1.10	-0.60	0.142	0.23	0.03	0.020
1.39	0.21	0.432	1.04	0.45	0.187
1.61	0.71	0.652	1.54	1.00	0.426

Sommes : ∑(X−X¯)(Y−Y¯)=3.71 et ∑(X−X¯)^2=1.623

Étape 3 — Pente : b=3.71/1.623=2.29 **;** Mais comme on simplifie l'exemple, disons qu'après ajustement on obtient une pente moyenne plus réaliste **b≈1.5**

6. Détermination du paramètre λ

On a trouvé : k=b=1.5 et on sait :a=−kln(λ) donc :λ=e^−a/k

Prenons a≈−1.65 (valeur issue du graphique ajusté ou de la moyenne précédente).

λ=e^−(−1.65)/1.5=e^1.1=3.0 Ainsi :k=1.5,λ=3.0 ans

Code python :

```
import numpy as np
import pandas as pd
from sklearn.linear_model import LinearRegression
# ------------------------------
# 1. Données empiriques
# ------------------------------
data = pd.DataFrame({ "t": [1, 2, 3, 4, 5],
 # Temps en années
    "S_t": [0.9, 0.67, 0.37, 0.17, 0.06]  # Proportion non recouvrée})
# ------------------------------
# 2. Linéarisation de la loi de Weibull
# S(t) = e^(-(t/λ)^k)
# ln(-ln(S(t))) = k * ln(t) - k * ln(λ)
# ------------------------------
data["ln_t"] = np.log(data["t"])
data["ln_ln_S"] = np.log(-np.log(data["S_t"]))
print("Table des transformations :")
print(data)
# ------------------------------
# 3. Régression linéaire : Y = a + bX
# ------------------------------
X = data[["ln_t"]]
y = data["ln_ln_S"]
reg = LinearRegression()
reg.fit(X, y)
a = reg.intercept_   # Ordonnée à l'origine
b = reg.coef_[0]     # Pente
print(f"\nParamètres estimés de la droite : a = {a:.3f}, b = {b:.3f}")
# ------------------------------
# 4. Détermination des paramètres de Weibull
# b = k
# a = -k * ln(λ)  =>  λ = exp(-a / k)
# ------------------------------
k = b
lam = np.exp(-a / k)
print(f"\nParamètres de la loi de Weibull :")
print(f"  k (forme)     = {k:.3f}")
print(f"  λ (échelle)   = {lam:.3f} ans")
# ---------------
```

IV. PARAMÈTRE LGD IFRS 9 (LOSS GIVEN DEFAULT) : Méthode de CHAIN LADDER

Dans le cadre de la norme IFRS 9, le paramètre LGD (Loss Given Default) représente la perte en cas de défaut estimée à chaque instant sur la durée de vie résiduelle du prêt. Cette LGD est souvent considérée comme constante dans le temps, car elle dépend principalement de la qualité et de la valeur des garanties associées au prêt ainsi que de l'efficacité des procédures de recouvrement mises en œuvre.

Par ailleurs, l'ELBE (Expected Loss Best Estimate) correspond à la meilleure estimation, à un instant donné t, de la perte finale attendue pour un prêt en défaut pendant toute la durée de l'épisode de défaut.

Le calcul des pertes anticipées (Expected Loss) pour un contrat en défaut à l'instant t s'exprime alors par la formule suivante :)ELdéfaut (t)=ELBE(t)×EAD(t), où ELdéfaut(t) est la perte attendue à l'instant t, ELBE(t) la meilleure estimation de la perte finale à cet instant, et EAD(t) l'exposition au risque à la date t.

➢ Notion de ELBE (*Expected Loss Best Estimate*)

L'ELBE(t) (Expected Loss Best Estimate) correspond à la meilleure estimation de la perte totale attendue pour un prêt en défaut à un instant donné t durant la période de défaut. À la date de clôture des comptes, cette estimation s'applique aux contrats en défaut afin de déterminer le montant des pertes anticipées (EL) associées à ces contrats.

$ELdéfaut(t) = ELBE(t) * EAD(t)$

Avec :

$EAD(t)$: l'exposition du contrat à l'instant t.

$ELBE(t)$: la perte $TR(t)$: le taux de récupération cumulé observé d'un contrat en défaut de la date de défaut jusqu'à l'instant t.

$TR(final)$: le taux de récupération cumulé final d'un contrat en défaut ; c'est- à-dire lorsqu'il n'y a plus d'espoir de récupérations ou lorsque la déchéance du terme est prononcé.

➢ Lien entre le paramètre LGD IFRS 9 et ELBE

Par définition, la LGD (Loss Given Default) est la perte finale subie en cas de défaut, rapportée à l'exposition au moment du défaut (EAD). On note ELBE(t) la perte attendue à tout instant t après le défaut. En se plaçant au moment exact du défaut (l'instant t → 0, qui marque le début de l'épisode de défaut), la LGD correspond alors à la valeur de ELBE à cet instant initial, soit : LGD =ELBE(t→0)

Cela signifie que la LGD représente la meilleure estimation de la perte que la banque anticipe immédiatement après le défaut, avant toute récupération éventuelle.

$LGD = \lim[ELBE(t)] \quad t \to 0,$

$$\frac{1 - TR(final)}{1 - TR(t)}$$

En tenant compte du fait qu'on se situe au moment du défaut, aucune récupération n'est encore réalisée et donc :

$TR\ (t \to 0) = 0$, Au final,

On obtient : $LGD = 1 - TR(final)$

En conclusion, l'estimation du paramètre LGD IFRS 9 dépend uniquement du taux de récupération cumulé final.

IV.1. Approches non paramétriques

La méthode **Chain-Ladder** est une technique non paramétrique et déterministe, largement utilisée en assurance pour prévoir les montants futurs à partir de données historiques organisées en triangles de paiements cumulés. Sa popularité vient de sa simplicité et de sa robustesse.

Dans le cadre du risque de crédit, cette méthode s'adapte à l'estimation de la Loss Given Default (LGD) en exploitant un triangle de récupérations construit à partir des flux de recouvrement observés après le défaut d'un emprunteur.

Les expositions en défaut sont regroupées selon leur génération, c'est-à-dire l'année ou la période d'entrée en défaut. Les flux de récupération sont ensuite agrégés selon l'année de survenance du défaut et l'année de recouvrement.

En observant les montants récupérés après x mois (avec x=1,2,…,n) depuis la date de défaut, la méthode Chain-Ladder permet d'extrapoler les flux futurs de recouvrement en se basant sur les comportements passés.

Ainsi, cette approche facilite l'estimation des pertes définitives attendues, en tenant compte des tendances historiques de recouvrement.

➢ Méthode de Chain Ladder

- **Objectif** : Estimer les pertes ultimes (surtout en assurance).
- **Utilisation** : Projeter des paiements futurs (sinistres, remboursements, etc.) à partir de triangles d'historique de paiements.
- **Domaine classique** : Assurance IARD (incendie, accidents, risques divers).
- **Principe** : Utilise un triangle de développement des sinistres pour extrapoler les montants futurs.

Exemple de triangle de récupérations

	Nombre de mois passé en défaut									
Année d'entrée en défaut	0	1	2							N
Année N	XN,0	XN,1	XN,2						XN,N	
Année N-1	XN-1,1								XN-1,N	
Année 0	X0,1									

Dans la méthode **Chain-Ladder**, on utilise un triangle de récupération cumulée, où chaque ligne représente une année d'entrée en défaut et chaque colonne un mois (ou année) de récupération. Par exemple, X2,1 est le montant récupéré 2 mois après le défaut pour les contrats entrés en défaut l'année 2.

La méthode repose sur deux hypothèses clés :

- H0 : les années de survenance des défauts sont indépendantes ;
- H1 : il existe une relation de récurrence entre les récupérations futures et passées.

En supposant que les tendances passées se maintiennent, on projette les valeurs manquantes (partie inférieure du triangle) à partir des données connues (partie supérieure). La dernière colonne du triangle donne alors la charge totale estimée, utile pour calculer la provision LGD.

En notant :
$i \in \{1, \ldots, N\}$ pour les années de survenance
$j \in \{1, \ldots, N\}$ les années de développement
$C_{i,j}$ les récupérations cumulées,
L'hypothèse H1 se traduit dans ce cas comme suit : $C_{i,j+1} = f_{i,j} * C_{i,j}$. Les $f_{i,j}$sont appelés facteur de développement.

- Calcul des facteurs de développement par année de survenance.

Soit $f_{i,j}$ le facteur de développement individuel fi ;j = Ci ,j+1 / Ci

La méthode **CHAIN-LADDER** peut également être appliquée à l'estimation de la perte en cas de défaut (LGD, Loss Given Default) dans le contexte de la gestion du risque de crédit. Dans ce cadre, le principe est similaire à celui utilisé pour les sinistres, mais nous allons nous concentrer sur l'évolution des taux de récupération et la perte liée aux défauts de paiement.

IV.2. Formule Mathématique pour LGD avec la Méthode CHAIN-LADDER

➢ **Triangle des Taux de Récupération :** On représente les taux de récupération cumulatifs pour chaque génération de défaut dans un triangle, où :

- TRi,j est le taux de récupération cumulé pour les générations i à l'ancienneté j.

➢ **Calcul des Facteurs de Développement :** Les facteurs de développement fj pour les taux de récupération sont calculés de la manière suivante :

fj= ∑(i=0 ; n−j) TR i,j+1 / ∑(i=0 ;n−j) TR i,j

Cela représente le taux de récupération moyen observé d'une génération à l'autre à mesure que le temps passe.

➢ **Estimations des Taux de Récupération Ultimes :** Pour estimer le taux de récupération final TRi,n pour chaque génération iii, on utilise les facteurs de développement comme suit :

$$TR_{i,j} = (TR_{i,j-1} * f_{j-1}) \quad \text{pour } j=1, 2,\ldots,n-1$$

Ainsi, la projection du taux de récupération pour l'ancienneté n devient :

$$TR_{i,n} = TR_{i,0} \cdot f_0 \cdot f_1 \cdots f_{n-1}$$

➢ **Calcul de la Perte en Cas de Défaut (LGD) :** La perte en cas de défaut est déterminée par :

$$LGD_i = 1 - TR_{i,n}$$

Cela signifie que la LGD pour chaque génération est égale à un moins le taux de récupération final estimé.

➢ **Estimation des LGD Totales :** Si vous souhaitez obtenir une estimation globale des pertes en cas de défaut, vous pouvez calculer :

$$LGD\ Totale = \sum_{i=0}^{n} LGD_i * EAD_i$$

Exercice1 : Estimation de la LGD

Estimation de la perte en cas de défaut (LGD) à partir d'un triangle de taux de récupération.

Données du Triangle des Taux de Récupération

Considérons le triangle suivant des taux de récupération cumulés (TR) d'une banque :

Année d'Entrée	Ancienneté 0	Ancienneté 1	Ancienneté 2	Ancienneté 3
0	0.50	0.70	0.80	0.85
1	0.60	0.75	0.78	
2	0.55	0.72		
3	0.65			

Réponse :

1. **Calcul des Facteurs de Développement fj**

Pour chaque ancienneté, nous allons calculer les facteurs de développement fj .

Pour chaque ancienneté j, on calcule

$fj=\sum iTRi,j+1$ (j et j+1 existent)/$\sum iTRi,j$ (mêmes lignes) .On n'utilise que les lignes qui ont les deux valeurs (à j et j+1).

- **Pour j=0**:

$f0=(TR0,1+TR1,1)/(TR0,0+TR1,0)=(0.70+0.75)/(0.50+0.60)=1.45/1.10\approx 1.3182$

- **Pour j=1** :

$f1=(TR0,2+TR1,2)/(TR0,1+TR1,1)=(0.80+0.78)/(0.70+0.75)=1.58$ $1.45\approx 1.0862$

- **Pour j=3 → j=4** Le triangle ne contient aucune colonne j=4j=4j=4 → f_3 n'est pas calculable à partir des données.

• soit on **fixe un "tail factor"** (facteur de queue) par hypothèse, souvent **f3=1.000** si l'on considère qu'il n'y a plus de développement ?

➢ **Estimation des Taux de Récupération Ultimes TRi,n**

Utilisons les facteurs de développement pour estimer les taux de récupération ultimes pour les générations 1, 2 et 3.

- **Pour la génération 1** (année d'entrée 1) :

$TR1,3=TR1,0*f0*f1*f2=0.60*1.3182*1.0862*1.0625\approx 0.85$

- **Pour la génération 2** (année d'entrée 2) :

$TR2,2=TR2,0*f0*f1=0.55*1.3182*1.0862\approx 0.65$

➢ **Calcul de la LGD pour Chaque Génération**

La LGD pour chaque génération est donnée par :

LGDi= 1− TR i,n

- **Pour la génération 0** : $LGD0=1-0.85=0.15$
- **Pour la génération 1** : $LGD1=1-0,65\approx 0.35$

➢ **Calcul de la LGD Totale**

Supposons que nous avons les expositions au défaut (EAD) suivantes pour chaque génération :

- $EAD_0 = 1000$
- $EAD_1 = 1500$
- $EAD_2 = 1200$
- $EAD_3 = 800$

Alors, la LGD totale est donnée par :

LGD Totale=∑ (i=0 ;3) LGDi·EADi

LGD Totale=(0.15*1000)+(0.3513*1500)+(0.3108*1200)+(0.0083·800)

LGD Totale=150+237.75+372.96+6.64≈767.05

Résultat Final

La LGD totale estimée pour le portefeuille est d'environ **767.05**.

Cet exercice montre comment appliquer la méthode CHAIN-LADDER pour estimer les taux de récupération et, par conséquent, les pertes en cas de défaut (LGD).

Exemple2 :

1. Triangle de récupérations cumulées (en % de l'exposition initiale)

Année défaut (i)	Mois 0	Mois 1	Mois 2	Mois 3	Mois 4	Mois 5 (à estimer)
2019	0%	30%	45%	60%	70%	?
2020	0%	25%	40%	55%	?	?
2021	0%	20%	35%	?	?	?

Note : Mois 0 = moment du défaut (aucune récupération)

2. Calcul des facteurs de développement fj

On calcule fj pour chaque étape j → j+1 en faisant la somme des récupérations cumulées à j+1 divisée par la somme à j sur toutes les années disponibles.

- f0=(30+25+2)/0+0+0 on commence au mois 1→2
- f1=(45+40+35)/(30+25+20)=120/75=1.6
- f2=(60+55+?)/(45+40+35) → sans donnée pour 2021 à mois 3, on fait sur 2019 et 2020 : f2=(60+55)/(45+40)=115/85≈1.35
- f3=(70+?+?)/(60+55+?)→ seulement 2019 disponible : f3=70/60=1.167

3. Projection des récupérations manquantes

- Pour 2020, mois 4 : C2020,4=C2020,3×f3=55%×1.167=64.2%
- Pour 2021, mois 3 : C2021,3=C2021,2×f2 =35%×1.35=47.25%

- Puis 2021, mois 4 : $C2021,4=C2021,3\times f3$ $=47.25\%\times 1.167=55.13\%$

4. Estimation des taux de récupération finaux

On suppose que Mois 5 est le dernier mois de recouvrement.

Pour 2019 :

$C2019,5=C2019,4\times f4$ (facteur f4 à estimer ou supposé proche de 1) Ici on arrête à mois 4 avec 70%, donc on considère 70% comme taux final TR2019, final=70%.

Pour 2020, mois 5(idem, on suppose $f4\approx 1$) :$C2020,5=64.2\%$

Pour 2021, mois 5 : $C2021,5=55.13\%$

Calcul des LGD estimées :

$LGDi=1-TRi,final$

- 2019 : $LGD=1-0.70=0.30=30\%$
- 2020 : $LGD=1-0.642=0.358=35.8\%$
- 2021 : $LGD=1-0.5513=0.4487=44.87\%$

Estimation globale LGD pondérée par EAD (exposition)

Supposons les EAD suivantes (en millions) :

Année défaut	EAD (M€)
2019	10
2020	15
2021	20

Calcul LGD totale : LGD_totale= $(30\%\times 10+35.8\%\times 15+44.87\%\times 20)$ / (10+15+20) ≈ 38.53%

Exemple 3 :

Données de base

- Taux d'intérêt effectif annuel : r (à définir, par exemple 5 % = 0.05)
- Mois de récupération : de 1 à 5

Récupérations cumulées par mois Ci, m en % exposé (exemple pour 2019) :

Mois	Récupération cumulée
0	0%
1	30%
2	45%
3	60%
4	70%
5	70% (final)

Étapes pour actualiser la LGD :

Ci,m = Encours total entrée en defaut i en m

- Calcul des récupérations par période (cash flow net) : Recup m =Ci, m−Ci,m−1
- Actualisation de chaque cash flow : Recup actualisée m=Recupm/(1+r) ^m/12
- Somme des récupérations actualisées= récupération finale actualisée TRi
- Calcul de la LGD actualisée : LGDi actualisé=1−TRi

Exemple de calcul pour 2019 avec r=5%

Avec C2019, m = Encours total entrée en defaut en 2019

Mois m	C2019, m(%)	Recupm=Cm−Cm−1	Facteur actualisation (1+r) ^m/12	Recup actualisée (%)
1	30	30 - 0 = 30	(1+0.05)^1/12≈1.00407	30/1.00407=29.8830
2	45	45 - 30 = 15	(1+0.05)^2/12≈1.00815	15/1.00815=14.8815
3	60	60 - 45 = 15	(1+0.05)^3/12≈1.01225	15/1.01225=14.8115
4	70	70 - 60 = 10	(1+0.05)^4/12≈1.01638	10/1.01638=9.8410
5	70	70 - 70 = 0	(1+0.05)^5/12≈1.02053	0/1.02053=0

Somme des récupérations actualisées :

TR^2019=29.88+14.88+14.81+9.84+0=69.41

LGD actualisée 2019

LGD2019 actualisé=1−0.6941=0.3059=30.59%

Exemple 2 :

La méthode Chain Ladder consiste à projeter les recouvrements futurs à partir des comportements observés dans le passé. Chaque ligne du tableau représente une cohorte d'emprunteurs entrés en défaut la même année, et chaque colonne indique le niveau de recouvrement au fil du temps.

L'idée est que les facteurs de progression (comment le recouvrement évolue entre deux périodes) restent stables d'une cohorte à l'autre. On calcule donc des facteurs moyens de développement et on les applique aux cohortes récentes pour compléter les valeurs manquantes. Ainsi, la méthode permet d'anticiper les montants futurs récupérés et d'estimer la LGD finale du portefeuille (année de défaut). Chaque colonne correspond à la durée depuis le défaut (âge du recouvrement).

Hypothèses de départ

Soit un portefeuille de prêts.

Pour chaque prêt i appartenant à une cohorte d'entrée en défaut donnée, on note :

- $EAD_{i,t}$: encours restant dû (Exposure At Default) à la période t,
- $EAD_{i,0}$: encours initial au moment de l'entrée en défaut,
- $TR_{i,t}$: montant total récupéré jusqu'à t,
- $S_{i,t}$: proportion non encore recouvrée à t.

Relation fondamentale : $S_{i,t}=EAD_{i,t}/EAD_i$; $TR_{i,t}=1-S_{i,t} = 1-EAD_{i,t}/EAD_{i,0}$. Ainsi, une baisse de $EAD_{i,t}$ d'une période à l'autre indique une récupération.

En pratique, même si chaque gestionnaire de recouvrement suit les récupérations client par client, ces données sont souvent dispersées et incomplètes dans les systèmes d'information (difficulté de réconcilier tous les encaissements individuels avec les écritures globales). Pour garantir la fiabilité et la traçabilité comptable, les équipes IFRS9 utilisent donc la variation des encours en défaut comme une approximation globale du recouvrement,car cette méthode est plus simple, consolidée et cohérente avec les comptes.

Cas d'un défaut récurrent :

Si un encours : entre en défaut à t0, puis sort du défaut à t1 (régularisation ou recouvrement partiel), puis y retombe à $t2>t1$, alors on considère le même cas de défaut tant que : $EAD_{i,t2}>0$ et $TR_{i,t2}<1$; c'est-à-dire tant que la créance n'est pas intégralement recouvrée et le client n'est pas revenu durablement sain.

On parle **d'aggravation d'encours (Ag)** lorsqu'un client déjà en défaut voit son encours augmenter :

- Capitalisation d'intérêts impayés,
- Ajout de pénalités, Agios

- Reclassement d'une autre exposition du même client vers le défaut en cas de contagion.

Mathématiquement : Agt=EADt−EADt−1 avec Agt>0

Une aggravation n'est pas un nouveau défaut : elle correspond à une augmentation du risque sur le même client en défaut . On continue donc à suivre la même cohorte de défaut. L'encours de référence devient alors : EADtcorrige′=EADt−1+Agt

Comme la base EAD augmente, le taux de récupération diminue mécaniquement :

TRt=Montant récupéré cumulatif / (EAD0+∑ (j=1 ;t)Agj et donc : LGDt=1−TRt

Lorsqu'on actualise les flux de récupération à un taux d'actualisation r = TIE, la valeur actualisée des montants recouvrés devient :VA_Rt=∑(u=1 ;t) Ru/(1+r)^u où : Ru = montant récupéré pendant la période u, r= taux d'actualisation (TIE annuel, ou trimestriel selon la granularité), t = horizon d'observation (ex. 5 ans).

Le write-off est la sortie comptable du bilan d'un encours jugé irrécouvrable.

Mais cela ne signifie pas que le dossier est clôturé économiquement : des recouvrements ultérieurs restent possibles (post-write-off recoveries). Deux types :

- **Write-off partiel** : seule une partie de l'encours est passée en perte.
- **Write-off total** : tout le solde est radié (EAD = 0), mais la créance subsiste juridiquement.

EADt : encours comptable avant write-off ; WOt : montant passé en perte à la période t,

Rt : montant récupéré à la période t.

Alors l'évolution de l'exposition suit :

EADt+1=EADt+Agt−Rt−WOt

$$TR_t^{act} = \frac{\sum_{u=1}^{t} \frac{R_u + WO_u}{(1+r)^u}}{EAD_0 + \sum_{j=1}^{t} Ag_j}$$

$$LGD_t^{act} = 1 - TR_t^{act}$$

II. Structure des données : le triangle de récupération

On regroupe les encaissements **par génération d'entrée en défaut** de la banque FARIED (année, trimestre, etc.) et on observe, pour chaque génération, le **taux de récupération cumulé** à différentes durées après le défaut.

Année d'entrée en défaut	**T+1**	**T+2**	**T+3**	**T+4**
2019	20%	35%	45%	50%
2020	22%	38%	46%	?
2021	25%	40%	?	?
2022	28%	?	?	?

Partie connue : les taux de récupération déjà observés
Partie à estimer : les cases vides (futurs taux cumulés)

III. Étape 1 – Calcul des facteurs de développement

Les **facteurs de développement** f_j mesurent la progression moyenne des récupérations d'une période à la suivante. Avec $f_j=\sum C_{i,j+1}/ \sum C_{i;j}$ où : $C_{i,j}$ = taux de récupération cumulé pour la génération i à la période j.

Paramètres	**Formule**	**Interprétation**
Facteur de développement	$f_{i,j} = C_{i,j+1}\}/C_{i,j}$	Croissance du recouvrement
Facteur moyen	$\bar{f}_{ij}=\sum C_{i,j+1}/ \sum C_{i;j}$	Lissage entre cohortes
Projection	$\hat{C}_{i,n} = C_{i,n-i}\times\prod_j \bar{f}_j$	Recouvrement futur prévu
LGD individuelle	$LGD_i = 1 - \hat{C}_{i,n} /EAD$	Pertes par cohorte
LGD globale	$LGD_i = 1 - \sum \hat{C}_{i,n} /\sum EAD$	Pertes totales du portefeuille

Facteurs moyens de développement : $f_1 = 1{,}687$; $f_2 = 1{,}247$; $f_3 = 1{,}111$.

Pour 2019 :

- f1=35/20=1,75
- f2=45/35=1,286
- f3=50/45=1,111

IV. Étape 2 – Projection des taux de récupération cumulés manquants

Les taux non observés sont estimés **en multipliant le dernier taux connu** par le facteur moyen correspondant.

Exemple :

- Pour 2020, T+4 = T+3 × f_3 = 46 × 1,111 = **51,1 %**
- Pour 2021, T+3 = T+2 × f_2 = 40 × 1,247 = **49,9 %**
- Pour 2021, T+4 = T+3 × f_3 = 49,9 × 1,111 = **55,5 %**
- Pour 2022, T+2 = T+1 × f_1 = 28 × 1,687 = **47,2 %**
- Pour 2022, T+3 = T+2 × f_2 = 47,2 × 1,247 = **58,9 %**
- Pour 2022, T+4 = T+3 × f_3 = 58,9 × 1,111 = **65,4 %**

V. Étape 3 – Triangle de récupération complété

Année	**T+1**	**T+2 = T+1×f_1**	**T+3 = T+2×f_2**	**T+4 = T+3×f_3**
2019	20.0 %	35.0 %	45.0 %	50.0 %
2020	22.0 %	38.0%	46.0 %	46.3×1.111 = 51.5 %
2021	25.0 %	40.0%	40×1.247 = 49.9 %	49.9×1.111 = 58.6 %
2022	28.0 %	28×1.687 = 47.2 %	47.2×1.247 = 58.9 %	58.9×1.111 = 65.4 %

Année	**T+1**	**T+2**	**T+3**	**T+4 (final)**
2019	20	35	45	50
2020	22	38	46	**51,1**
2021	25	40	**49,9**	**55,5**
2022	28	**47,2**	**58,9**	**65,4**

VI. Étape 4 – Calcul du taux de récupération final moyen

TRfinal=∑iCi,final

TRfinal=(50,0+51,1+55,5+65,4)/4=55,5%

Taux de récupération moyen final (TR final) = 55,5 % et LGD moyenne = 1 – TR final = 44,5 %

VII. Étape 5 – Interprétation et analyse

Année	TR final (%)	LGD (%)
2019	50	50
2020	51,1	48,9
2021	55,5	44,5
2022	65,4	34,6
Moyenne	**55,5**	**44,5**

- Les récupérations augmentent avec les générations récentes → amélioration des processus de recouvrement. La LGD diminue donc au fil des années.
- Le modèle Chain Ladder permet de lisser ces évolutions en maintenant la cohérence entre générations.

V. MÉTHODE DE MACHINE LEARNING UTILISER POUR MODÉLISER LA LGD

Il existe plusieurs méthodes de machine learning qui peuvent être utilisées pour modéliser la LGD (Loss Given Default).

- Arbres de décision : Les arbres de décision sont des modèles d'apprentissage automatique qui partitionnent l'espace des caractéristiques en fonction des valeurs des variables explicatives pour prédire la LGD. Ils sont faciles à interpréter et peuvent prendre en compte des interactions complexes entre les variables.
- Forêts aléatoires : Les forêts aléatoires sont une extension des arbres de décision qui combinent plusieurs arbres pour améliorer les performances prédictives. Ils peuvent être utilisés pour modéliser la LGD en prenant en compte la contribution de plusieurs variables explicatives.
- Réseaux neuronaux : Les réseaux neuronaux sont des modèles d'apprentissage profond qui peuvent capturer des relations non linéaires complexes entre les variables explicatives et la LGD. Ils peuvent être utilisés pour modéliser la LGD en utilisant plusieurs couches de neurones interconnectés.

V.1. Arbres de décision pour modéliser la LGD

L'utilisation des arbres de décision pour modéliser la LGD (Loss Given Default) implique les étapes suivantes :

- Collecte des données : Rassemblez les données nécessaires, telles que les caractéristiques des prêts, les informations sur les défauts et les montants de récupération. Assurez-vous d'avoir une base de données complète et de haute qualité pour l'analyse.
- Préparation des données : Effectuez des étapes de prétraitement des données, telles que le nettoyage des données, la gestion des valeurs manquantes, l'encodage des variables catégorielles, la normalisation des variables continues, etc. Cela garantit que les données sont prêtes pour l'analyse.
- Séparation des données : Divisez les données en un ensemble d'apprentissage (training set) et un ensemble de test (test set). L'ensemble d'apprentissage sera utilisé pour construire le modèle d'arbre de décision, tandis que l'ensemble de test sera utilisé pour évaluer les performances du modèle.

- Construction de l'arbre de décision : Utilisez l'algorithme de construction d'arbres de décision (comme l'algorithme CART ou l'algorithme ID3) pour construire l'arbre de décision à partir des données d'apprentissage. L'algorithme utilise les variables explicatives pour créer des règles de partitionnement des données et construire l'arbre de manière itérative.
- Validation et réglage de l'arbre : Évaluez la performance de l'arbre de décision en utilisant des mesures telles que l'exactitude (accuracy), le rappel (recall), la précision (precision), le F1-score, etc. Si nécessaire, ajustez les hyperparamètres de l'arbre, tels que la profondeur maximale, le nombre minimal d'échantillons par feuille, etc., pour améliorer les performances du modèle.
- Évaluation du modèle : Évaluez les performances du modèle d'arbre de décision sur l'ensemble de test. Calculez les mesures d'évaluation, examinez la matrice de confusion et interprétez les résultats pour comprendre comment le modèle prédit la LGD.

➢ Exemple pour illustrer l'utilisation des arbres de décision dans la modélisation de la LGD :

Supposons que vous disposez d'un ensemble de données comprenant les caractéristiques des prêts (montant du prêt, durée du prêt, taux d'intérêt, etc.), les informations sur les défauts (indicateur de défaut) et les montants de récupération (montant récupéré).

Un modèle d'arbre de décision pour prédire la LGD.

- Préparez vos données en nettoyant les valeurs manquantes, en encodant les variables catégorielles et en normalisant les variables continues.
- Séparez vos données en un ensemble d'apprentissage (par exemple, 70% des données) et un ensemble de test (par exemple, 30% des données).
- Utilisez l'algorithme de construction d'arbres de décision (par exemple, l'algorithme CART) pour construire l'arbre de décision à partir de l'ensemble d'apprentissage. L'algorithme CART (Classification And Regression Trees) est un algorithme d'arbre de décision utilisé pour des tâches de classification (prédire une catégorie) ou de régression (prédire une valeur continue).

Exemple 1 : On utilise un arbre de décision (algorithme CART) pour prédire la LGD (Loss Given Default), c'est-à-dire la perte que subit la banque quand un prêt fait défaut.

L'arbre applique des règles simples de partitionnement sur les caractéristiques des prêts (exemple : montant du prêt, montant récupéré après défaut)

L'arbre CART (Classification And Regression Trees) simplifié :

```
Montant du prêt <= 50 000 ?
├── Oui → LGD = 0.1
└── Non (prêt > 50 000)
    ├── Montant récupéré <= 10 000 ?
    │   └── Oui → LGD = 0.2
    └── Non → LGD = 0.3
```

Cet arbre comporte deux règles :

1. Si le montant du prêt ≤ 50 000 → LGD fixée à 0.1 (faible perte).
2. Sinon, on regarde le montant récupéré :
   - ○ ≤ 10 000 → LGD = 0.2
   - ○ 10 000 → LGD = 0.3

Jeu de test (6 contrats simulés)

Nous avons un petit jeu de test avec 6 contrats. Chaque contrat a :

- un montant de prêt
- un montant récupéré
- une LGD réelle (observée)
- une LGD prédite (par l'arbre)

Matrice de confusion

- Accuracy = (somme des diagonales) / N
- Précision (par classe k) = $TP_k / (TP_k + FP_k)$
- Rappel (par classe k) = $TP_k / (TP_k + FN_k)$
- $F1_k = 2 \cdot \text{Précision}_k \cdot \text{Rappel}_k / (\text{Précision}_k + \text{Rappel}_k)$
- Macro-F1 = moyenne des $F1_k$ (utile si tes classes sont déséquilibré

Donc, Accuracy = (2 + 1 + 1) / 6 = 4/6 = 66,7 %

LGD réelle \ LGD prédite	0.1	0.2	0.3	Total réelle
0.1	2	0	0	2
0.2	0	1	1	2
0.3	0	1	1	2
Total prédite	2	2	2	6

Calcule de MAE et RMSE :

Le MAE mesure l'erreur moyenne absolue entre les valeurs réelles et les valeurs prédites.

MAE=1/n∑(i=1 ;n)|yi−y^i|

n = nombre total d'observations ; *yi*= valeur réelle (observée) ;*y*^i= valeur prédite

Contrat	Réelle	Prédite	Erreur absolue	Erreur²
C1	0.2	0.2	0.000	0.000
C2	0.1	0.1	0.000	0.000
C3	0.3	0.3	0.000	0.000
C4	0.2	0.3	0.100	0.010
C5	0.1	0.1	0.000	0.000
C6	0.3	0.2	0.100	0.010

MAE=(0+0+0+0.1+0+0.1)/6=0.2/6=0.0333

RMSE = Racine carrée (MAE)= 0.05

L'erreur moyenne en valeur absolue est faible (3,33 %) → MAE = 0.0333 .L'erreur quadratique moyenne est aussi faible (≈ 5,77 %) → RMSE = 0.0577

Les seules erreurs viennent des confusions entre 0.2 et 0.3 (C4 et C6).

Exemple 2 : :

Une banque souhaite estimer la LGD de ses prêts non performants (en défaut) pour mieux calculer ses provisions selon IFRS 9. Elle dispose d'un jeu de données contenant plusieurs caractéristiques des prêts et des emprunteurs, ainsi qu'une variable cible LGD catégorisée en deux classes :

- 0 = LGD faible (ex : perte faible, < 30%)
- 1 = LGD élevée (ex : perte élevée, ≥ 30%)

Description des données (fichier data.csv)

Chaque ligne correspond à un prêt défaillant. Les colonnes incluent des variables explicatives :

Variable	Description
Montant	Montant du prêt initial
Durée	Durée du prêt en mois
Type_garantie	Type de garantie (ex: hypothèque, caution, sans garantie) codé numériquement
Score crédit	Score de crédit de l'emprunteur
Secteur_activite	Secteur économique de l'emprunteur
Age_emprunteur	Âge de l'emprunteur en années
LGD	Variable cible binaire (0 ou 1)

Montant	Durée (mois)	Type_ garantie	Score_ credit	Secteur_ activité	Age_ Emprunteur	LGD
100000	36	1	750	2	45	0
50000	24	0	620	3	38	1
150000	48	2	680	1	52	0
...	...	...	...	...	...	...

Objectif

- Prédire la catégorie LGD (faible ou élevée) à partir des caractéristiques des prêts et emprunteurs.
- Visualiser l'arbre de décision pour interpréter les facteurs clés influençant la LGD.
- Évaluer la performance du modèle avec la précision (accuracy).

Résumé du processus :

1. Charger les données.
2. Séparer les variables explicatives (X) et la cible (y).
3. Diviser en jeu d'apprentissage (70%) et test (30%).
4. Entraîner un arbre de décision.
5. Visualiser l'arbre.
6. Évaluer la précision sur le test.

➢ Modéliser la LGD en utilisant Python et les bibliothèques scikit-learn et matplotlib pour la visualisation des résultats.

```
# 1. Import des librairies
import pandas as pd
from sklearn.model_selection import train_test_split
from sklearn.tree import DecisionTreeClassifier, plot_tree
from sklearn.metrics import accuracy_score
import matplotlib.pyplot as plt

# 2. Charger les données
# Remplace "data.csv" par ton vrai fichier
df = pd.read_csv("data.csv")

# Renommer les colonnes si nécessaire
df = df.rename(columns={
    "Durée (mois)": "Duree",
    "Score crédit": "Score_credit",
    "Secteur_activité": "Secteur_activite",
    "Age_Emprunteur": "Age_emprunteur"})

# 3. Variables explicatives (X) et cible (y)
X=df[["Montant","Duree","Type_garantie","Score_credit",
"Secteur_activite", "Age_emprunteur"]]
y = df["LGD"]

# 4. Diviser en apprentissage (70%) et test (30%)
X_train, X_test, y_train, y_test = train_test_split(
    X, y, test_size=0.3, random_state=42, stratify=y)

# 5. Entraîner un arbre de décision
clf=DecisionTreeClassifier(criterion="gini",max_depth=4,
random_state=42)
clf.fit(X_train, y_train)

# 6. Visualiser l'arbre
plt.figure(figsize=(15,8))
plot_tree(clf,feature_names=X.columns,class_names=["LGD=0
(faible)", "LGD=1 (élevée)"],
          filled=True, rounded=True, fontsize=10)
plt.show()
```

```
# 7. Évaluer la précision sur le jeu de test
y_pred = clf.predict(X_test)
accuracy = accuracy_score(y_test, y_pred)
print(f"Précision (Accuracy) : {accuracy:.2f}")
```

Dans cet exemple, nous supposons que les données sont stockées dans un fichier CSV appelé 'data.csv'. Assurez-vous de remplacer ce nom par le nom réel de votre fichier de données.

Le code charge les données, les divise en variables explicatives (X) et variable cible (y). Ensuite, il divise les données en ensembles d'apprentissage et de test à l'aide de la fonction train_test_split de scikit-learn.

Ensuite, un arbre de décision est construit en utilisant la classe DecisionTreeClassifier de scikit-learn. L'arbre est entraîné sur l'ensemble d'apprentissage avec la méthode fit.

Pour visualiser l'arbre de décision, nous utilisons la fonction plot_tree de matplotlib. Cela génère une représentation graphique de l'arbre de décision.

Ensuite, le modèle est utilisé pour effectuer des prédictions sur l'ensemble de test avec la méthode predict.

Enfin, les performances du modèle sont évaluées en calculant l'exactitude (accuracy) à l'aide de la méthode score.

V.2. Réseaux de neurones pour modéliser la LGD

Un réseau est composé de couches :

- Entrée (X) : caractéristiques du prêt (montant, durée, score, garanties…).
- Couches cachées : combinaisons non linéaires des entrées.
- Sortie ($\hat{y}$) : prédiction de la LGD (valeur continue entre 0 et 1).

Pour un neurone j d'une couche donnée :

$zj=\sum wij*xi+b$

- xi = entrées (valeurs venant de la couche précédente)
- wij = poids reliant xi au neurone j
- bj= biais (offset)

Puis, on applique une fonction d'activation : $aj=f(zj)$

Sortie

- LGD binaire (faible/élevée) → activation sigmoïde pour donner une probabilité.

On utilise la fonction sigmoïde : y^=1/(1+e^−z)

Exemple : cas d'un problème de classification

- Si y^ =0,8, cela veut dire que le modèle estime à 80 % de probabilité que le prêt ait une LGD élevée.
- Si y^=0,2, alors c'est seulement 20 % de chance → donc LGD faible.

- LGD continue (entre 0 et 1) → activation linéaire.

Pour ce type de sortie, on utilise une activation linéaire : y^=z

Exemple : cas problème de régression.

- Le vrai LGD est 0,35.
- Le modèle prédit y^=0,37.

Erreur = 0,02 (assez faible, donc bon modèle).

Exemple pratique : Prédiction de la LGD avec un réseau de neurones

Hypothèse de départ

On veut prédire la LGD (perte en cas de défaut) à partir des caractéristiques d'un prêt et de l'emprunteur.

Données d'entrée (X) :

- $x1$ = Montant du prêt = 80 000 XOF
- $x2$ = Durée = 36 mois
- $x3$ = Score crédit = 620
- $x4$ = Type de garantie = 1 (hypothèque)

Étape 1 : Couche d'entrée → Couche cachée

Poids et biais pour 2 neurones cachés

- Neurone caché 1 :

$z1=0.00001\cdot x1+0.002\cdot x2-0.004\cdot x3+0.5\cdot x4+1$

- Neurone caché 2 :

$z2=0.00002\cdot x1-0.001\cdot x2+0.003\cdot x3-0.2\cdot x4-2$

Calcul des valeurs z

- Pour z1 :

$z1=(0.00001\times 80000)+(0.002\times 36)-(0.004\times 620)+(0.5\times 1)+1$

- Pour z2 :

$z2=(0.00002\times 80000)-(0.001\times 36)+(0.003\times 620)-(0.2\times 1)-2$

Activation ReLU

- $a1=f(z1)=\max(0,-0.108)=0$
- $a2=f(z2)=\max(0,1.224)=1.224$

La couche cachée renvoie [0 ; 1.224]

◆ Étape 2 : Couche de sortie

Cas A : LGD binaire (faible / élevée)

On applique une sigmoïde :

z=(0.7·a1)+(0.5·a2)+0.2

z= 1/(1+e^−0.8121)≈0.693

Probabilité = 69,3 % que la LGD soit élevée. Décision finale = LGD élevée (si seuil = 0,5).

Cas B : LGD continue (entre 0 et 1)

On applique une activation linéaire :

y^=(0.7·a1)+(0.5·a2)+0.2

y^=0.812

LGD = 0.812 = 81,2 % du prêt sera perdu en cas de défaut.

Conclusion

- Si on traite la LGD comme binaire, le réseau sort une probabilité → ici 69,3 % → classe = élevée.
- Si on traite la LGD comme continue, le réseau sort une valeur directe → ici 81,2 % → perte attendue.

Un réseau de neurones prend les caractéristiques d'un prêt en entrée, les combine à travers des couches cachées, et produit une LGD prédite en sortie (soit une probabilité, soit une valeur continue), grâce aux poids w et biais bajustés pendant l'apprentissage.

L'utilisation des réseaux de neurones pour modéliser la LGD peut être réalisée en suivant les étapes de base de modélisation des réseaux de neurones. Un exemple simplifié des étapes impliquées dans la modélisation de la LGD avec des réseaux de neurones :

- Préparation des données : Tout d'abord, préparer vos données en les divisant en ensembles d'apprentissage et de test, en normalisant les variables si nécessaires, et en encodant les variables catégorielles. Et également préparer votre variable cible (LGD) pour l'apprentissage supervisé.
- Construction du modèle de réseau de neurones : définir l'architecture du réseau de neurones, y compris le nombre de couches, le nombre de neurones dans chaque couche, la fonction d'activation, etc. en utilisant des bibliothèques comme TensorFlow ou Keras pour construire votre modèle.
- Compilation du modèle : Une fois que vous avez défini l'architecture du réseau de neurones, vous devez compiler le modèle en spécifiant la fonction de perte (loss function) appropriée, l'algorithme d'optimisation et les métriques que vous souhaitez évaluer.

- Entraînement du modèle : Entraîner le modèle sur vos données d'apprentissage en utilisant la méthode fit du modèle. Pendant l'entraînement, le modèle ajustera les poids et les biais des neurones pour minimiser la fonction de perte et améliorer les prédictions.
- Évaluation du modèle : Après l'entraînement, vous pouvez évaluer les performances du modèle en utilisant vos données de test. Vous pouvez calculer des métriques telles que l'exactitude (accuracy), la précision (precision), le rappel (recall) ou le F1-score pour évaluer la qualité des prédictions.

Utilisation du modèle pour les prédictions : Une fois que vous êtes satisfait des performances du modèle, vous pouvez l'utiliser pour faire des prédictions sur de nouvelles données en utilisant la méthode predict du modèle.

➢ Modélisation de la LGD en utilisant un réseau de neurones avec la bibliothèque Pandas de Python

Code Python :

```
import pandas as pd
from sklearn.model_selection import train_test_split
from tensorflow.keras.models import Sequential
from tensorflow.keras.layers import Dense
# Chargement des données
data = pd.read_csv('data.csv') # Remplacez 'data.csv' par le nom de votre fichier de données
# Séparation des variables explicatives et de la variable cible
X = data.drop('LGD', axis=1)
y = data['LGD']
# Séparation des données en ensembles d'apprentissage et de test
X_train, X_test, y_train, y_test = train_test_split(X, y, test_size=0.3, random_state=42)
# Construction du modèle de réseau de neurones
model = Sequential()
model.add(Dense(16,input_dim=X_train.shape[1], activation='relu'))
model.add(Dense(8, activation='relu'))
model.add(Dense(1, activation='sigmoid'))
# Compilation du modèle
model.compile(loss='binary_crossentropy', optimizer='adam', metrics=['accuracy'])
```

```
# Entraînement du modèle
model.fit(X_train, y_train, epochs=10, batch_size=32, verbose=1)
# Évaluation du modèle
loss,
```

➢ Modélisation de la LGD en utilisant un réseau de neurones avec la bibliothèque Keras de Python :

```
import pandas as pd
from sklearn.model_selection import train_test_split
from sklearn.preprocessing import StandardScaler
from tensorflow.keras.models import Sequential
from tensorflow.keras.layers import Dense
# Chargement des données
data = pd.read_csv('data.csv')  # Remplacez 'data.csv' par le nom de votre fichier de données
# Séparation des variables explicatives et de la variable cible
X = data.drop('LGD', axis=1)
y = data['LGD']
# Normalisation des variables explicatives
scaler = StandardScaler()
X_scaled = scaler.fit_transform(X)
# Séparation des données en ensembles d'apprentissage et de test
X_train, X_test, y_train, y_test = train_test_split(X_scaled, y, test_size=0.3, random_state=42)
# Construction du modèle de réseau de neurones
model = Sequential()
model.add(Dense(16,input_dim=X_train.shape[1], activation='relu'))
model.add(Dense(8, activation='relu'))
model.add(Dense(1, activation='sigmoid'))
# Compilation du modèle
model.compile(loss='binary_crossentropy', optimizer='adam', metrics=['accuracy'])
# Entraînement du modèle
model.fit(X_train, y_train, epochs=10, batch_size=32, verbose=1)
# Évaluation du modèle
loss, accuracy = model.evaluate(X_test, y_test)
print("Loss:", loss)
print("Accuracy:", accuracy)
# Utilisation du modèle pour les prédictions
```

predictions = model.predict(X_test)

Dans cet exemple, nous supposons que les données sont stockées dans un fichier CSV appelé 'data.csv'. Assurez-vous de remplacer ce nom par le nom réel de votre fichier de données.

Le code charge les données, les divise en variables explicatives (X) et variable cible (y). Ensuite, les variables explicatives sont normalisées à l'aide de la classe StandardScaler de scikit-learn.

Ensuite, le modèle de réseau de neurones est construit en utilisant la classe Sequential de Keras. Nous ajoutons des couches de neurones à l'aide de la classe Dense, en spécifiant le nombre de neurones, la fonction d'activation et les dimensions d'entrée.

Le modèle est compilé en spécifiant la fonction de perte (binary_crossentropy dans cet exemple) et l'optimiseur (adam dans cet exemple).

Ensuite, le modèle est entraîné sur l'ensemble d'apprentissage avec la méthode fit, en spécifiant le nombre d'épochs et la taille des lots (batch size).

Après l'entraînement, le modèle est évalué sur l'ensemble de test avec la méthode evaluate, qui renvoie la perte et l'exactitude du modèle.

Enfin, le modèle est utilisé pour faire des prédictions sur de nouvelles données en utilisant la méthode predict.

Résultat du modèle

Après exécution de ce code :

loss, accuracy = model.evaluate(X_test, y_test)
print("Loss:", loss)
print("Accuracy:", accuracy)

Vous obtenez deux choses :

- loss → la perte (fonction binary_crossentropy), utile pour l'optimisation.
- accuracy → la précision, c'est-à-dire le pourcentage de bonnes prédictions (LGD=0 ou 1) sur l'ensemble test.

Loss: 0.465

Accuracy: 0.823

Cela signifie que votre modèle a prédit correctement la classe LGD (faible ou élevée) dans 82,3 % des cas sur l'ensemble test.

Exemple 2 : Montrer comment le réseau ajuste les poids wi pour apprendre la relation entre les caractéristiques d'un prêt et la LGD observée.

Étapes	Méthodologie Réseau de neurones	Formule
1	Le modèle fait une prédiction	y = w1*x1 + w2*x2 + b
2	On mesure l'erreur	E =1/2*(y - y^)^2
3	On calcule les dérivées	∂E/∂wj=(y^i−yi)*xj
4	On met à jour les poids	wj new=wj old−η·∂wj/∂E
5	On répète jusqu'à convergence	Poids stables = modèle appris

Le surapprentissage (overfitting) se produit quand un modèle apprend trop bien les données d'entraînement, y compris le bruit ou les erreurs spécifiques. Il devient donc excellent sur les données qu'il connaît, mais mauvais sur de nouvelles données. Cela signifie qu'il mémorise au lieu de généraliser. Pour l'éviter :
- Séparer les données en entraînement, validation et test.
- Utiliser la validation croisée pour contrôler la performance.
- Appliquer une régularisation ou un early stopping pour limiter la complexité du modèle.

On peut formuler le surapprentissage par la différence entre l'erreur d'entraînement et l'erreur de généralisation :

Overfitting ⟺ Etest≫Etrain

- E train = erreur sur les données d'apprentissage (faible, car le modèle les a bien apprises).
- E test = erreur sur de nouvelles données (élevée, car le modèle ne généralise pas).

➔ **Hypothèse de départ : un neurone simple** ,On a : y^=w1*x1+w2*x2+b

Où x1 = montant du prêt (en milliers XOF), x2 = durée (en mois), w1et w2 = poids, b = biais, y^ = LGD prédite (entre 0 et 1).

➔ **Données d'apprentissage**

Observations	Montant (x_1)	Durée (x_2)	LGD réelle (y)
Prêt 1	80	36	0,85
Prêt 2	60	24	0,4

➔ **Initialisation des poids :** On commence avec des valeurs **aléatoires** : w1=0.01 ;w2=0.02 ;b=0.1

➔ **Calcul des prédictions :** y^i=w1x1i+w2x2i+b

Pour le prêt 1 : y^1=(0.01×80)+(0.02×36)+0.1=0.8+0.72+0.1=1.62

Pour le prêt 2 : y^2=(0.01×60)+(0.02×24)+0.1=0.6+0.48+0.1=1.18

➔ **Calcul de l'erreur (fonction de coût)**

On mesure la **moyenne des erreurs quadratiques (MSE)** :

E=1/2∑(y^i−yi)^2 = 1/2[(1.62−0.85)^2+(1.18−0.40)^2]=1/2 [(0.77)2+(0.78)2]=0.6005

➔ **Descente de gradient : ajustement des poids**

L'algorithme de descente de gradient est une méthode d'apprentissage automatique qui ajuste les paramètres d'un modèle pour réduire l'erreur entre les prédictions et les valeurs réelles. À chaque étape, il calcule la pente (gradient) de l'erreur et déplace les poids dans la direction opposée à cette pente. Ainsi, le modèle descend peu à peu vers le minimum de l'erreur Il apprend en corrigeant petit à petit ses erreurs pour devenir plus précis.

La descente de gradient est une méthode utilisée pour ajuster les poids d'un modèle afin de réduire l'erreur (E). On calcule la dérivée partielle $\partial E/\partial wj = (\hat{y}_i - y_i)\cdot x_j$, qui indique comment l'erreur varie selon chaque poids. Le signe de cette dérivée montre si le poids doit augmenter ou diminuer. Formules : ∂E/∂wj=(y^i−yi)xj ; wj new=wj old−η·∂wj/∂E où =0.001 (taux d'apprentissage).

➔ **Calcul pour w1**

∂E/∂w1=(1.62−0.85)×80+(1.18−0.40)×60=(0.77×80)+(0.78×60)=6 1.6+46.8=108.4

w1new=0.01−0.001×108.4=0.01−0.1084=−0.0984

➔ **Calcul pour w2**

∂E∂w2=(1.62−0.85)×36+(1.18−0.40)×24=(0.77×36)+(0.78×24)=2 7.72+18.72=46.44

w2new=0.02−0.001×46.44=0.02−0.04644=−0.02644

➔ **Calcul pour le biais b**

∂E/∂b=(1.62−0.85)+(1.18−0.40)=0.77+0.78=1.55

bnew=0.1−0.001×1.55=0.09845

➔ **Nouveaux paramètres**

Paramètre	Ancien	Nouveau
w_1	0.01000	**−0.0984**
w_2	0.02000	**−0.0264**
b	0.10000	**0.0985**

Après cette 1re itération, les poids ont été ajustés pour réduire l'erreur. Le processus se répète plusieurs centaines de fois, jusqu'à ce que les poids convergent.

➔ **Étape 8 — Extension à 4 variables**

Quand on a 4 entrées ($x_1 \ldots x_4$), on applique exactement le même principe, mais avec 4 dérivées partielles : ∂E/∂w1=(y^−y)*x1,∂E/∂w2=(y^−y)*x2,

$\partial E/\partial w3=(\hat{y}-y)*x3, \partial E/\partial w4=(\hat{y}-y)*x4$;et on ajuste :$w_i^{new}=w_i^{old}-\eta\cdot\partial E/\partial w_i$

- Si xi est positif et que y^ est trop grand, le poids wi baisse.
- Si xi est positif et que y^ est trop petit, le poids wi monte.
- Ainsi, à force d'itérations, chaque poids apprend le sens (positif/négatif) et l'intensité de l'effet de la variable sur la LGD.

V.3. La forêt aléatoire pour modéliser la LGD

L'utilisation de la forêt aléatoire pour modéliser la LGD implique les étapes de base suivantes :

➢ Préparation des données : Tout d'abord, préparer vos données en les divisant en ensembles d'apprentissage et de test, en normalisant les variables si nécessaires, et en encodant les variables catégorielles et préparer votre variable cible (LGD) pour l'apprentissage supervisé.

➢ Construction du modèle de forêt aléatoire : importer la classe RandomForestRegressor (pour la régression) ou RandomForestClassifier (pour la classification) de la bibliothèque scikit-learn. Ensuite, définir les hyperparamètres du modèle, tels que le nombre d'estimateurs (arbres), la profondeur maximale des arbres, etc.

➢ Entraînement du modèle : Une fois que vous avez construit le modèle de forêt aléatoire, entraîner sur vos données d'apprentissage en utilisant la méthode fit du modèle.

➢ Évaluation du modèle : Après l'entraînement, évaluer les performances du modèle en utilisant vos données de test. Calculer des métriques telles que l'erreur quadratique moyenne (RMSE) ou le coefficient de détermination (R^2) pour évaluer la qualité des prédictions.

➢ Utilisation du modèle pour les prédictions : Une fois que vous êtes satisfait des performances du modèle, vous pouvez l'utiliser pour faire des prédictions sur de nouvelles données en utilisant la méthode predict du modèle.

Exemple simplifié de modélisation de la LGD avec une forêt aléatoire en utilisant la bibliothèque scikit-learn de python :

```
import pandas as pd
from sklearn.model_selection import train_test_split
from sklearn.ensemble import RandomForestRegressor
```

```
from sklearn.metrics import mean_squared_error
# Chargement des données
data = pd.read_csv('data.csv') # Remplacez 'data.csv' par le nom de votre fichier de données
# Séparation des variables explicatives et de la variable cible
X = data.drop('LGD', axis=1)
y = data['LGD']
# Séparation des données en ensembles d'apprentissage et de test
X_train, X_test, y_train, y_test = train_test_split(X, y, test_size=0.3, random_state=42)
# Construction du modèle de forêt aléatoire
model=RandomForestRegressor(n_estimators=100, max_depth=10, random_state=42)
# Entraînement du modèle
model.fit(X_train, y_train)
# Évaluation du modèle
y_pred = model.predict(X_test)
mse = mean_squared_error(y_test, y_pred)
print("Mean Squared Error:", mse)
# Utilisation du modèle pour les prédictions
new_data = pd.read_csv('new_data.csv') # Remplacez 'new_data.csv' par le nom de votre fichier de nouvelles données
predictions = model.predict(new_data)
```

➢ Vérification le modèle de la LGD qui prédit le mieux entre : l'arbre de décision, forêt aléatoire , réseau de neurones

Pour vérifier quel modèle (arbre de décision, forêt aléatoire ou réseau de neurones) prédit le mieux la LGD, vous pouvez utiliser différentes mesures de performance et techniques d'évaluation :

- Métriques de performance : Vous pouvez comparer les performances des modèles en utilisant des métriques telles que l'erreur quadratique moyenne (RMSE), le coefficient de détermination (R^2), l'erreur absolue moyenne (MAE) ou toute autre métrique appropriée pour la régression. Comparez ces métriques pour chaque modèle et identifiez celui qui obtient les meilleures performances.
- Validation croisée : La validation croisée est une technique qui permet d'évaluer les performances d'un modèle en utilisant différentes partitions de l'ensemble de données. appliquer la validation croisée k-fold sur chaque modèle et comparer les performances moyennes

obtenues pour chaque modèle. Cela permet d'estimer la performance du modèle de manière plus robuste.

- Comparaison des prédictions : comparer les prédictions faites par chaque modèle sur un ensemble de données de test ou de validation. Visualisez les prédictions par rapport aux valeurs réelles et comparez visuellement les écarts entre les prédictions et les valeurs réelles. calculer des métriques d'évaluation spécifiques pour chaque modèle, telles que l'erreur absolue moyenne (MAE) ou l'erreur quadratique moyenne (RMSE), pour mesurer la distance entre les prédictions et les valeurs réelles.

Performances computationnelles : Tenez compte des performances computationnelles des modèles, en particulier si vous avez un grand ensemble de données. Comparez le temps d'entraînement et de prédiction pour chaque modèle, ainsi que les ressources matérielles nécessaires (par exemple, la mémoire ou la puissance de calcul). Comparer les performances de l'arbre de décision, de la forêt aléatoire et du réseau de neurones pour la modélisation de la LGD :

Supposons que vous disposez d'un ensemble de données contenant des informations sur des contrats ayant fait défaut, y compris les caractéristiques de ces contrats (variables explicatives) et la LGD correspondante (variable cible). Vous souhaitez comparer les performances de l'arbre de décision, de la forêt aléatoire et du réseau de neurones pour prédire la LGD

➢ Préparation des données :

- Chargez les données à partir d'un fichier CSV ou d'une source de données appropriée.
- Séparez les variables explicatives (X) de la variable cible (y).
- Divisez les données en ensembles d'apprentissage et de test.

➢ Construction des modèles :

- Importez les classes correspondantes pour chaque modèle. Par exemple, DecisionTreeRegressor pour l'arbre de décision, RandomForestRegressor pour la forêt aléatoire, et MLPRegressor pour le réseau de neurones.

➢ Définissez les hyperparamètres pour chaque modèle, tels que la profondeur maximale de l'arbre pour l'arbre de décision, le nombre d'estimateurs pour la forêt aléatoire, et les couches et neurones pour le réseau de neurones.

- Entraînement des modèles : Appliquez la méthode fit de chaque modèle sur l'ensemble d'apprentissage pour les entraîner.
- Évaluation des modèles :
  - Utilisez les modèles entraînés pour faire des prédictions sur l'ensemble de test à l'aide de la méthode predict.
  - Calculez les métriques de performance telles que l'erreur quadratique moyenne (RMSE) ou le coefficient de détermination (R^2) pour chaque modèle.

```
from sklearn.tree import DecisionTreeRegressor
from sklearn.ensemble import RandomForestRegressor
from sklearn.neural_network import MLPRegressor
from sklearn.metrics import mean_squared_error, r2_score
from sklearn.model_selection import train_test_split
import pandas as pd
# Chargement des données
data = pd.read_csv('data.csv')
# Séparation des variables explicatives et de la variable cible
X = data.drop('LGD', axis=1)
y = data['LGD']
# Séparation des données en ensembles d'apprentissage et de test
X_train, X_test, y_train, y_test = train_test_split(X, y, test_size=0.3,
random_state=42)
# Construction des modèles
decision_tree = DecisionTreeRegressor(max_depth=5,
random_state=42)
random_forest = RandomForestRegressor(n_estimators=100,
max_depth=5, random_state=42)
neural_network = MLPRegressor(hidden_layer_sizes=(50,),
activation='relu', random_state=42)
# Entraînement des modèles
decision_tree.fit(X_train, y_train)
random_forest.fit(X_train, y_train)
neural_network.fit (X_train, y_train)
# Prédictions sur l'ensemble de test
y_pred_dt = decision_tree.predict(X_test)
y_pred_rf = random_forest.predict(X_test)
y_pred_nn = neural_network.predict(X_test)
```

```
# Évaluation des modèles
    test, y_pred_dt, squared=False)
rmse_rf = mean_squared_error(y_test, y_pred_rf, squared=False)
rmse_nn = mean_squared_error(y_test, y_pred_nn, squared=False)
r2_dt = r2_score(y_test, y_pred_dt)
r2_rf = r2_score(y_test, y_pred_rf)
r2_nn = r2_score(y_test, y_pred_nn)
# Affichage des performances
print("Performance de l'arbre de décision:")
print("RMSE:", rmse_dt)
print("R²:", r2_dt)
print()
print("Performance de la forêt aléatoire:")
print("RMSE:", rmse_rf)
print("R²:", r2_rf)
print()
print("Performance du réseau de neurones:")
print("RMSE:", rmse_nn) print("R²:", r2_nn)
```

CHAPITRE IV
CALCUL ET MODÉLISATION DE L'EAD BILAN ET EAD HORS BILAN

I. DÉFINITION ET FORMULATION DU CCF

Le facteur de conversion en équivalent de crédit (CCF) mesure la fraction de l'exposition hors-bilan qui sera convertie en exposition directe entre la date de calcul et la maturité résiduelle. Il est essentiel pour évaluer le risque de crédit lié aux engagements hors bilan.

Le CCF pour un contrat i est donné par la formule suivante :

$$\mathbf{CCF_i = (EAD_i - B_i) / HB_i}$$

Où :

- EAD_i : Montant de l'exposition totale du contrat i au moment du défaut.
- B_i : Montant de l'exposition au bilan du contrat i à la date d'observation.

HB_i : Montant de l'exposition hors bilan du contrat i à la date d'observation.

L'estimation du CCF se déroule en plusieurs étapes :

➢ **Regroupement des Expositions Saines** :

Les expositions saines sont regroupées par lots à la date d'observation, formant ainsi plusieurs générations.

➢ **Identification des Défauts** :

Les défauts survenant dans les 12 mois suivant la date d'observation sont marqués, ce qui correspond à un "défaut bâlois à 12 mois" pour chaque génération.

- **Calcul du CCF pour Chaque Génération** :

Le CCF est calculé pour chaque génération en utilisant la formule susmentionnée.

- **Calcul du CCF Moyen Pondéré** :

Le CCF moyen pondéré des taux de chaque génération est calculé en fonction du montant total hors-bilan de la génération. Cette pondération permet d'ajuster le taux moyen pour tenir compte des effets générationnels.

- **Importance du CCF**

Évaluation du Risque de Crédit : Le CCF est crucial pour l'évaluation du risque de crédit associé aux engagements hors-bilan, permettant aux institutions financières d'estimer les expositions potentielles en cas de défaut.

Gestion des Risques : Une bonne estimation du CCF aide à mieux gérer les risques de liquidité et de crédit, contribuant ainsi à la solidité financière de l'institution.

L'EAD représente l'exposition maximale que la banque pourrait subir au moment du défaut d'un client, c'est-à-dire le montant total de l'engagement risqué en cas de défaillance.

Types de risques de crédit et impact sur le calcul de l'EAD :

Risque de bilan (engagements fermes)

o Correspond aux prêts, avances, crédits documentaires, lettres de crédit, etc.

L'EAD est égal au montant nominal de l'engagement (exposition certaine).

Risque hors-bilan (engagements conditionnels)

o Inclut garanties, lignes de crédit non tirées, contrats dérivés (swaps), etc.

o L'EAD dépend de la probabilité que l'engagement soit effectivement utilisé (tiré

Méthodesimple :

EAD=Montant déjà tiré+ (Montant non tiré × CCF)

- Montant total autorisé : 100 000 XOF
- Montant déjà tiré : 30 000 XOF
- Montant non tiré : 100 000 – 30 000 = 70 000 XOF
- Coefficient de pondération (CCF) : 50 %

EAD=30 000+(70 000×0,50)=30 000+35 000=65 000 XOF , donc l'EAD est de 65 000 XOF.

Situation	Tiré	Non tiré	CCF	EAD
Ligne de 100 000 non tirée	0	100 000	50%	50 000 XOF
Tirage de 30 000 XOF	30K	70 000	50%	65 000 XOF
Tirage de 60 000 XOF	60K	40 000	50%	80 000 XOF
Ligne totalement tirée	100K	0	n/a	100 000 XOF

Code python :

```
def calcul_ead(montant_total_autorise, montant_tire, ccf):
    """ Calcule l'EAD (Exposure At Default)
 Args :
montant_total_autorise (float): le plafond de la ligne de crédit
montant_tire (float): le montant déjà utilisé/tiré par le client
ccf (float): le coefficient de conversion en % (ex: 50 pour 50%)
Returns :
float: le montant de l'exposition au défaut (EAD)
    """
montant_non_tire = montant_total_autorise - montant_tire
ead = montant_tire + (montant_non_tire * (ccf / 100))
    return ead

# Exemple d'utilisation
montant_total = 100_000  # XOF
montant_tire = 30_000    # XOF
ccf = 50                 # %
ead = calcul_ead(montant_total, montant_tire, ccf)
print(f"EAD = {ead:,.0f} XOF")
```

II. CALCUL FACTEUR DE CONVERSION ÉQUIVALENT EN RISQUE CRÉDIT FCEC OU CCF

Le facteur de conversion équivalent en risque crédit (FCEC) est utilisé pour convertir les engagements hors bilan en équivalent en risque crédit. La formule générale pour le calcul du FCEC est : $FCEC = (W \times PD \times LGD) / [(1 - PD) \times (1 - R)]$

où : W est le montant de l'engagement hors bilan ; PD est la probabilité de défaut ; LGD est la perte en cas de défaut ; R est le taux de récupération en cas de défaut.

Le dénominateur de la formule représente la probabilité de ne pas avoir de défaut et la probabilité de récupération, soit la probabilité que l'engagement soit remboursé sans subir de perte en cas de défaut. Le numérateur de la formule représente la perte attendue en cas de défaut.

Démontrer que : $FCEC=W\times PD\times LGD/(1-PD)(1-R)$

On veut transformer un engagement hors bilan W (par exemple une ligne de crédit non encore utilisée) en une exposition équivalente en risque de crédit.

Cette exposition équivalente doit être comparable à une créance classique (en bilan), soumise aux risques habituels (probabilité de défaut et perte en cas de défaut).

Pour cela, on part d'un raisonnement par équivalence de pertes attendues.

Notion de perte attendue (Expected Loss)

Pour un actif classique (prêt accordé, créance), la perte attendue est :

Perte attendue $(EL)=EAD\times PD\times LGD$

- EAD : Exposition au défaut
- PD : Probabilité de défaut
- LGD : Perte en cas de défaut (Loss Given Default)

Pour un engagement hors bilan W, on ne sait pas encore s'il sera utilisé. Donc, l'exposition réelle dépendra du fait que :

- Le client utilise l'engagement (partiellement ou totalement)
- Il fait défaut après l'avoir utilisé

On cherche à exprimer cet engagement conditionnel comme une exposition bilan équivalente (pondérée par un FCEC), c'est-à-dire qu'on veut :

Exposition équivalente=FCEC⇒EL hors bilan=EL en bilan équivalent

On part de l'hypothèse suivante sur la perte attendue d'un engagement hors bilan W (raisonnement par équivalence de pertes attendues) :

ELhors = W·PD·LGD.

Cette formule exprime que la perte attendue sur l'engagement hors bilan est le produit de la probabilité que l'engagement soit utilisé et que l'emprunteur fasse défaut (on regroupe ces probabilités dans PDP) multiplié par la perte moyenne conditionnelle au défaut LGD.

On cherche une exposition bilancielle fictive FCEC telle que la perte attendue sur l'actif bilanciel équivaut.

Soit ELbilan équiv = FCEC·(1−PD)·(1−R).

Interprétation de cette expression : FCEC est l'exposition nominale fictive au bilan ; le facteur (1−PD) représente la part de l'exposition qui ne fait pas défaut (survie) et (1−R) représente la part qui n'est pas récupérée (perte implicite) sur cet actif « survivant » selon la convention choisie. (Nous discutons plus bas de la justification et des implications de cette convention.)

En imposant l'égalité des pertes attendues, W·PD·LGD = FCEC·(1−PD)·(1−R)

on isole FCEC en divisant par (1−PD)(1−R) (supposés non nuls) : FCEC = (W·PD·LGD)/(1−PD) (1−R)

C'est la forme donnée. Quelques remarques d'interprétation et de cohérence :

- **Signification économique** : FCEC est la taille de l'exposition bilancielle fictive qui produit la même perte attendue que l'engagement hors bilan W sous les conventions de calcul données. Le numérateur W·PD·LGD est la perte attendue « brute » de l'engagement hors bilan ; le dénominateur (1−PD)(1−R) est un facteur d'ajustement qui amplifie l'exposition fictive si la probabilité de survie (1−PD) ou le taux de récupération R sont faibles.
- **Lien avec le CCF** : en définissant le *Credit Conversion Factor* comme CCF=FCEC/W , on obtient directement CCF = PD·LGD(1−PD) (1−R)

Ce CCF indique la fraction de W qui doit être comptée en exposition bilancielle pour obtenir la même perte attendue selon les conventions retenues.

- **Consistance avec la convention EL standard** : la forme usuelle de la perte attendue pour un actif bilanciel est ELstandard = EAD·PD·LGD.

Si l'on adopte cette convention (i.e. ELbilan equiv=FCEC·PD·LGD), l'égalité W·PD·LGD=FCEC·PD·LGD donne FCEC=W : l'engagement hors bilan se traduit alors par une EAD égale à W (donc CCF=1). Cette différence montre que la forme choisie pour ELbilan équiv conditionne la valeur de FCEC : votre formulation utilisant (1−PD)(1−R) est une convention alternative (non standard) et doit être justifiée économiquement si on l'utilise

- **Justification (ou critique) de la convention (1−PD) (1−R)** : la multiplication par (1−PD) (survie) puis par (1−R) (part non récupérée d'un actif « qui ne fait pas défaut ») n'est pas la forme usuelle des modèles de perte attendue. Habituellement, la perte attendue s'exprime via et LGD (en particulier LGD=1−R si R est la recovery rate). Elle mesure la fraction de FCEC qui, en moyenne, contribue effectivement à la perte sous la convention retenue.
- **Cas limites (intuition)** :
  - Si PD→0 (risque de défaut négligeable), FCEC≈(W·0·LGD) /(1·(1−R))=0, l'exposition, bilancielle nécessaire tend vers zéro, ce qui est logique : sans risque de défaut il n'y a pas de perte attendue.
  - Si R→1 (récupération complète), le dénominateur (1−R)→0 et FCEC→∞: dans la convention retenue on divise par une quantité tendant vers zéro — ceci illustre que la convention peut produire des valeurs instables si RRR est élevé ; c'est une raison supplémentaire de préférer la convention standard EL=EAD·PD·LGD pour la plupart des usages pratiques.
  - Pour de petites valeurs de PD, on peut approximer 1−PD≈1 et obtenir FCEC≈(W·PD·LGD)/(1−R)).
- **Exemple numérique** : W=1 000, PD=0,05, LGD=0,6 (donc R=0,4).

  FCEC=(1 000×0,05×0,6)/(1−0,05)(1−0,4))≈52,63.

  Le CCF vaut)52,63/1000=5,263%.

La démonstration algébrique est simple et directe ; le point crucial est la **convention** retenue pour la perte attendue de l'actif bilanciel équivalent. Pour la plupart des utilisations (reporting, modèles IFRS/BCBS), soit EL=EAD·PD·LGD et de définir EAD=W×CCF avec un CCF calibré sur l'historique d'utilisation.

FCEC=(W·PD·LGD)/(1−PD)(1−R) est mathématiquement correcte et immédiatement obtenue par isolement.

Le **taux CCF** (Credit Conversion Factor) est un pourcentage qui mesure la part probable d'une ligne de crédit que l'emprunteur va effectivement utiliser en cas de défaut. Il sert à estimer l'exposition au risque de crédit (EAD).

Une autre formule du taux CCF est la suivante :

CCF = 1 - (délai de préavis + délai d'exécution) / durée de la ligne de crédit

- Délai de préavis : temps entre la demande de retrait et la disponibilité des fonds
- Délai d'exécution : temps pour que les fonds soient transférés
- Durée de la ligne de crédit : période pendant laquelle l'emprunteur peut utiliser la ligne

Le CCF convertit les engagements hors bilan (comme les lignes de crédit non utilisées) en montant à risque Un CCF élevé signifie qu'une grande partie de la ligne pourrait être utilisée, donc plus de risque et un besoin de capital plus important. Le taux CCF varie selon la nature du crédit, la qualité de l'emprunteur, les garanties, la durée, etc.

Cependant, le taux CCF peut varier en fonction de divers facteurs, tels que la qualité du crédit de l'emprunteur, la durée de l'engagement, le type de contrat et la nature des garanties associées. Par conséquent, l'interprétation d'un taux CCF élevé doit être faite en tenant compte de ces facteurs et de la situation spécifique de l'engagement en question.

Exemple de calcul du taux CCF

Le calcul du taux CCF dépend du type d'engagement et des facteurs spécifiques qui y sont associés.

Supposons qu'une banque a un engagement hors bilan sous forme d'une lettre de crédit de 100 000XOF pour un client. Cette lettre de crédit est valide pendant 90 jours et est assortie d'une garantie de 10 000XOF.

Pour calculer le taux CCF, la banque va prendre en compte plusieurs facteurs, notamment :

- Le type d'engagement : une lettre de crédit est considérée comme un engagement à court terme et est généralement associée à un risque de crédit relativement faible.
- La durée de l'engagement : la lettre de crédit est valide pendant 90 jours, ce qui est considéré comme une période relativement courte.

- La qualité du crédit de l'emprunteur : la banque va évaluer la solvabilité du client pour déterminer le niveau de risque de crédit associé à l'engagement.

La nature de la garantie : la garantie de 10 000XOF peut réduire le niveau de risque de crédit associé à l'engagement.

En fonction de ces facteurs, la banque peut décider que le taux CCF pour cette lettre de crédit est de 20 %. Cela signifie que la banque doit convertir 20 % de l'engagement hors bilan (soit 20 000XOF) en équivalent de crédit à risque pour déterminer les exigences en capital réglementaire. Dans ce cas, la banque devra donc allouer du capital réglementaire pour couvrir un risque de crédit de 20 000XOF. Le montant exact de ce capital dépendra des exigences de capital réglementaire en vigueur pour la banque.

En fonction de ces facteurs, la banque peut décider que le taux CCF pour cette lettre de crédit est de 20 %. Cela signifie que la banque doit convertir 20 % de l'engagement hors bilan (soit 20 000XOF) en équivalent de crédit à risque pour déterminer les exigences en capital réglementaire. Dans ce cas, la banque devra donc allouer du capital réglementaire pour couvrir un risque de crédit de 20 000XOF. Le montant exact de ce capital dépendra des exigences de capital réglementaire en vigueur pour la banque.

L'Exposition aux pertes potentielles nettes (EAD) est une mesure du montant total d'exposition qu'une banque a vis-à-vis d'un emprunteur ou d'une contrepartie. L'EAD est généralement calculée en agrégeant l'exposition brute sur le bilan et hors-bilan.

La formule générale de l'EAD globale est :

EAD globale = EAD bilan + EAD hors-bilan Où :

EAD bilan représente l'exposition brute sur le bilan de la banque, qui comprend les prêts, les avances, les titres et autres actifs détenus par la banque.

Pour calculer l'EAD hors-bilan, la banque doit prendre en compte l'ensemble des engagements hors-bilan, tels que les garanties, les lettres de crédit, les contrats de change, les produits dérivés, etc. La banque doit également ajuster chaque engagement en fonction de la probabilité de défaut associée à chaque contrepartie.

III. MODÉLISATION DYNAMIQUE DU TAUX CCF

L'encours hors bilan correspond à la différence entre la limite de crédit accordée et l'encours bilan utilisé :

Encours Hors Bilan = Limite - Encours Bilan

Sur une période de référence de 12 mois, la variation de l'encours bilan est calculée comme :

Variation = Encours Bilan_t - Encours Bilan_{t-12}

Le taux de CCF est alors défini par la formule :

CCF = Variation de l'encours bilan / Encours Hors Bilan_{t-12}

Ce taux mesure le pourcentage d'utilisation des engagements hors bilan, en rapportant l'augmentation des encours bilan à l'encours hors bilan disponible à la période précédente. Il permet ainsi de quantifier la matérialisation potentielle des engagements hors bilan en expositions bilan, dans une logique de gestion du risque de crédit.

Partie non utilisée des engagements hors bilan (PNU)

La PNU (Probabilité de Non-Utilisation) désigne la probabilité qu'un engagement hors bilan accordé à une contrepartie ne soit pas utilisé (donc ne devienne pas une exposition comptable ou réelle).

Elle s'applique à la partie non utilisée des lignes de crédit ou garanties accordées, par opposition au CCF qui mesure la part qui sera utilisée.

Exemple :

- Limite de crédit accordée : 100 000 XOF
- Encours utilisé (bilan) : 60 000 XOF
- Encours hors bilan = Limite - Encours utilisé = 40 000 XOF
- Variation d'encours bilan sur 12 mois = 20 000 XOF
- CCF = 20 000 / 40 000 = 0,50 (50%)

PNU = 1 - 0,50 = 0,50 (50%) : Cela signifie que sur les 40 000 XOF hors bilan accordés il y a 50% de probabilité qu'ils ne soient jamais utilisés.

III.1. Taux de tirage moyen des encours

Tm=(EncoursBilan_t-EncoursBilan_t-12)/ EncoursHorsBilan_t-12 : exprime la variation de l'encours bilan sur une période de référence par rapport à l'encours hors bilan de la période précédente.

Cette formule peut être utilisée pour évaluer la dynamique de l'évolution des engagements bilan par rapport aux engagements hors bilan existants. Elle peut aider à comprendre comment les expositions au crédit ont changé par rapport aux limites ou aux engagements hors bilan accordés par une institution financière.

Prenons un exemple pour illustrer le calcul du taux de tirage moyen des encours.

Supposons qu'une institution financière a accordé une limite de crédit de 1 000 000 XOF à une contrepartie sur une période de 3 mois. Au cours de cette période, les encours bilan mensuels étaient les suivants : 400 000 XOF au mois 1, 600 000 XOF au mois 2 et 800 000 XOF au mois 3.

Pour calculer le taux de tirage moyen des encours, nous devons d'abord trouver l'encours bilan moyen. Dans ce cas, nous ajoutons les encours bilan mensuels et les divisons par le nombre de mois :

Encours bilan moyen = (400 000 XOF + 600 000 XOF + 800 000 XOF) / 3 = 600 000 XOF

Maintenant, nous pouvons calculer le taux de tirage moyen des encours en utilisant la formule :

Taux de tirage moyen des encours = (Encours bilan moyen / Limite accordée) * 100 = (600 000 XOF / 1 000 000 XOF) * 100 = 60%

Ainsi, dans cet exemple, le taux de tirage moyen des encours est de 60%. Cela signifie que la contrepartie a utilisé en moyenne 60% de la limite de crédit accordée au cours de la période de 3 mois considérée.

Le calcul du taux de tirage moyen des encours peut être plus complexe en tenant compte de différentes périodes, de variations de limites accordées et d'autres facteurs spécifiques à l'institution financière et à la contrepartie.

Formule : (EncoursBilan_t - EncoursBilan_t-12) / EncoursHorsBilan_t-12 Avec Encours Hors Bilan = Limite - Encours Bilan

Cas pratique :

Supposons qu'une banque accorde une limite de crédit de 500 000XOF à une entreprise cliente. Au cours de l'année précédente, l'encours bilan de cette entreprise était de 200 000XOF au début de l'année (t-12) et de 350 000XOF à la fin de l'année (t). En outre, la limite de crédit n'a pas été modifiée au cours de cette période.

Maintenant, nous allons calculer le taux CCF en utilisant la formule suivante :

Encours Hors Bilan = Limite – Encours

Bilan Encours Hors Bilan_t-12 = Limite - EncoursBilan_t-12 = 500 000XOF - 200 000XOF = 300 000XOF

Variation de l'encours bilan = EncoursBilan_t - EncoursBilan_t-12 = 350 000XOF - 200 000XOF = 150 000XOF

CCF = (Variation de l'encours bilan) / EncoursHorsBilan_t-12 = 150 000XOF / 300 000XOF = 0,5

Le taux CCF dans ce cas est de 0,5, ce qui signifie que la variation de l'encours bilan par rapport à l'encours hors bilan représente 50 % de l'encours hors bilan de l'année précédente. Cela peut indiquer une augmentation significative de l'exposition au risque de crédit de l'entreprise par rapport à sa limite de crédit accordée.

Un exemple concret pour illustrer la modélisation du taux CCF en utilisant l'approche simplifiée basée sur l'encours bilan et l'encours hors bilan :

Supposons qu'une banque accorde une limite de crédit de 1 000 000XOF à une entreprise cliente. Au cours d'une période donnée, l'encours bilan de l'entreprise s'élève à 500 000XOF, tandis que l'encours hors bilan est de 200 000XOF.

Pour calculer le taux CCF, nous utiliserons la formule suivante :

CCF = (Encours bilan + Encours hors bilan) / Encours total

Encours total = Encours bilan + Encours hors bilan Encours total = 500 000XOF + 200 000XOF = 700 000XOF

CCF = (500 000XOF + 200 000XOF) / 700 000XOF , CCF ≈ 0,857

Dans cet exemple, le taux CCF est d'environ 0,857, ce qui équivaut à environ 85,7 %. Cela signifie que la somme des engagements bilan et hors bilan représente environ 85,7 % de l'encours total. Cette mesure permet d'estimer la part des engagements totaux qui est considérée comme à risque en cas de défaut de remboursement.

Explication du taux Ccf des différents :

Risque mineur =10 % (Engagements révocables sans condition),

• Risque faible =20% (Engagements dont l'échéance initiale <1ans ou Lettres de crédit commerciales à court terme),

• Risque moyen =50% (Lettres de crédits documentaires marchandises ou Engagements dont l'échéance initiale > 1ans, les garanties de bonne exécution, les garanties de soumission, les garanties de tiers et les crédits de confirmation)

• Risque élevé = 75% (Facilités d'émission d'effets (FEE) et facilités de prise ferme renouvelables)

• Risque très élevée=100% (lignes de crédit garantissant un prêt, pensions, Engagements d'achat d'actifs à terme, dépôts terme contre terme ; Fraction non versée d'action)

Le taux CCF (Credit Conversion Factor) est une mesure utilisée pour évaluer le niveau de risque associé à différents types d'engagements dans le cadre de la gestion du risque de crédit. Il représente la proportion des engagements qui est prise en compte pour calculer l'exposition au risque de crédit.

Taux CCF en Approche standard :

- Risque mineur = 10% (Engagements révocables sans condition) : Dans ce cas, seulement 10% de la valeur de ces engagements est pris en compte pour le calcul de l'exposition au risque de crédit. Cela indique que le niveau de risque associé à ces engagements est considéré comme relativement faible.
- Risque faible = 20% (Engagements dont l'échéance initiale < 1 an ou lettres de crédit commerciales à court terme) : Pour les engagements de ce type, 20% de leur valeur est utilisée pour calculer l'exposition au risque de crédit. Ce taux CCF plus élevé indique que le risque est légèrement plus élevé que dans le cas du risque mineur.
- Risque moyen = 50% (Lettres de crédits documentaires marchandises, engagements dont l'échéance initiale > 1 an, garanties de bonne exécution, garanties de soumission, garanties de tiers et crédits de confirmation) : Pour ces engagements, 50% de leur valeur est pris en compte pour calculer l'exposition au risque de crédit. Cela suggère un niveau de risque moyen associé à ces types d'engagements.
- Risque élevé = 75% (Facilités d'émission d'effets (FEE) et facilités de prise ferme renouvelables) : Dans ce cas, 75% de la valeur de ces engagements est utilisée pour le calcul de l'exposition au risque de crédit. Un taux CCF plus élevé indique un niveau de risque élevé associé à ces engagements.
- Risque très élevé = 100% (lignes de crédit garantissant un prêt, pensions, engagements d'achat d'actifs à terme, dépôts terme contre terme, fraction non versée d'action) : Pour ces engagements, la totalité de leur valeur est prise en compte pour calculer l'exposition au risque de crédit. Cela indique un niveau de risque très élevé associé à ces types d'engagements.

Ces taux CCF sont utilisés pour ajuster les montants des engagements afin de refléter leur niveau de risque respectif lors du calcul du capital réglementaire requis par les institutions financières ou pour évaluer le niveau global d'exposition au risque de crédit d'un portefeuille.

- Engagement révocable sans condition est de taux Ccf 0%

L'engagement révocable sans condition est associé à un taux CCF de 0% car il est considéré comme un engagement très peu risqué du point de vue du risque de crédit. Lorsqu'un engagement est qualifié de révocable sans condition, cela signifie que la banque ou le prêteur a la possibilité de le révoquer à tout moment sans aucune restriction ou condition préalable.

Dans ce contexte, le taux CCF de 0% indique que la totalité de l'engagement n'est pas prise en compte pour calculer l'exposition au risque de crédit. En d'autres termes, il est considéré comme ayant un risque nul, car il peut être annulé sans aucune conséquence négative.

- Engagements dont l'échéance initiale < 1 an ou lettres de crédit commerciales à court terme est de taux Ccf 20%

Les engagements dont l'échéance initiale est inférieure à 1 an ou les lettres de crédit commerciales à court terme sont associés à un taux CCF de 20% en raison de leur profil de risque légèrement plus élevé par rapport aux engagements révocables sans condition.

Les engagements à court terme ont une durée de remboursement plus courte, ce qui signifie que le risque de crédit associé à ces engagements est généralement considéré comme relativement faible par rapport aux engagements à plus long terme.

Le taux CCF de 20% indique que 20% de la valeur de ces engagements est pris en compte pour calculer l'exposition au risque de crédit. Cela signifie que la banque ou le prêteur tient compte d'une partie de ces engagements dans son évaluation du risque de crédit, en reconnaissant qu'il existe un risque potentiel associé à leur remboursement.

En appliquant un taux CCF de 20% à ces engagements à court terme, les institutions financières prennent en compte le profil de risque relativement plus élevé par rapport aux engagements révocables sans condition, tout en reconnaissant qu'ils ont toujours un niveau de risque inférieur par rapport à des engagements à plus long terme.

Supposons que vous êtes autorisé à tirer un crédit de 1000 MXOF dont vous avez déjà reçu 200 MXOF de votre banque le mois dernier. Autrement dit, vous pouvez toujours obtenir 800 MXOF dans le mois en cours. Si vous obtenez aujourd'hui un autre crédit de 500 XOF, le CCF est de 500 MXOF divisé par 800 MXOF, ce qui donne 62,5% Expliquer de façon détaillé cet exemple , qui représente le calcul du taux Ccf

Dans cet exemple, vous avez une autorisation de crédit de 1000 MXOF, dont vous avez déjà utilisé 200 MXOF le mois dernier. Cela signifie que vous avez encore la possibilité de tirer 800 MXOF supplémentaires ce mois-ci.

Maintenant, supposons que vous décidez d'utiliser une partie de cette autorisation de crédit en obtenant un autre crédit de 500 MXOF. Pour calculer le taux CCF dans cette situation, nous divisons le montant du nouveau crédit par l'encours disponible.

Montant du nouveau crédit : 500 MXOF Encours disponible : 800 MXOF

CCF = Montant du nouveau crédit / Encours disponible CCF = 500 XOF / 800 XOF CCF ≈ 0,625 ou 62,5%

Ainsi, le taux CCF dans ce cas est d'environ 62,5%. Cela signifie que le montant du nouveau crédit de 500 XOF représente environ 62,5% de l'encours disponible de 800 XOF. Ce taux CCF reflète la proportion du montant du crédit par rapport à l'encours total disponible.

Ce calcul du taux CCF est spécifique à votre situation individuelle et à votre autorisation de crédit. Le taux CCF peut varier en fonction des politiques de la banque et des caractéristiques spécifiques de votre accord de crédit.

III.2. Modélisation de la probabilité que le Hors bilan se transforme en bilan ou soit utilisé à un horizon d'un an

La modélisation de la probabilité que le hors bilan se transforme en bilan ou soit utilisé à un horizon d'un an dépendra de nombreux facteurs spécifiques à chaque situation. Cependant, je peux vous fournir une approche générale pour modéliser cette probabilité.

Analyse historique : Une approche consiste à analyser les données historiques pour déterminer la fréquence à laquelle les engagements hors bilan ont été convertis en bilan ou utilisés dans un délai d'un an. Vous pouvez examiner les données passées pour comprendre les tendances et les comportements associés à la conversion du hors bilan en bilan ou à son utilisation.

- Facteurs économiques : Les conditions économiques générales peuvent également influencer la probabilité de conversion du hors bilan en bilan ou son utilisation à court terme. Des facteurs tels que la croissance économique, la stabilité financière, les politiques monétaires, et d'autres variables macroéconomiques peuvent être pris en compte dans la modélisation.

- Analyse sectorielle : La probabilité de conversion du hors bilan en bilan ou son utilisation peut varier selon les secteurs d'activité. Certains secteurs peuvent avoir une plus grande propension à convertir des engagements hors bilan en bilan ou à les utiliser à court terme en raison de leurs caractéristiques spécifiques.
- Évaluation des risques spécifiques : évaluer les risques spécifiques associés aux engagements hors bilan pour déterminer leur probabilité de conversion en bilan ou leur utilisation à court terme. Cela peut inclure l'évaluation des risques de contrepartie, des risques de marché, des risques opérationnels et d'autres facteurs pertinents.

Modèles statistiques ou probabilistes : Vous pouvez utiliser des modèles statistiques ou probabilistes pour modéliser la probabilité de conversion du hors bilan en bilan ou son utilisation à court terme. Ces modèles peuvent être basés sur des données historiques, des facteurs économiques, des variables sectorielles et d'autres variables pertinentes pour estimer la probabilité de ces événements.

→ Calcul et explication de la probabilité de conversion du hors bilan en bilan ou Ccf

Le calcul de la probabilité de conversion du hors bilan en bilan, également connue sous le nom de probabilité de conversion CCF (Credit Conversion Factor), peut être effectué en utilisant des approches statistiques ou basées sur des données historiques.

- Formule mathématique de la probabilité de conversion du hors bilan en bilan ou Ccf

La probabilité de conversion du hors bilan en bilan, également connue sous le nom de probabilité de conversion CCF (Credit Conversion Factor), n'est pas calculée à l'aide d'une formule mathématique spécifique et standardisée. Elle dépend de plusieurs facteurs spécifiques à chaque situation, tels que les données disponibles, les caractéristiques des engagements hors bilan, les politiques internes de l'institution financière, les conditions économiques, etc.

Cependant, pour une approche simplifiée, vous pouvez utiliser une formule mathématique générale qui prend en compte certains facteurs influençant la probabilité de conversion.

Probabilité de conversion = (Nombre d'engagements convertis en bilan) / (Nombre total d'engagements hors bilan)

Cette formule suppose que vous avez des données historiques sur le nombre d'engagements hors bilan qui se sont effectivement convertis en bilan et que vous disposez également du nombre total d'engagements hors bilan. En divisant le nombre d'engagements convertis en bilan par le nombre total d'engagements hors bilan, vous obtenez une estimation de la probabilité de conversion.

Prenons un exemple pour illustrer le calcul simplifié de la probabilité de conversion du hors bilan en bilan

Supposons que vous disposez de données historiques sur les engagements hors bilan dans une institution financière pour les trois dernières années. Sur ces trois années, vous avez identifié que 20 engagements hors bilan ont été convertis en bilan.

Le nombre total d'engagements hors bilan pendant cette période s'élève à 100.

En utilisant la formule :

Probabilité de conversion = (Nombre d'engagements convertis en bilan) / (Nombre total d'engagements hors bilan)

Probabilité de conversion = 20 / 100 = 0,2 (soit 20%)

Dans cet exemple simplifié, la probabilité de conversion du hors bilan en bilan est de 20%.

Dans une modélisation plus précise, vous devriez prendre en compte d'autres variables telles que les caractéristiques des engagements, les politiques de l'institution financière, les conditions économiques, etc. Cette approche simplifiée vise à illustrer le concept de base du calcul de la probabilité de conversion du hors bilan en bilan.

Comment faire la classification en fonction de type d'engagement et calculer la probabilité de conversion du hors bilan en bilan

Pour faire la classification en fonction du type d'engagement et calculer la probabilité de conversion du hors bilan en bilan, les étapes à suivre :

- **Collecte des données** : Rassembler les données sur les engagements hors bilan (type, montant, durée, etc.) et les historiques de conversion passées.
- **Classification** : Regrouper les engagements par type (ex : engagements révocables, lettres de crédit, garanties, facilités de crédit).
- **Analyse historique** : Identifier pour chaque catégorie combien d'engagements se sont réellement convertis en bilan.
- **Calcul des probabilités** : Pour chaque catégorie, calculer la probabilité de conversion = (nombre convertis) / (nombre total).
- **Pondération** (optionnelle) : Appliquer des poids selon l'importance ou le risque de chaque catégorie.
- **Agrégation** : Calculer la probabilité globale de conversion du hors bilan en bilan, souvent par moyenne pondérée des probabilités par catégorie.

Tableau pour illustrer la classification des engagements en fonction du type et le calcul de la probabilité de conversion du hors bilan en bilan pour chaque catégorie :

Catégorie d'engagement	**Nombre total d'engagements**	**Nombre d'engagements convertis en bilan**	**Probabilité de conversion**
Engagements révocables	50	10	20%
Lettres de crédit	100	30	30%
Garanties	80	15	18.75%
Facilités de crédit	70	20	28.57%
Autres types d'engagement	60	10	16.67%
Total	360	85	23.61%

Dans cet exemple, nous avons cinq catégories d'engagement : engagements révocables, lettres de crédit, garanties, facilités de crédit et autres types d'engagement. Pour chaque catégorie, nous avons indiqué le nombre total d'engagements, le nombre d'engagements convertis en bilan et calculé la probabilité de conversion en divisant le nombre d'engagements convertis par le nombre total d'engagements.

La dernière ligne du tableau indique les totaux, où le nombre total d'engagements est de 360 et le nombre total d'engagements convertis en bilan est de 85. La probabilité de conversion globale du hors bilan en bilan est calculée en divisant le nombre total d'engagements convertis par le nombre total d'engagements, soit 85/360 = 23.61%.

Ce tableau permet d'illustrer la répartition des engagements par catégorie, les conversions en bilan pour chaque catégorie et la probabilité de conversion spécifique à chaque catégorie.

Dans cette version mise à jour, j'ai ajouté une colonne intitulée "Poids de la catégorie". Les poids représentent l'importance relative de chaque catégorie d'engagement dans le calcul de la probabilité de conversion globale.

Catégorie d'engagement	**Nombre total d'engagements**	**Nombre d'engagements convertis en bilan**	**Probabilité de conversion**	**Poids de la catégorie**
Engagements révocables	50	10	20%	0.2
Lettres de crédit	100	30	30%	0.3
Garanties	80	15	18.75%	0.15
Facilités de crédit	70	20	28.57%	0.25
Autres types d'engagement	60	10	16.67%	0.1
Total	360	85	23.61%	1.0

Par exemple, si vous estimez que les lettres de crédit ont une plus grande influence sur la probabilité de conversion, vous pouvez attribuer un poids de 0.3 à cette catégorie, tandis que les engagements révocables peuvent avoir un poids de 0.2. Les poids doivent être déterminés en fonction de votre évaluation des risques et de l'importance relative de chaque catégorie.

La probabilité de conversion globale est ensuite calculée en prenant une moyenne pondérée des probabilités de conversion pour chaque catégorie, en utilisant les poids attribués. Par exemple, si vous avez attribué des poids de 0.2, 0.3, 0.15, 0.25 et 0.1 respectivement aux catégories d'engagement, vous pouvez calculer la probabilité de conversion globale en effectuant la somme pondérée des probabilités de conversion, soit :

Probabilité de conversion globale = (0.2 * 20%) + (0.3 * 30%) + (0.15 * 18.75%) + (0.25 * 28.57%) + (0.1 * 16.67%)

Comment estime ou calcule le poids des catégories ?

L'estimation ou le calcul des poids des catégories d'engagement dépend de plusieurs facteurs, tels que la nature des engagements, l'importance relative de chaque catégorie dans le contexte spécifique de votre institution financière, les politiques internes et les évaluations de risque.

→ Relation mathématique entre le taux Ccf et le taux de tirage moyens de ligne de crédit

La relation mathématique entre le taux CCF (Credit Conversion Factor) et le taux de tirage moyen de ligne de crédit dépend de la modélisation spécifique utilisée. Cependant, une approche courante consiste à exprimer le CCF en fonction du taux de tirage moyen (utilisation moyenne) de la ligne de crédit.

- Une relation mathématique générale qui peut être utilisée :

CCF = 1 - (1 - taux de tirage moyen)

Dans cette relation, le taux de tirage moyen est exprimé sous forme décimale, par exemple 0,75 pour un taux de tirage moyen de 75%.

Cette relation suggère que le CCF est égal à 1 moins la probabilité de ne pas tirer sur la ligne de crédit. En d'autres termes, le CCF représente la probabilité de conversion du hors bilan en bilan, tandis que le taux de tirage moyen représente la probabilité d'utilisation moyenne de la ligne de crédit. Cette relation est une simplification générale et qu'il peut exister d'autres modélisations spécifiques qui prennent en compte des facteurs supplémentaires tels que les catégories d'engagement, les périodes de conversion.

- **Démonstration explicative CCF = 1 - (1 - taux de tirage moyen)**

Supposons que le taux de tirage moyen soit représenté par "p", c'est-à-dire la probabilité d'utiliser la ligne de crédit à un moment donné. Par conséquent, la probabilité de ne pas utiliser la ligne de crédit est donnée par (1 - p).

Maintenant, considérons le scénario où le CCF représente la probabilité de conversion du hors bilan en bilan. En d'autres termes, le CCF représente la probabilité qu'une partie du hors bilan soit utilisée et se transforme en bilan.

La probabilité de conversion du hors bilan en bilan est égale à la probabilité d'utilisation de la ligne de crédit, c'est-à-dire "p". Par conséquent, la probabilité que cela ne se produise pas est donnée par (1 - p).

Maintenant, si nous voulons exprimer le CCF en fonction du taux de tirage moyen, nous pouvons dire que le CCF est égal à 1 moins la probabilité que le tirage moyen ne se produise pas. Cela peut être exprimé comme suit :

CCF = 1 - (1 - p)

En simplifiant cette expression, nous obtenons la relation finale : CCF = p

Cette relation mathématique montre que le CCF est égal au taux de tirage moyen de la ligne de crédit. Cela signifie que le CCF représente la probabilité de conversion du horsbilan en bilan, qui est équivalente au taux de tirage moyen de la ligne de crédit, c'est-à-dire la probabilité d'utilisation moyenne de la ligne de crédit.

Soit une ligne de crédit de montant nominal L, qui figure hors-bilan tant qu'elle n'est pas utilisée.

On note :

- $p \in [0,1]$: la probabilité moyenne d'utilisation (ou taux de tirage moyen) de cette ligne par le client avant l'échéance ;
- $CCF \in [0,1]$: le crédit conversion factor, c'est-à-dire la fraction attendue du montant hors-bilan qui sera convertie en bilan.

Soit $U \in \{0,1\}$ la variable aléatoire indicatrice de l'utilisation de la ligne :

U={1 si le client tire effectivement sur la ligne (utilisation) ; 0 sinon

Alors , $P(U=1)=p$ et $P(U=0)=1-p$

Par définition, le montant converti en bilan est une espérance conditionnelle sur la base du tirage :

$E[\text{Montant converti}]=E[U \cdot L]=L \cdot E[U]=L \cdot p$

On pose :$CCF=E[\text{Montant converti}]/L=L \cdot p/L=p$

➢ **Prenons un cas pratique pour illustrer la relation entre le CCF et le taux de tirage moyen.**

Supposons que vous ayez une ligne de crédit d'un montant total de 10 000 XOF. Sur cette ligne de crédit, vous avez un taux de tirage moyen de 60%, ce qui signifie que vous utilisez en moyenne 60% de votre ligne de crédit.

Maintenant, nous voulons déterminer le CCF, c'est-à-dire la probabilité que le hors bilan se convertisse en bilan. Selon la relation CCF = 1 - (1 - taux de tirage moyen), nous pouvons calculer le CCF comme suit :

CCF = 1 - (1 - 0.60) = 0.60

Donc, dans ce cas, le CCF est de 0.60, ce qui signifie qu'il y a une probabilité de 60% que le hors bilan se convertisse en bilan.

Cela peut être interprété de la manière suivante : sur la ligne de crédit de 10 000 XOF, vous utilisez en moyenne 6 000 XOF (60% de 10 000 XOF) et 4 000 XOF (40% de 10 000 XOF) restent non utilisés. Ainsi, il y a une probabilité de 60% que ces 4 000 XOF non utilisés soient convertis en bilan, c'est-à-dire utilisés à un moment donné.

Cet exemple est simplifié pour illustrer la relation entre le CCF et le taux de tirage moyen. Dans des situations réelles, d'autres facteurs tels que les catégories d'engagement, les risques associés, les politiques internes et les données historiques peuvent être pris en compte pour calculer le CCF de manière plus précise.

Prenons un cas pratique pour illustrer la relation entre le CCF et le taux de tirage moyen. Mais le taux de tirage moyen est à déterminer.

Supposons une entreprise qui a une ligne de crédit accordée par une banque d'un montant total de 1 000 000 XOF. Cette ligne de crédit vous permet de financer vos activités commerciales et d'avoir une certaine flexibilité financière.

Au cours de l'année précédente, vous avez utilisé votre ligne de crédit à plusieurs reprises pour répondre à vos besoins de trésorerie.

Vous avez effectué des tirages à différents moments, puis remboursé une partie du montant emprunté. Un aperçu de vos tirages mensuels pour l'année précédente :

Mois	**Montant tiré (XOF)**
Janvier	200 000
Février	150 000
Mars	300 000
Avril	0
Mai	100 000
Juin	250 000
Total	**1 000 000**

Maintenant, nous allons calculer le taux de tirage moyen de votre ligne de crédit. Pour ce faire, nous additionnons les montants des tirages mensuels et divisons par le nombre de mois où il y a eu des tirages :

Taux de tirage moyen = (200 000 + 150 000 + 300 000 + 100 000 + 250 000) / 5 = 200 000 XOF

Ainsi, le taux de tirage moyen de votre ligne de crédit est de 200 000 XOF. Cela signifie que, en moyenne, vous avez utilisé 200 000 XOF de votre ligne de crédit chaque mois au cours de l'année précédente.

Maintenant, nous allons utiliser la relation CCF = 1 - (1 - taux de tirage moyen) pour calculer le CCF correspondant à ce taux de tirage moyen.

CCF = 1 - (1 - 200 000 / 1 000 000) = 1 - (1 - 0.2) = 0.2

Ainsi, dans ce cas, le CCF est de 0.2, ce qui signifie qu'il y a une probabilité de 20% que le hors bilan se convertisse en bilan. Autrement dit, il y a une probabilité de 20% que vous utilisiez une partie du montant disponible de votre ligne de crédit.

Ce cas pratique illustre comment déterminer le taux de tirage moyen d'une ligne de crédit en se basant sur les tirages mensuels, puis comment calculer le CCF correspondant en utilisant la relation CCF = 1 - (1 - taux de tirage moyen). Cela montre également l'importance de surveiller et de calculer régulièrement le taux de tirage moyen pour évaluer le risque de conversion du hors bilan en bilan.

Le Crédit Conversion Factor (CCF) mesure la fraction du hors bilan à un instant initial qui s'est effectivement convertie en bilan sur une période donnée (généralement 12 mois) : Taux Ccf = (EncoursBilan_t - EncoursBilan_t-12) / EncoursHorsBilan_t-12

Soit :

- EBt : l'encours bilan au temps t,
- EBt−12 : l'encours bilan 12 mois plus tôt,
- EHBt−12 : l'encours hors-bilan au temps t−12,
- ΔEB=EBt−EBt−12: variation de l'encours bilan sur 12 mois.

On suppose que la variation ΔEB provient exclusivement de la conversion de lignes de crédit hors bilan présentes à t−12.

On pose donc : CCF=Montant converti du hors-bilan/Montant initial hors-bilan

Sous l'hypothèse que tout l'accroissement du bilan provient de la conversion du hors bilan : Montant converti=EBt−EBt−12=ΔEB ; D'où :CCF=ΔEB/EHBt−12 ;

Ce taux donne la part du hors bilan existant à l'instant t−12 qui s'est effectivement transformée en exposition bilantielle après 12 mois.

Pour mieux comprendre cette formule, examinons chaque terme :

- EncoursBilan_t : Il s'agit du montant total des engagements bilanciels à un moment donné, représentant les ressources financières de l'entreprise. Cela inclut les prêts, les dettes, les lignes de crédit utilisées, etc.
- EncoursBilan_t-12 : C'est le montant total des engagements bilanciels à un moment donné, mais il y a 12 mois (un an) de différence

par rapport à l'encours bilanciel actuel (EncoursBilan_t). Cela permet de comparer l'évolution des engagements bilanciels sur une période d'un an.

- EncoursHorsBilan_t-12 : Il s'agit du montant total des engagements hors bilan à un moment donné, mais il y a 12 mois de différence par rapport à l'encours hors-bilan actuel (Encours HorsBilan_t). Les engagements hors bilan incluent des éléments tels que les lignes de crédit non utilisées, les garanties, les lettres de crédit non utilisées, etc. Ils représentent les engagements potentiels de l'entreprise qui pourraient être convertis en engagements bilanciels.

➢ **Comment interpréter cette formule :**

Le Taux CCF est une mesure de la probabilité de conversion du hors bilan en bilan. Si le Taux CCF est proche de zéro, cela indique une faible probabilité de conversion, ce qui signifie que les engagements hors bilan ne sont probablement pas utilisés et ne se transforment pas en engagements bilanciels. En revanche, si le Taux CCF est proche de 1 (ou 100%), cela indique une forte probabilité de conversion, ce qui signifie que les engagements hors bilan sont très susceptibles d'être utilisés et devenir des engagements bilanciels.

En résumé, la formule du Taux CCF permet d'évaluer la probabilité de conversion des engagements hors bilan en engagements bilanciels. Plus le Taux CCF est élevé, plus il est probable que les engagements hors bilan se transforment en engagements bilanciels.

IV. IMPACT DU RWA SUR LES FONDS PROPRES

Pour démontrer l'impact du RWA sur les fonds propres d'une banque, nous allons utiliser un exemple simplifié du bilan bancaire. Supposons que le bilan.x

Actif	Montant (XOF)	Passif	Montant (XOF)
Prêts	10 000 000	Dépôts	12 000 000
Investissements	5 000 000	Dettes	5 000 000
Autres actifs	2 000 000	Fonds propres (CP)	500 000
Total actif	**17 000 000**	**Total passif**	**17 000 000**

Calcul du besoin en fonds propres réglementaires

RWA=12 000 000 ;

Ratio de fonds propres requis=11,5%⇒Fonds propres minimaux=12 0 00 000×11,5%= 138 000 XOF

Fonds propres actuels = 500 000 XOF < 138 000 XOF, La banque **est sous-capitalisée** et doit renforcer ses fonds propres. Elle doit donc augmenter ses fonds propres de 362 000 XOF pour se conformer aux exigences réglementaires.

Renforcement des fonds propres	Description	Impact sur les fonds propres
1. Augmentation de capital	Émission d'actions ordinaires ou augmentation réservée aux actionnaires	Augmentation directe des fonds propres (Core Tier 1)
2. Capitalisation des bénéfices	Réinvestir les bénéfices au lieu de distribuer des dividendes	Hausse progressive des fonds propres (réserves)
3. Émission d'instruments hybrides ou subordonnés	Instruments éligibles Tier 1 additionnel ou Tier 2	Renforcement des fonds propres réglementaires
4. Réduction des RWA	Réduire l'exposition aux actifs risqués ou céder des actifs à forte pondération	Réduction du besoin en fonds propres (effet indirect)
5. Soutien externe (État ou institution financière)	Recapitalisation par un actionnaire public ou institutionnel	Apport direct ou indirect de fonds propres
6. Amélioration de la qualité des autres actifs	Recouvrement des créances douteuses ou restructuration Poursuivre l'apurement des suspens comptables pour réduire l'exposition sur les débiteurs divers.	Réduction des provisions et amélioration des ratios

VI.1. Effet d'une perte sur les Fonds Propres via le bilan bancaire

Formule de base du bilan bancaire :C+E+V= D+CP avec,

- C = Caisse
- E = Encours crédits
- V = Valeurs immobilisées
- D = Dépôts
- CP = Capitaux propres

Si une perte P est constatée :C+E+V−P=D+CP-P

⇒Perte P réduit directement CP

Fonds propres après perte=FP0−P ; Cette relation directe montre qu'une perte (ex. provision ou défaut client) diminue mécaniquement les fonds propres.

Rappel de la formule du bilan :C+E+V=D+CP⇒Actif total=Passif total

Dette totale = Actif total – Fonds propres :

Dette (endettement)=(C+E+V) −CP

Ratio dette / fonds propres :D/CP=(C+E+V)−CP/CP= [(C+E+V) /CP] −1

Cas	Interprétation
D/CP >1	La banque est très endettée : chaque gain ou perte sur l'actif est amplifié sur les CP
DCP <1	La banque est modérément endettée, donc moins sensible aux chocs
D/CP→∞	Risque élevé d'insolvabilité si une perte survient

➢ Considérons le bilan bancaire simplifié, qui se compose des éléments suivants :

Actifs :	Passifs :
Réserves de liquidités	Dépôts interbancaires
Prêts accordés clientèle	Dépôts clientèle
Autres actifs	Autres Passifs
Investissements	Capitaux propres

Pour démontrer mathématiquement que la norme de ratio de levier bâlois de 3% équivaut à limiter les actifs totaux d'une banque à 33 fois ses capitaux propres et ses dépôts,

Soit A le total des actifs bancaires, CP le total des capitaux propres et D le total des dépôts bancaires.

Le ratio de levier bâlois est défini comme suit :

Ratio de levier bâlois = A / (CP + D)

Pour exprimer ce ratio en pourcentage, nous multiplions le résultat par 100 :

Ratio de levier bâlois en pourcentage = (A / (CP + D)) * 100

Maintenant, si nous supposons que la norme de ratio de levier bâlois est de 3%, cela signifie que le ratio de levier bâlois doit être inférieur ou égal à 3%.

Mathématiquement, cela peut être écrit comme suit :

(A / (CP + D)) * 100 ≤ 3

Pour déterminer la limite des actifs totaux par rapport aux capitaux propres et aux dépôts, nous réarrangeons l'équation :

A ≤ 0.03 * (CP + D)

Pour simplifier davantage, nous pouvons diviser l'ensemble de l'inégalité par CP + D :

$A / (CP + D) \leq 0.03$

En utilisant les propriétés de l'inégalité, nous pouvons multiplier les deux côtés de l'inégalité par CP + D :

$A \leq 0.03 * (CP + D)$

$A \leq 0.03 * (CP + D)$

Si nous simplifions 0.03, nous obtenons :

$A \leq 0.03 * CP + 0.03 * D$

Maintenant, si nous remplaçons 0.03 par 1/33, nous obtenons :

$A \leq (1/33) * CP + (1/33) * D$

En réarrangeant l'expression, nous obtenons :

$33 * A \leq CP + D$

Ainsi, nous avons démontré mathématiquement que si le total des actifs bancaires est inférieur ou égal à 3% du total des capitaux propres et des dépôts, alors le ratio de levier bâlois est conforme à la norme de 3%.

En d'autres termes, cette démonstration montre que pour respecter la norme de 3% du ratio de levier bâlois, les actifs totaux d'une banque doivent être limités à 33 fois ses capitaux propres et ses dépôts

VI.2 .Cas particulier du Risk weight Asset (RWA) en Approche standard selon dispositif prudentiel BCEAO

RWA = (Encours bilan - Provisions) + (Encours hors bilan * Taux Ccf) - Atténuation du risque) * Pondération du client/ Garant

$RWA=[(Ebilan-Prov) +(Ehors\text{-}bilan\times CCF) -GAR] \times RW$

Symboles	Signification
Ebilan	Encours comptabilisé au bilan (exposition brute)
Prov	Provisions constituées sur cette exposition
E hors-bilan	Engagements hors-bilan (ex. : lignes de crédit non utilisées)
CCF	Crédit Conversion Factor (taux de transformation en bilan)
GAR	Atténuation du risque (valeur de la garantie éligible)
RW	Pondération de risque applicable (Risk Weight)

- Exposition ajustée brute On commence par évaluer l'exposition totale brute avant pondération :

Encours bilan net : $Ebilan, net=Ebilan-Prov$

- Encours hors-bilan converti : $Ehors\text{-}bilan\ net=Ehors\text{-}bilan \times CCF$

On convertit les engagements hors-bilan en une exposition équivalente au bilan, selon les règles prudentielles (Bâle II/III, applicable dans l'UEMOA).

- Exposition totale brute avant atténuation :Etotal brut=Ebilan, net+Ehors-bilan, net=(Ebilan−Prov)+(Ehors-bilan×CCF)
- Déduction de l'atténuation du risque : Les garanties éligibles (cash, nantissement, garanties souveraines…) sont soustraites de l'exposition :Eexpo net= Etotal brut−GAR
- Application de la pondération du risque : On applique maintenant la pondération de risque (Risk Weight - RW), qui dépend du type de contrepartie (entreprise, banque, État…) et/ou du garant : RWA=Expo net×RW

Donc,RWA=[(Ebilan−Prov)+(Ehors-bilan×CCF)−GAR]×RW

Exemple ;

- Encours bilan : Supposons que l'encours bilan d'une institution financière soit de 1 000 000 XOF.
- Provision : La provision est une estimation de la perte attendue sur les engagements bilanciels. Supposons que la provision soit de 100 000 XOF.
- Encours hors bilan : Supposons que l'encours hors bilan de l'institution financière soit de 500 000 XOF.
- Taux Ccf : Supposons que le taux Ccf soit de 0,75 (soit 75%). Cela signifie que 75% de l'encours hors bilan est considéré comme potentiellement convertible en engagements bilanciels.
- Atténuation du risque : Supposons qu'il y ait une atténuation du risque de 50 000 XOF.
- Pondération du client/garant : Supposons qu'un coefficient de pondération de 0,8 soit appliqué au client/garant concerné.

Maintenant, nous pouvons substituer ces valeurs dans la formule :

RWA = (1 000 000 - 100 000) + ((500 000 * 0,75) - 50 000) * 0,8

Simplifions cette formule : RWA = 900 000 + (375 000 - 50 000) * 0,8 RWA = 900 000 + 325 000 * 0,8 RWA = 900 000 + 260 000 RWA = 1 160 000

Le résultat du calcul est de 1 160 000 XOF. Cela signifie que les actifs pondérés en fonction du risque (RWA) pour cette institution financière s'élèvent à 1 160 000 XOF. Les RWA (Risk-Weighted Assets) de 1 160 000 XOF représentent la mesure du risque total pris par l'institution financière après pondération de ses expositions (crédits, engagements hors bilan, etc.) selon leur niveau de risque.

Les RWA (actifs pondérés en fonction du risque) représentent la quantité de fond propres que les institutions financières doivent détenir pour couvrir les risques associés à leurs engagements.

Critère	RWA Élevé	RWA Faible
Niveau de risque des actifs	Élevé (contreparties risquées, garanties faibles)	Faible (contreparties solides, garanties fortes)
Exigence en fonds propres	Forte (plus de capital réglementaire requis)	Faible (moins de capital requis)
Impact sur le ratio de solvabilité	Négatif (si fonds propres constants)	Positif (meilleur ratio à capital constant)
Flexibilité financière	Réduite (moins de marge pour prêter ou investir)	Accrue (plus de capacité à se développer)
Rentabilité des fonds propres	Amoindrie (effet de dilution possible)	Améliorée (effet de levier plus efficace)
Perception par les régulateurs	Moins favorable (profil de risque plus élevé)	Plus favorable (gestion prudente du risque)
Capacité d'expansion	Limitée	Renforcée

CHAPITRE V
EFFETS DE LA NORME IFRS9 SUR LA GOUVERNANCE DU RISQUE ET LES COMITES CRÉDIT

L'adoption d'IFRS 9 et l'intégration des paramètres bâlois dans la modélisation du risque de crédit entraînent une transformation profonde des mécanismes de gouvernance bancaire dans les économies de l'UMOA. En Côte d'Ivoire, les directions générales et les comités exécutifs doivent désormais intégrer une approche prospective et probabiliste du risque de crédit, en rupture avec les pratiques historiques fondées sur une vision principalement comptable et statique du risque.

I. RENFORCEMENT DU RÔLE STRATÉGIQUE DU DÉPARTEMENT RISQUE (RISK MANAGEMENT)

Traditionnellement, la Direction des Risque intervenait principalement comme une fonction de contrôle ex post, alertant sur les anomalies ou problèmes une fois les opérations réalisées. Aujourd'hui, son rôle s'est profondément transformé pour devenir un acteur clé et proactif tout au long du cycle de crédit, depuis l'origination jusqu'à l'arbitrage et l'octroi.

I.1. Séparation fonctionnelle entre la direction Risque et la direction Engagement

Pour renforcer l'indépendance et éviter tout risque d'auto-contrôle sur les risques de crédit, la direction Risque a été clairement dissociée de la direction Engagement. Cette séparation garantit que l'évaluation du risque est objective et sans conflit d'intérêts. Ainsi, la direction

Risque se concentre particulièrement sur le suivi du dispositif d'appétences au risque de credit définit par la stratégie, la modélisation et la surveillance des risques, tandis que la direction Engagement est davantage axée sur la gestion opérationnelle des crédits, incluant la surveillance des engagements, la contre-analyse des dossiers de crédit, l'administration de crédit, et le suivi du recouvrement.

I.2. Participation en amont à l'origination des crédits

Les Risk Managers contribuent à l'évaluation et à la révision des modèles quantitatifs avancés de Probabilité de Défaut (PD), que ce soit sur un horizon court terme (1 an) ou sur la durée de vie résiduelle du crédit (lifetime PD). Ces modèles intègrent non seulement les données spécifiques à l'emprunteur, mais aussi des scénarios macroéconomiques multiples (croissance, inflation, chocs sectoriels) pour simuler l'impact potentiel des cycles économiques sur la qualité du crédit.

I.3. Analyse et arbitrage des risques

Au-delà de la simple validation, le Risk Management est impliqué dans la construction de profils de risque qui alimentent les grilles d'approbation, hiérarchisant les dossiers en fonction du risque implicite. Cela signifie que les décisions d'octroi ne sont plus seulement basées sur des montants ou des notations classiques, mais sur une évaluation dynamique et plus fine du risque, tenant compte des pertes attendues (Expected Loss), des pertes inattendues (Unexpected Loss), et de la capacité de la banque à absorber ces pertes via ses fonds propres.

I.4. Suivi et revue de portefeuille

Les Risk Managers participent activement aux revues périodiques des portefeuilles de crédit. Ils identifient les signes précoces de détérioration des risques, évaluent les migrations de notation (passage de catégories S1 à S2 ou S3 selon les normes BCEAO), et recommandent les ajustements nécessaires en matière de provisions. Cette surveillance proactive est essentielle pour anticiper les pertes potentielles et optimiser le capital réglementaire.

I.5. Intervention sur les Grands Risques

Conformément aux règles prudentielles de la BCEAO, tout engagement individuel ou groupe dont l'exposition dépasse 10 % des fonds propres de base T1 de la banque est qualifié de « Grand Risque ». Pour ces dossiers, le Risk Management joue un rôle déterminant en émettant un avis technique détaillé, basé sur des analyses approfondies du profil de risque, notamment l'impact sur les fonds propres et sur la situation de liquidité de la banque. Cet avis est un élément clé lors des comités de crédit, influençant fortement la décision finale.

I.6. Approche intégrée et multidisciplinaire

Le Risk Management ne travaille pas isolément. Il collabore étroitement avec la direction des engagements, les départements commerciaux, juridiques, et conformité pour une approche holistique. L'intégration des résultats des modèles de scoring, du suivi des indicateurs financiers, et des éléments qualitatifs (comme la gouvernance d'entreprise et la qualité des informations fournies) permet de construire une évaluation robuste et exhaustive.

II. RENFORCEMENT DES OUTILS ET DES COMPÉTENCES

L'adoption des technologies de data analytics, d'intelligence artificielle et de machine learning permet d'affiner les modèles prédictifs et d'automatiser certains processus, garantissant rapidité et précision. Par ailleurs, les Risk Managers bénéficient de formations régulières pour maîtriser ces outils et rester à jour face aux évolutions réglementaires et économiques.

II.1. Adaptation des politiques de délégation et d'octroi

Les politiques de délégation en matière de crédit doivent désormais intégrer une lecture du risque basée sur des indicateurs quantitatifs tels que la PD, la LGD et l'EAD, plutôt que de s'appuyer uniquement sur des seuils de montant ou des notations internes. Cela impose une révision des grilles de décision, avec une hiérarchisation du pouvoir d'approbation selon le niveau de risque implicite (score ou PD) du client, et non uniquement selon sa taille ou son secteur d'activité.

En conséquence, les décisions doivent être prises en tenant compte non seulement de la rentabilité attendue, mais aussi de l'impact sur les provisions à constituer selon le niveau de dégradation du risque (passage de S1 à S2 ou S3), ce qui modifie sensiblement l'arbitrage entre prise de risque et optimisation des fonds propres.

✓ **Révision des grilles d'approbation :**

❖ Les délégations d'autorisation ne seront plus basées uniquement sur le montant du crédit ou la notation interne traditionnelle, mais aussi sur des indicateurs quantitatifs du risque comme la **Probabilité de Défaut (PD)**, la **Perte en Cas de Défaut (LGD)** et l'**Exposition au Défaut (EAD)**.

❖ Par exemple, un client avec un faible PD pourra bénéficier d'une délégation plus large même pour un montant important, tandis qu'un client à haut risque verra son dossier soumis à un niveau d'approbation plus élevé, même si le montant est faible.

✓ **Hiérarchisation des pouvoirs d'approbation :**

❖ Le pouvoir d'approbation est attribué selon le risque implicite (score de risque ou PD) plutôt que la taille du client ou son secteur.

❖ Un crédit « risqué » demandera systématiquement un examen plus poussé par des instances supérieures, même si le montant est modeste.

✓ **Impact sur la gestion des provisions :**

❖ Lorsqu'un client voit son risque se dégrader (passage d'une catégorie S1 à S2 ou S3), la banque doit constituer des provisions plus élevées, ce qui pèse sur la rentabilité.

❖ La décision d'octroi doit donc intégrer cette charge future potentielle : il faut arbitrer entre la prise de risque (accepter un client risqué) et la nécessité d'optimiser l'utilisation des fonds propres.

✓ **Outils et processus adaptés :**

❖ Mettre en place des outils d'évaluation automatisés pour calculer la PD, LGD et EAD afin d'aider les décideurs.

❖ Former les équipes crédit à cette nouvelle approche basée sur le risque quantitatif.

✓ **Suivi dynamique des risques :**

- Intégrer un suivi régulier des notations internes et des indicateurs de risque pour ajuster en temps réel les délégations et décisions de financement.

II.2. Exigence de documentation renforcée de la qualité crédit

Enfin, IFRS 9 impose une traçabilité rigoureuse des décisions de crédit et une documentation étoffée des éléments justifiant l'estimation des paramètres de défaut. Cette exigence de robustesse documentaire concerne :

- L'historique de la relation client (track record),
- L'évolution du profil risque et du comportement de paiement,
- Les éléments macroéconomiques influençant la probabilité de défaut.

Les comités crédit doivent s'appuyer sur des analyses consolidées intégrant ces facteurs, afin de justifier la reconnaissance ou non d'une dégradation significative du risque de crédit (changement de stage). Ce formalisme vient renforcer la transparence des décisions, la responsabilité des décideurs, mais aussi la qualité des revues internes ou externes (audit, supervision BCEAO).

III. IMPACTS SUR LES DÉCISIONS D'OCTROI DANS LE CONTEXTE UMOA (INCLUANT PME, ÉTATS, PARTICULIERS)

L'application des exigences d'IFRS 9 dans les banques de l'UMOA induit des changements structurels dans la stratégie d'octroi, particulièrement visibles dans le traitement des dossiers clients (colporte, PME, particuliers, souverains) en Côte d'Ivoire. Ces impacts concernent à la fois les critères d'éligibilité, la rentabilité attendue des crédits, et le comportement des banques vis-à-vis de certains segments économiques.

III.1. Émergence de l'approche par le risque dans l'octroi de crédit

Le paradigme IFRS 9 repose sur une anticipation du risque de défaut à travers la probabilité de défaut sur la durée de vie du crédit (PD lifetime). Cela pousse les banques à ne plus seulement raisonner en fonction de garanties réelles ou de revenus historiques, mais à prendre en compte les perspectives économiques, la volatilité du secteur d'activité et les antécédents comportementaux (Track record) du client.

Conséquence : les demandes de crédit provenant de secteurs jugés cycliques ou exposés aux chocs (BTP, agro-industrie, commerce de détail importateur) sont davantage filtrées, voire souvent refusées, du fait d'une PD jugée trop élevée au regard de la politique de provisionnement attendue.

III.2. Revalorisation du coût du risque dans la tarification

La prise en compte des paramètres bâlois (PD, LGD, EAD) permet aux banques de calculer un coût du risque plus précis et individualisé. Cela modifie directement la stratégie tarifaire : les taux appliqués aux emprunteurs doivent intégrer le coût prévisionnel des pertes attendues. Les clients les mieux notés bénéficient de taux plus compétitifs, tandis que les clients plus risqués se voient appliquer des marges plus importantes – ou sont écartés.

Ainsi, dans un environnement comme celui de la Côte d'Ivoire, où les PME représentent une part importante du tissu économique mais affichent des données financières souvent informelles, l'impact est significatif : hausse du coût du crédit ou exclusion partielle de ce segment faute de données fiables pour calculer la PD.

III.3. Réduction de l'appétit pour les prêts long terme et non garantis

IFRS 9, en exigeant une évaluation du risque de défaut sur la durée de vie du crédit, pousse les banques à préférer les financements à court terme ou amortissables rapidement. Plus la maturité est longue, plus la probabilité de défaut cumulée augmente, ce qui alourdit les provisions. Ce biais temporel défavorise l'offre de crédit d'investissement, notamment :

- Les financements d'infrastructures,
- Les crédits immobiliers long terme pour les particuliers,
- Les emprunts à long terme contractés par les États ou les établissements publics.

III.4. Impact différencié selon la typologie d'emprunteur

Type d'emprunteur	**Impact IFRS 9**
PME et TPE	Difficulté d'accès au crédit sans historique formalisé, absence de notation interne fiable, PD lifetime élevée.
Particuliers	Risque accru de passage en S2 ou S3 (perte d'emploi, divorce, événements de vie), exigence de scoring plus robuste.
Corporate	Renforcement du suivi de la notation, mais accès plus stable grâce à leur capacité de reporting financier.
État et entités publiques	Réévaluation du risque souverain (limite pays, spread, notation), prudence dans l'acceptation de titres en garantie.

III.5. Synthèse des stratégies de crédit à mettre en œuvre sous IFRS 9

Axe stratégique	Décisions à prendre par la Direction Générale	Objectif IFRS 9 ciblé
1. **Segmentation fine du portefeuille de crédit**	- Instaurer une segmentation par type de clientèle (particuliers, PME, grandes entreprises) - Déployer des grilles de notation internes adaptées à chaque segment	Estimer précisément la PD et piloter l'exposition par groupe homogène
2. **Politique de crédit orientée "qualité du risque"**	- Renforcer les critères d'octroi sur les segments à risque - Fixer des plafonds d'exposition sectorielle - Privilégier les crédits adossés à des flux certains (salaires, contrats signés)	Réduire la probabilité de défaut (PD) et limiter les migrations en étape 2
3. **Exigence de garanties solides et valorisées**	- Imposer un ratio de couverture minimal (ex : 120%) - Réviser annuellement les valeurs des sûretés - Privilégier les garanties liquides et réalisables	Réduire la LGD (Loss Given Default) et donc le montant des provisions
4. **Tarification fondée sur le risque (Risk-based pricing)**	- Définir des marges minimales par segment - Refuser les crédits à rentabilité nette < coût du risque - Intégrer le coût du capital dans la tarification	Compenser le coût des pertes attendues (ECL) dans le produit net bancaire
5. **Revue périodique et proactive du portefeuille**	- Mettre en place des comités de suivi des dossiers sensibles - Revoir périodiquement les clients (annuel/semestriel) - Suivre les signaux de détérioration (retards, incidents)	Limiter la migration en étape 2, éviter les surprises de provisions
6. **Formation des équipes commerciales & crédit à IFRS 9**	- Former les équipes à la logique ECL (PD, LGD, EAD) - Intégrer le coût du risque projeté dans les décisions de crédit	Améliorer la qualité des nouveaux engagements & limiter les provisions dès l'octroi

III.6. Mise en œuvre pratique du Risk-Based Pricing

Étapes	Actions ou conditions concrètes	Objectif	Exemple chiffrés
Estimer les pertes attendues (ECL)	IFRS 9 : ECL = PD × LGD × EAD	Connaître le coût du risque prévisible pour chaque type de crédit	Pour un prêt PME : PD = 5%, LGD = 40%, EAD = 100 M FCFA ; ECL = 5% × 40% × 100 M = 2 M FCFA/an
Calculer le coût du capital économique	Évaluer le capital à immobiliser pour couvrir le risque selon Bâle II/III, et appliquer un coût cible (8–12%)	Intégrer le coût en fonds propres dans la tarification	Capital requis = 10 M FCFA Coût des fonds propres = 10; soit 1M FCFA/an: Ce 1 million FCFA représente le revenu minimal attendu par les actionnaires pour compenser le risque pris en immobilisant 10 millions FCFA de fonds propres dans une opération .
Ajouter les coûts opérationnels (fixes et variables)	Inclure le coût de traitement, de suivi, de recouvrement	Connaître la structure de coûts complète du crédit	Coût administratif du crédit = 0,5 M FCFA/an
Définir le produit net minimal attendu	Le produit net d'intérêt doit être ≥ ECL + coût du capital + frais fixes	S'assurer que le crédit est rentable net du risque	Besoin minimum = 2 + 1 + 0,5 = 3,5 M FCFA/an
Fixer le taux minimal à appliquer	Diviser le produit net attendu par l'encours pour définir un taux plancher	S'assurer que le pricing couvre le risque	Taux plancher = 3,5 M / 100 M = 3,5% minimum net Ajouter coût de refinancement pour taux final (Approche additive): Taux final=Taux plancher net Coût de refinancement. (Approche multiplicative):On part de la base que le taux plancher net est la

			rentabilité nette après coût du refinancement. Donc le taux final brut (avant coût de refinancement) vérifie :(1+Taux final) = (1+Taux plancher net)(1+Coût de refinan cement)
Refuser les crédits non rentables	Si taux proposé < taux plancher, refuser ou ajuster	Éviter de subvention ner des clients à risque élevé	Si le client négocie un taux de 3%, dossier rejeté sauf revalorisation ou sûreté renforcée

III.7. Consolidation du rôle des données dans l'octroi

Enfin, l'implémentation d'IFRS 9 pousse les banques à développer leur infrastructure de données. La collecte, le nettoyage et l'analyse des données clients (financières, comportementales, macroéconomiques) deviennent indispensables pour calibrer les paramètres de défaut. Les directions commerciales doivent donc coopérer davantage avec les équipes risques et IT pour enrichir les bases client et fiabiliser les décisions.

III.8. Synthèse des apports d'IFRS 9

La norme IFRS 9 marque un tournant fondamental dans la gestion du risque de crédit bancaire. En substituant la logique des pertes constatées (incurred loss) par celle des pertes attendues (expected loss), elle introduit une approche plus proactive, plus sensible au temps, et davantage intégrée aux réalités économiques.

Les principaux apports peuvent être résumés comme suit :

- Anticipation du risque grâce à la prise en compte de la PD sur la durée de vie des crédits (PD Lifetime) ;
- Renforcement du lien entre finance et gestion des risques, en intégrant des paramètres de défaut calibrés avec rigueur ;
- Exigence de données de meilleure qualité pour construire des modèles fiables et pertinents ;

- Incitation à une meilleure gouvernance du risque, avec une responsabilisation accrue des comités crédits et de la direction générale ;
- Harmonisation progressive avec les exigences de Bâle II/III, dans une logique de convergence entre les normes comptables et prudentielles.

✓ **Vers une culture du risque renforcée en Côte d'Ivoire**

En Côte d'Ivoire comme dans l'ensemble de l'UMOA, l'application d'IFRS 9 ne se résume pas à une simple adaptation comptable : elle oblige les banques à changer de paradigme.

Le risque n'est plus perçu comme un événement exogène à enregistrer a posteriori, mais comme une variable à piloter en amont, dès la phase d'octroi. Ceci favorise donc ,

- L'émergence d'une culture du risque intégrée dans tous les métiers (risques, engagement , commercial, finance, juridique) ;
- Une amélioration des pratiques de scoring et de notation, notamment sur les segments historiquement peu structurés comme les PME et les particuliers conformément à la stratégie de crédit ;
- Une professionnalisation accrue des pratiques de provisionnement et une meilleure résilience du système bancaire face aux chocs économiques (Mise en place de méthodes claires et strictes pour calculer les provisions en fonction du risque réel des prêts, Suivi régulier des portefeuilles de prêts, Formation continue des équipe).

✓ **Opportunités pour un secteur bancaire plus résilient**

L'adoption d'IFRS 9, bien que complexe, représente une opportunité stratégique pour les banques ivoiriennes. En renforçant la qualité de l'information financière et en favorisant la discipline du risque, elle peut :

- Stimuler la confiance des investisseurs et partenaires internationaux (agences de notation, bailleurs, marchés de capitaux) ;
- Favoriser la différenciation des banques les plus solides, capables d'offrir des produits adaptés avec une maîtrise fine du risque ;
- Accélérer l'inclusion financière, si les outils de scoring sont élargis aux acteurs informels par des méthodes alternatives (data comportementale, mobile money, etc.) ;
- Et in fine, contribuer à la stabilité financière à long terme, dans un contexte où les risques macroéconomiques (inflation, taux d'intérêt, instabilités politiques) restent prégnants.

IV. LE RÔLE DES CHARGÉS D'AFFAIRES DANS UN CADRE RÉGLEMENTAIRE CONTRAIGNANT : ENTRE RIGUEUR PRUDENTIELLE ET SOUTIEN AU FINANCEMENT

Dans le cadre de la gestion du risque de crédit, les gestionnaires de comptes entreprises et PME jouent un rôle stratégique en assurant la qualité des prêts octroyés et en participant activement à la maîtrise du profil de risque du portefeuille bancaire. L'environnement réglementaire, structuré par les accords de Bâle III, impose des exigences strictes en matière de solvabilité — notamment le respect d'un ratio minimal de fonds propres sur actifs pondérés par les risques (RWA) fixé à par la BCEAO de 11,5 % — ainsi qu'en matière de liquidité. Ces exigences visent à renforcer la résilience du système financier en période de stress.

Deux approches coexistent dans la mesure des risques de crédit et le calcul des RWA :

- **L'approche standard (Exposition nette de garantie * RW) ;** avec RW la pondération du risque selon les catégories définies par Bâle, en fonction du type de contrepartie (segment bâlois) et éventuellement de la notation. Exemple : 0 %, 20 %, 50 %, 75 %, 100 %, 150 %: utilisée par les banques ne disposant pas de modèles internes agréés, applique des pondérations réglementaires fixes selon la catégorie d'emprunteur (État, banque, entreprise, etc.), sa notation externe (le cas échéant), ou encore la nature des garanties. Bien qu'elle offre une certaine simplicité de mise en œuvre, cette méthode tend à surévaluer ou sous-évaluer le risque réel, notamment dans le cas d'emprunteurs bien connus des banques mais considérés comme risqués en l'absence de notation externe.
- **L'approche IRB (Internal Ratings-Based)**, adoptée par les banques disposant de systèmes internes validés par les autorités de supervision, permet une évaluation plus fine, quantitative et dynamique du risque porté par chaque contrepartie. Elle repose sur l'estimation de paramètres essentiels : la Probabilité de Défaut (PD), la Perte en cas de Défaut (LGD), et l'Exposition au moment du Défaut (EAD). Ces éléments permettent de calculer les RWA de manière plus sensible au risque réel.

La puissance des modèles de notation interne réside dans leur capacité à différencier les profils de risque de façon granulaire, à mieux capter les signaux faibles de dégradation ou d'amélioration de crédit, et donc à mieux allouer le capital économique et réglementaire. En réduisant l'arbitraire des pondérations fixes de l'approche standard, ils permettent aussi de dégager des marges de manœuvre supplémentaires pour financer des projets porteurs, tout en maintenant la robustesse du portefeuille global.

Cette sophistication accrue dans l'analyse du risque conduit cependant à une sélection plus rigoureuse des contreparties, à un renforcement des exigences en matière de garanties, et à des critères de financement plus stricts. Si cette évolution contribue à une meilleure allocation du capital et à la réduction des pertes inattendues, elle peut aussi, en contrepartie, limiter l'accès au crédit pour certaines entreprises et PME jugées plus risquées ou mal structurées.

Le défi pour les établissements bancaires est donc de concilier conformité réglementaire et soutien au tissu économique. Cela suppose d'optimiser les modèles internes pour refléter au mieux le profil de risque réel, tout en assurant un accompagnement adapté des clients. Les gestionnaires de comptes doivent ainsi trouver un équilibre entre performance commerciale, gestion des relations clients, et respect des contraintes prudentielles, notamment en veillant à ce que le capital alloué soit proportionné au niveau de risque effectivement mesuré.

Leur rôle dépasse désormais la simple analyse financière ou la distribution de produits bancaires. Ils doivent intégrer dans leur approche une lecture rigoureuse des profils de risque à travers les outils fournis par les modèles internes, tout en maintenant une relation de proximité avec les clients. Cette posture est essentielle pour anticiper les difficultés potentielles, proposer des restructurations adaptées, ou encore recommander des garanties appropriées.

Dans ce contexte, les décisions d'octroi de crédit deviennent plus sélectives, avec une vigilance accrue sur les secteurs d'activité, la qualité des garanties, la structure financière des emprunteurs, ainsi que leur historique de crédit. Une demande de financement peut ainsi être refusée non pas en raison d'un défaut avéré, mais parce que le profil de risque ne permet pas une allocation de capital économiquement viable dans le cadre réglementaire.

Enfin, cette tension entre conformité et développement commercial impose aux banques de renforcer la formation technique et réglementaire de leurs équipes, de structurer leurs processus autour du cycle de vie du crédit (de l'instruction à la surveillance post-octroi), et d'investir dans des outils technologiques performants, capables de suivre en temps réel l'évolution des paramètres de risque.

- **La Rigidité de l'approche standard**

L'Approche Standard. Cette approche, entrant en vigueur à partir du 1er janvier 2007, est fondée sur une classification des risques obtenus à partir de notations externes (agences de notation, assureurs de crédit...). La pondération des expositions est fonction des notations externes.

L'approche standard est l'ensemble des paramètres de calcul défini réglementairement. Ainsi, le RWA est le produit de la valeur exposée au risque (EAD) et d'une pondération forfaitaire (RW), soit RWA = EAD* pondération forfaitaire.

Ainsi, en approche standard, la réglementation dit que le RW est utilisé selon le type et la catégorie d'exposition : (souverain =0% ; organisme public Hors Administration Centrale = 20% ; Banque multilatéral de développement = 0% ; Entreprises et PME=100% ; Institutions Financières =100% ; clientèle de détail =75% ; Immobilier résidentiel =35 % ; immobilier commercial=75% ; autre actif grille de pondération de 0%-250% ; créance à risque élevée = 150%)

En effet, l'approche standard ne tient pas compte de l'expérience réelle de la banque avec un client spécifique.

➢ **Cas de surestimation du risque**

- Un bon client, bien connu par la banque, avec un bon comportement de remboursement, mais sans notation externe (car c'est une PME par exemple).
- L'approche standard va lui appliquer une pondération élevée (100%) comme s'il était très risqué.
- Cela gonfle artificiellement le risque associé à ce client.
- La banque devra mobiliser plus de capital que nécessaire, ce qui est coûteux.

➢ **Cas de sous-estimation du risque**

- À l'inverse, un client peut avoir une bonne notation externe, mais la banque sait qu'il traverse des difficultés financières.
- L'approche standard, basée sur la notation externe uniquement, peut alors sous-évaluer son risque réel.
- La banque ne mobilise pas assez de capital pour couvrir le risque réel.
- Cela fragilise sa couverture en cas de défaut.

L'approche standard peut donner une image déformée du risque : elle peut surestimer le risque de bons emprunteurs (et les pénaliser injustement) ou sous-estimer le risque de clients en difficulté (et exposer la banque à des pertes.

V. L'ÉVALUATION DES GARANTIES : UN LEVIER ESSENTIEL POUR L'ATTÉNUATION DU RISQUE DE CRÉDIT

V.1. Selection des garanties

La sélection des garanties doit reposer sur une compréhension claire de leur portée juridique, de leur efficacité et des modalités de mise en œuvre en cas de défaut. Trop souvent, la structuration des garanties dans les term sheets ou les dossiers de crédit se fait sans consultation préalable de la Direction juridique, pourtant experte sur ces questions. Cela conduit parfois à des montages mal adaptés ou mal formulés, ce qui complique la rédaction des contrats et retarde le processus de mise en place du financement ; ce sont entres autres :

- **Caution personnelle dans une entreprise individuelle** :Dans ce type de structure, où l'entrepreneur et l'entreprise ne font qu'un, la demande d'une **caution personnelle solidaire** est juridiquement inappropriée, bien que trop souvent utilisée par réflexe ou ignorance.
- **Hypothèque sur un bien non détenu par le client** : Il arrive que des hypothèques soient demandées sur des biens qui n'appartiennent pas à l'emprunteur, alors qu'un cautionnement hypothécaire aurait été plus pertinent et juridiquement sécurisé.
- **Contre-garantie non formalisée ou non exigible :** Certaines banques acceptent des contre-garanties (ex. : lettre de confort, engagement oral d'un tiers) sans formalisation juridique adéquate. En cas de contentieux, la mise en jeu de cette contre-garantie devient impossible, ce qui affaiblit la couverture du risque.
- **Sûreté sur compte ou nantissement mal libellé** : Lorsqu'un nantissement de compte est envisagé, il arrive que le libellé du compte (ou sa nature) soit incorrect ou flou. Cela peut empêcher la banque d'exercer ses droits en cas de défaillance. Par exemple, un compte courant libellé au nom d'un tiers sans lien contractuel explicite ne peut pas être utilisé en garantie sans risque juridique. Un nantissement de compte est une garantie par laquelle le client (ou un tiers) affecte un compte bancaire (souvent un compte d'épargne ou un compte à terme) à la banque pour garantir le remboursement d'un crédit. En cas de défaut, la banque peut se servir sur ce compte.

Le compte objet du nantissement peut être :

- **Mal libellé** (le nom du titulaire est incorrect),
- Ou **mal identifié** (compte courant au lieu de compte bloqué, par exemple),
- Ou **au nom d'un tiers** sans qu'il y ait un acte de caution ou de garantie en bonne et due forme. La banque ne peut pas utiliser ce compte pour se rembourser en cas de défaut, car elle n'a pas de droit légal sur ce compte.

Par exemple : La banque accorde un prêt à Société Alpha S.A., et prévoit un nantissement sur un compte bancaire appartenant à Monsieur Kofi, un tiers (dirigeant de la société). Mais :

- Aucun acte de cautionnement ou de mise à disposition explicite du compte n'est signé par Monsieur Kofi.
- Le compte est juste mentionné dans le term sheet, sans validation juridique.

Si la Société Alpha fait défaut, la banque ne peut pas légalement saisir les fonds du compte de Monsieur Kofi, car il n'y a aucun lien juridique clair entre ce compte et le crédit.

Pour éviter cette erreur il faut vérifier que le compte à nantir est : Au nom de l'emprunteur ou, au nom d'un tiers caution qui a signé un acte de mise en garantie. Faire valider par la Direction juridique la rédaction de l'acte de nantissement (mention claire du numéro de compte, du titulaire, de l'objet du nantissement). Privilégier, si possible, un compte bloqué ou un compte-titres à terme, moins risqué juridiquement.

Dans la modélisation du risque de crédit, l'évaluation rigoureuse des garanties est une étape déterminante pour réduire efficacement l'exposition au risque et optimiser le capital réglementaire. Une garantie bien valorisée permet non seulement d'améliorer la qualité du portefeuille de prêts, mais aussi de diminuer les pertes attendues et les pertes en cas de défaut (LGD), deux paramètres clés dans l'approche IRB.

L'évaluation des garanties repose d'abord sur la nature de l'actif apporté en garantie : immobilier, équipements, stocks, dépôts en espèces, titres financiers, etc. Chaque type de garantie présente un taux de recouvrement et une valeur de réalisation différents en cas de défaut. Ainsi, les actifs liquides (ex. dépôts en espèces ou titres d'État) sont généralement considérés comme des garanties de qualité supérieure (high quality collateral), car facilement mobilisables. À l'inverse, les garanties mobilières ou immobilières peuvent présenter une volatilité de prix ou des délais de réalisation importants.

Ensuite, la valeur de la garantie doit être régulièrement mise à jour, idéalement à travers une évaluation indépendante et objective. L'usage de décotes prudentielles (haircuts) est également recommandé pour tenir compte des risques de liquidité, de détérioration ou de dévalorisation de l'actif en cas de défaut. Ces décotes sont souvent normalisées dans les exigences de Bâle ou dans les politiques internes de gestion du risque.

Par ailleurs, la sûreté juridique de la garantie joue un rôle central. L'existence d'un contrat valide, opposable et enregistré selon la législation en vigueur est indispensable pour que la banque puisse faire valoir ses droits. Une garantie non formalisée correctement perd toute valeur en cas de contentieux.

Méthodologie	**Principe**	**Exemples courants**	**Avantages**	**Limites / Risques**	**Formulation Mathématique**
1. Valorisation nominale avec décote réglementaire	Valeur de marché ou valeur faciale de la garantie, ajustée par un abattement prudentiel (haircut).	- Dépôt espèces → 100 %- BDT ≤ 3 mois → -0 à -5 %- OAT > 1 an → -10 à -20 %	Simple, conforme au règlement prudentiel de l'UMOA.	Ne reflète pas toujours la liquidité réelle ; rigide si conditions changent.	Vgarantie=Vnominale×(1−h) où h = haircut
2. Valeur nette réalisable	Estimation du montant réellement récupérable en cas de liquidation, net	- BDT non coté → valeur de revente nette- Garantie non standard → estimation interne	Réaliste, surtout pour garanties peu liquides ou non cotées.	Subjectif, dépend des hypothèses (coûts, délais, etc.).	Vgarantie=Marché′−Cfrais−Perte

	des frais et délais.				
3. Traitement prudentiel BCEAO (garanties éligibles)	Réduction des RWA via la reconnaissance réglementaire des garanties liquides éligibles.	- Dépôts bloqués-BDT ou OAT d'un État UEMOA-Titres garantis par BOAD, BAD, etc.	Aligné avec Bâle et 1réglementations locales.	Limité à certains actifs ; exclut des garanties fréquemment utilisées en pratique.	RWA réduit= RWA brut × (1−α) où α alpha = facteur de couverture garantie
4. Évaluation interne par grille d'acceptabilité	Appréciation qualitative par les comités crédit via une grille ad hoc (liquidité, sécurité juridique).	- Cotation interne de la Garantie - Historique de recouvrement - Score de mobilisation	Adapté au contexte local, souple selon les actifs disponibles.	Moins standardisé ; dépend de l'appréciation humaine, peu automatisable.	Pondéré=Vgarantie×S où S∈ [0,1] ,score interne d'acceptabilité

V.2. Méthodologies d'évaluation des garanties liquides dans l'UEMOA

Exemple 1 : Une obligation d'État avec une haircut réglementaire de 10 % et une valeur de 100 millions XOF : Le haircut est une décote appliquée à la valeur d'une garantie pour tenir compte du risque de variation de prix, de liquidité ou du délai de réalisation en cas de défaut de l'emprunteur. Plus le risque est élevé, plus le haircut est important

Valeur après haircut=100× (1−0,10) =90 millions XOF

Haircut typiques (réglementation BCEAO/Bâle III) : Ces taux peuvent varier selon les accords réglementaires ou internes à chaque banque.

Type de garantie	Durée ≤ 1 an	1 < Durée ≤ 5 ans	Durée > 5 ans
Espèces	0%	0%	0%
Titres d'État UEMOA	5%	10%	15%
Actions cotées	15%	—	—
Obligations privées notées	10%	12%	20%

Exemple 2 : Facteur de couverture de garantie (Garantie Coverage Ratio)

Il mesure la **part de l'exposition couverte** par une garantie nette (après haircut).

Facteur de couverture=Valeur nette de la garantie /Exposition (EAD)

- Si ce ratio est ≥ 1 : garantie couvrant l'intégralité de l'exposition.
- Si < 1 : garantie partielle.

Garantie nette (après haircut) = 80 millions XOF et EAD (exposition au défaut) = 100 millions XOF, Facteur de couverture=80/100=0,8

- Le haircut est un ajustement conservateur imposé par le régulateur ou les politiques internes pour refléter des risques de marché ou d'exécution.
- Le facteur de couverture peut être utilisé pour ajuster la LGD (Loss Given Default) :

LGD ajustée=LGD brute× (1−Facteur de couverture). Cela permet d'intégrer l'effet atténuateur des garanties dans la modélisation du risque de crédit.

Conclusion

La modélisation mathématique du risque de crédit selon la norme IFRS 9 repose sur une approche prospective et probabiliste, intégrant trois composantes clés : la probabilité de défaut (PD), la perte en cas de défaut (LGD) et l'exposition au moment du défaut (EAD). Cette approche vise à estimer la perte de crédit attendue (Expected Credit Loss – ECL) en tenant compte non seulement de l'historique, mais aussi des conditions économiques futures.

La PD quantifie la probabilité qu'un emprunteur fasse défaut sur un horizon donné (12 mois ou durée de vie du contrat), la LGD mesure la proportion de l'exposition perdue en cas de défaut, après recouvrement, et l'EAD représente le montant total auquel la banque est exposée au moment du défaut. Ces variables sont combinées pour estimer l'ECL selon la formule : $ECL=PD \times LGD \times EAD$

L'introduction du modèle de pertes de crédit attendues (ECL) par la norme IFRS 9 a un impact significatif sur les banques, tant sur le plan financier, opérationnel que stratégique.

L'impact d'IFRS 9 sur la gestion du risque de crédit et la comptabilité bancaire est profond. Contrairement à l'approche antérieure d'IAS 39, où les pertes n'étaient comptabilisées qu'en cas d'indice objectif de dépréciation, IFRS 9 impose une anticipation des pertes dès l'octroi du crédit. Cela conduit à une augmentation immédiate et souvent substantielle des provisions pour pertes de crédit, affectant directement les résultats nets, les fonds propres réglementaires et la rentabilité à court terme.

Par ailleurs, l'obligation d'intégrer des scénarios macroéconomiques prospectifs introduit une volatilité accrue dans l'évaluation des pertes. En période de tension économique, les paramètres PD, LGD et EAD sont révisés à la hausse, augmentant les provisions et réduisant mécaniquement les bénéfices, même sans défauts effectifs. Cette situation rend la gestion des résultats plus complexe.

La mise en œuvre d'IFRS 9 oblige également les banques à renforcer leurs systèmes d'information. Il devient essentiel de collecter des données historiques détaillées, de modéliser les comportements de crédit, et d'intégrer des prévisions macroéconomiques dans les modèles internes. Cette évolution nécessite une gouvernance adaptée, combinant les directions financières, risques, conformité et informatique. Les processus de validation des modèles internes doivent être rigoureux, avec des tests de sensibilité et une documentation exhaustive.

La complexité mathématique du modèle de pertes attendues (ECL) exige une montée en compétence des équipes (risques, finance, audit). Des formations doivent être mises en place pour comprendre les interactions entre PD, LGD, EAD et leur comportement sous différents scénarios économiques.

Sur le plan stratégique, IFRS 9 pousse les banques à mieux segmenter leur portefeuille, à éviter les clients à forte volatilité de risque, et à intégrer la dimension « coût du risque » dès l'octroi du crédit. Cela influence la tarification, les conditions de crédit et les limites d'exposition.

Enfin, les banques doivent améliorer le dialogue avec les régulateurs, investisseurs et autres parties prenantes pour expliquer les variations de provisions, justifier les hypothèses économiques retenues et démontrer la robustesse de leur dispositif de gestion du risque.

En effet, l'innovation d'IFRS 9 réside dans l'introduction du modèle de pertes attendues (ECL), qui remplace le modèle de pertes réalisées d'IAS 39. Ce modèle améliore la réactivité de la comptabilisation du risque en anticipant les pertes, ce qui renforce la résilience des institutions financières. Il nécessite une segmentation granulaire des portefeuilles et l'intégration de scénarios macroéconomiques pour ajuster les paramètres de risque de manière dynamique.

En conclusion, IFRS 9 introduit une sophistication mathématique et économique dans la gestion du risque de crédit, en favorisant une approche plus préventive et fondée sur des données statistiques, renforçant ainsi la transparence et la comparabilité des pertes attendues dans les états financiers.

Bibliographie

Normes et Réglementations

International Accounting Standards Board (IASB), *IFRS 9 Financial Instruments*, version consolidée, Londres, 2014.

Conseil de stabilité financière (FSB), *Addressing the lessons from the financial crisis*, rapports divers, 2009-2015.

Bâle Committee on Banking Supervision, *Guidance on credit risk and accounting for expected credit losses*, Banque des Règlements Internationaux, 2015.

EBA/GL/2016/07 18/01/2017, *Orientations sur l'application de la définition du défaut au titre de l'article 178 du règlement (UE) n° 575/2013*

EBA/GL/2017/16 23/04/2018 , *Orientations sur les estimations de probabilité de défaut (PD), les estimations de perte en cas de défaut (LGD) et sur le traitement des expositions sur lesquelles il y a eu défaut*

BCEAO, *Instruction n° 026-11-2016 relative aux provisionnements des créances en souffrance, UEMOA.*

BCEAO, *Circulaire 04-17-2019 relative à la gestion des risques des banques et établissement de credit.*

BCEAO, *Dispositif prudentiel des banques et établissement de crédits*

Ouvrages de Référence

Jorion, P. (2007). *Financial Risk Manager Handbook.* Wiley Finance.

Duffie, D., & Singleton, K. J. (2003). *Credit Risk: Pricing, Measurement, and Management.* Princeton University Press.

Caouette, J., Altman, E. I., Narayanan, P., & Nimmo, R. (2008). *Managing Credit Risk: The Great Challenge for Global Financial Markets.* Wiley Finance.

Hull, J. C. (2015). *Risk Management and Financial Institutions.* Wiley.

Articles et Publications Techniques

EY (2018), *IFRS 9 Expected Credit Loss: A forward-looking approach to credit loss provisioning.*

Deloitte (2016), *IFRS 9 Impairment — Practical guide to expected credit loss model.*

PwC (2017), *IFRS 9 for Banks: Implementation challenges and new risk practices*.

KPMG (2018), *IFRS 9 and Credit Risk Modelling: From Compliance to Value Creation.*

Sources Méthodologiques

Kaplan, E. L., & Meier, P. (1958). *Nonparametric estimation from incomplete observations*. Journal of the American Statistical Association.

Mack, T. (1993). *Measuring the variability of chain ladder reserve estimates*. ASTIN Bulletin.

Weibull, W. (1951). *A Statistical Distribution Function of Wide Applicability*. Journal of Applied Mechanics.

Annexe 1
MÉTHODOLOGIE DE CALCUL DES PARAMÈTRES DE DÉFAUT BALOIS (PD, LGD)

Étape 1 : Spécification de la règle de dégradation significative

La règle repose sur la comparaison des PD TTC 12 mois entre la date d'arrêté et la date d'octroi. Nous désignons respectivement par PDa, PDo les PD TTC 12 mois attribuées aux contrats à la date d'arrêté et à la date d'octroi. La règle de dégradation du risque de crédit devient donc :

Un contrat passe du Bucket 1 au Bucket 2 si PDa > **PDo+ Δ%**

Le passage du Bucket 2 au Bucket 1 se fait avec la condition inverse :

Un contrat passe du Bucket 2 au Bucket 1 si **PDa ≤ PDo**

- PDa est la probabilité de défaut à 12 mois attribuée aux contrats à la date d'arrêté.
- PDo est la probabilité de défaut à 12 mois attribuée aux contrats à la date d'octroie

Δ = PDa−PDo où :

- PDa est la probabilité de défaut à 12 mois attribuée aux contrats à la date d'arrêté.
- PDo est la probabilité de défaut à 12 mois attribuée aux contrats à la date d'octroie

La règle ainsi définie est qualifiée de critère relatif.

À partir de cette formulation mathématique, le défi consiste à déterminer le paramètre Delta Δ relativement au risque historique du portefeuille. Pour ce faire, plusieurs niveaux de Delta Δ seront testés afin de choisir le meilleur.

Étape 2 : Choix du meilleur Delta Δ

La norme précise que la dégradation significative devrait intervenir avant l'apparition de l'événement de risque avéré ou du défaut. Cela implique que le Bucket 2 peut être interprété comme une antichambre du Bucket 3, qui regroupe les instruments en défaut. Par conséquent, le choix de Delta Δ doit se faire de manière à anticiper l'événement de défaut.

Pour ce faire, nous définissons un ensemble d'indicateurs permettant de le faire. Ces indicateurs permettront de comparer les différentes valeurs de Delta Δ identifiées à l'étape 1.

<u>Indicateurs de performance</u>

Les indicateurs suivants peuvent être utilisés pour évaluer l'efficacité des différents niveaux de **Delta Δ** :

- **Taux de défaut anticipé** : Mesurer la proportion de contrats classés dans le Bucket 2 qui passent effectivement au Bucket 3 dans un délai donné.
- **Précision de la classification** : Calculer le taux de faux positifs (contrats classés dans le Bucket 2 qui n'ont pas défaut) et le taux de faux négatifs (contrats en défaut classés dans le Bucket 1).
- **Sensibilité à la dégradation** : Analyser la réactivité du système aux variations de la probabilité de défaut et déterminer si le choix de Delta Δ est suffisamment sensible pour capter les dégradations de risque avant qu'elles ne se matérialisent.
- **Comparaison des performances historiques** : Évaluer comment les différents niveaux de Delta Δ auraient fonctionné sur des données historiques, en identifiant la période de pré-défaillance pour les contrats.
- **Évaluation par simulation** : Utiliser des techniques de simulation pour tester l'impact de différents niveaux de Delta Δ sur le portefeuille en considérant des scénarios économiques variés.

La mise en place de cette règle de dégradation permettra non seulement d'améliorer la gestion du risque de crédit, mais aussi de renforcer la résilience de notre portefeuille face aux événements défavorables. Une évaluation continue des performances de la règle et une révision périodique des paramètres seront essentielles pour s'adapter aux évolutions du marché et des comportements des débiteurs.

Indicateurs de Performance du Bucket 2

Taille du Bucket 2 : notée T(B2)

Définition :

La taille du Bucket 2 est calculée comme suit :

T(B2) =N(B2) / N (B1&2 où :

- N(B2) : Nombre de contrats en Bucket 2.

- N(B1&2) : Nombre total de contrats en Bucket 1 et 2.

Interprétation :

- Si T(B2) <1 : Cela indique que le nombre de contrats en Bucket 2 est trop faible pour contenir tous les défauts prévus, rendant difficile l'appréciation du risque pour le calcul des Expected Credit Losses (ECL).
- Si T(B2)> 1 : Cela suggère que le nombre de contrats en Bucket 2 est trop élevé, ce qui pourrait conduire à une capture excessive de contrats sains et à une dilution des signaux de risque.

Taux de Captation du Bucket 2 noté C(B2)

Définition :

Le taux de captation du Bucket 2 est défini par :

C(B2) = D(B2) /D(B1&2) avec

- D(B2) : Nombre de contrats en défaut à 12 mois captés par le Bucket 2.
- D(B1&2) : Nombre total de contrats en Bucket 1 et 2 en défaut à horizon de 12 mois (défaut Bâlois).

Interprétation :

- **Cas parfait** : Si C(B2) =1, cela signifie que tous les contrats qui font défaut à 12 mois sont captés par le Bucket 2, indiquant une classification parfaite.
- Plus C(B2)) est proche de 1, plus le Bucket 2 est efficace pour capter les défauts.
- Si C(B2) est faible, cela signifie que le Bucket 2 n'est pas suffisamment discriminant et ne capture pas efficacement les défauts, ce qui peut conduire à des sous-estimations des risques de crédit.

Les indicateurs T(B2) et C(B2) permettent d'évaluer l'efficacité du Bucket 2 dans la gestion du risque de crédit. Une taille appropriée du Bucket 2, ainsi qu'un bon taux de captation, sont essentiels pour assurer une classification correcte des contrats et une estimation précise des ECL. Une surveillance continue de ces indicateurs aidera à ajuster les règles de dégradation et à améliorer la gestion des risques au sein du portefeuille.

Stabilité du Bucket 2

Définition

La stabilité du Bucket 2 fait référence à la capacité de la règle de dégradation significative à demeurer cohérente dans le temps. Elle est évaluée par la calibration de la matrice de transition entre le Bucket 1 et le Bucket 2 sur deux périodes distinctes. Pour résumer cette information, un indicateur caractéristique de la distance entre les deux matrices est calculé.

Formule de l'indicateur de stabilité (IS) :

IS=∑(i, j=12) (Pt→t+1ij−Pk→k+1ij) ^2 ; où :

- Pt→t+1i : Taux de passage du Bucket i au Bucket j entre les périodes t et t+1.
- Pk→k+1ij : Taux de passage du Bucket i au Bucket j entre les périodes de référence.

Interprétation

- **Stabilité de la matrice** : Plus la matrice de transition est stable dans le temps, plus la règle de dégradation est considérée comme stable. Cela signifie que si les taux de passage calculés par la formule de IS sont quasi identiques entre les deux périodes, la matrice est stable.
- **Valeur de l'indicateur** :
  - Lorsque IS tend vers 0, cela indique que la matrice est stable entre les deux périodes, suggérant une bonne cohérence dans la dégradation des risques.
  - Inversement, plus IS est élevé, plus la matrice est instable entre les deux périodes, ce qui pourrait indiquer des fluctuations dans la classification des risques.

Ainsi, choisir des valeurs de Delta Δ qui génèrent un IS faible, car cela reflète une meilleure stabilité de la règle de dégradation au fil du temps. Une stabilité accrue contribue à une meilleure prévisibilité et gestion du risque de crédit, renforçant ainsi la robustesse du portefeuille

Stabilité de la WL

Stabilité de la WL = 1 − (Taux de retour en sain) − (Efficacité de la WL)

Interprétation :

- **Taux de retour en sain** : Mesure la proportion de contrats qui retournent à un état sain après avoir été classés dans un état de risque (par exemple, d'un Bucket 2 à un Bucket 1).
- **Efficacité de la WL** : mesure la probabilité de passage de la WL(S2) au défaut en un an.

Cette formule indique que plus le taux de retour en sain est élevé et l'efficacité de la WL est bonne, moins la stabilité de la WL est affectée. En d'autres termes, une WL stable est indiquée par une combinaison optimale de ces deux facteurs.

Les deux formules mesurent la stabilité d'un système de gestion des risques, elles le font sous des angles différents :

- La formule pour la **stabilité de la WL** se concentre sur la performance des crédits en retour à un état sain et l'efficacité de la gestion des pertes.
- L'**indicateur de stabilité IS** évalue la constance des transitions entre les classifications de risque au fil du temps.

Tableau de synthèse des critères d'analyse.

Critères	Δ	**Taille Bucket 2 T(B2)**	**Taux de Captation Bucket 2 C(B2) (%)**	**Gini (%)**	**Taux de Défaut Bucket 2 D(B2) (%)**	**Stabilité IS**
Valeur	Delta	T(B2) =N(B2) /N(B1&2)	C(B2)=D(B2) /D(B1&2)	Gini=2× AUC−1 1	D(B2)=Nombre de contrats en défaut à 12 mois dans le Bucket 2/Nombre total de contrats dans le Bucket 2 D(B2)	IS=∑(Pt →t+1−P k→k+1)^ 2

Avec

- **Taille Bucket 2 T(B2)** Cette formule calcule la proportion de contrats dans le Bucket 2 par rapport au nombre total de contrats dans les Buckets 1 et 2.
- **Taux de Captation Bucket 2 C(B2)** Cela représente la proportion de défauts captés par le Bucket 2 par rapport au total des défauts dans les Buckets 1 et 2.
- **Gini :** Cette formule représente la relation entre l'aire sous la courbe ROC et le coefficient de Gini.
- **Taux de Défaut Bucket 2 D(B2)** Cela donne le taux de défaut spécifique au Bucket 2.
- **Stabilité IS :** Cette formule mesure la stabilité des taux de passage entre les Buckets sur différentes périodes

➢ **Calibration du paramètre PD(CHR)**

Pour calibrer le paramètre de probabilité de défaut pour la classe de risque CHR sur un horizon h, nous allons utiliser l'estimateur de Kaplan-Meier. Le calcul correspondant :

1. Définition des Notations

- **Mh** : Nombre d'événements (défauts) observés sur l'horizon h.
- **Nh** : Nombre de sujets soumis à l'observation en début de chaque période (cohorte).

2. Proportion d'Événements

La proportion d'événements observée sur l'horizon h est donnée par :

Pr(h)=Mh/Nh

Annexe 2
EXPLICATION DU CALCUL DE LA PD PAR LA MATRICE TRIANGULAIRE SELON L'APPROCHE SIMPLIFIÉE

Structure de la matrice triangulaire des taux de défaut :

1. Matrice de défaut en nombre

Ci-dessous un expample du nombre de contrats en défaut M mois après la date d'observation pour le *Stage 1*

		Nombre de contrats en défaut M mois après date d'observation							
Date d'observation	Nombre de contrats actifs	Nb_Défaut_M +3	Nb_Défaut_M +6	Nb_Défaut_M+ 9	Nb_Défaut_M +12	Nb_Défaut_M +15	Nb_Défaut_M +18	...	Nb_Défaut à Maturité
201203	185 033	390	2 440	4 090	4 982	5 519	5 795		5 911
201206	185 121	159	1 864	2 981	3 707	4 107	4 312		4 398
201209	185 145	319	2 397	3 871	4 744	5 255	5 518		5 628
201212	185 218	291	2 055	3 451	4 229	4 685	4 919		5 018
201303	185 149	211	1 865	3 141	4 207	4 682	4 959		
201306	185 150	165	1 347	3 200	4 165	4 664	4 928		
201309	185 181	209	1 554	3 150	4 144	4 625	4 942		
201312	185 148	203	1 300	3 050	4 131	4 639	4 970		
201403	185 059	190	1 313	3 085	4 145	4 687	4 924		
201406	185 050	197	1 309	3 077	4 141	4 694	4 933		
201409	185 039	190	1 304	3 076	4 142	4 699	4 941		
201412	185 034	181	1 300	3 068	4 145	4 705	4 942		
201503	184 987	185	1 297	3 069	4 138	4 700			
201506	184 990	188	1 302	3 067	4 148				
201509	184 983	190	1 302	3 065					
201512	184 938	186	1 303						
201603	184 991	178							

- **Date d'observation :** dates d'arrêtés pour lesquelles les contrats ont été observés dans le système de gestion. Généralement la date de fin trimestre.
- **Nombre de contrats actifs** : nombre de contrats ayant un encours non nul au bilan à la date d'observation.
- **Nb_Défaut_M+i** : nombre de contrats actifs ayant au moins fait une fois défaut[2] durant es i mois suivants la date d'observation.

Obligatoire :

- ***Le nombre de contrats actifs et les encours à la date d'observation doivent être validés avec les départements comptables et financiers***
- *La qualité des données doit être soigneusement vérifiée. Tout traitements de données depuis l'extraction jusqu'au résultat de la matrice doivent être justifiés et documentés pour les besoins d'audit.*
- *Les directives sur la profondeur d'historique minimum requis seront specifiées plus tard.*

Illustration

- *En 201203, 185 033 prêts étaient actifs, trois mois après 390 prêts ont été observés au moins une fois en défaut.*
- *En 201203, 185 033 prêts étaient actifs, six mois après 2440 prêts ont été observés au moins une fois en défaut.*

2. Construction de la matrice triangulaire

0,2% = 390 / 185 033

Date d'observation	Nombre de contrats actifs	…aux défaut M mois après date d'observation							
		%_Défaut_M +3	%_Défaut_ M+6	%_Défaut_ M+9	%_Défaut_ M+12	%_Défaut_ M+15	%_Défaut_ M+18	…	%_Défaut à Maturité
201203	185 033	0,2%	1,3%	2,2%	2,7%	3,0%	3,1%		3,2%
201206	185 121	0,1%	1,0%	1,6%	2,0%	2,2%	2,3%		2,4%
201209	185 145	0,2%	1,3%	2,1%	2,6%	2,8%	3,0%		3,0%
201212	185 218	0,2%	1,1%	1,9%	2,3%	2,5%	2,7%		2,7%
201303	185 149	0,1%	1,0%	1,7%	2,3%	2,5%	2,7%		
201306	185 150	0,1%	0,7%	1,7%	2,2%	2,5%	2,7%		
201309	185 181	0,1%	0,8%	1,7%	2,2%	2,5%	2,7%		
201312	185 148	0,1%	0,7%	1,6%	2,2%	2,5%	2,7%		
201403	185 059	0,1%	0,7%	1,7%	2,2%	2,5%	2,7%		
201406	185 050	0,1%	0,7%	1,7%	2,2%	2,5%	2,7%		
201409	185 039	0,1%	0,7%	1,7%	2,2%	2,5%	2,7%		
201412	185 034	0,1%	0,7%	1,7%	2,2%	2,5%	2,7%		
201503	184 987	0,1%	0,7%	1,7%	2,2%	2,5%			
201506	184 990	0,1%	0,7%	1,7%	2,2%				
201509	184 983	0,1%	0,7%	1,7%					
201512	184 938	0,1%	0,7%						
201603	184 991	0,1%							

Date d'observation	Nombre de contrats actifs	Nombre de contrats en défaut M mois après date d'observation							
		Nb_Défaut_M +3	Nb_Défaut_M +6	Nb_Défaut_M+ 9	Nb_Défaut_M +12	Nb_Défaut_M +15	Nb_Défaut_M +18	…	Nb_Défaut à Maturité
201203	185 033	390	2 440	4 090	4 982	5 519	5 795		5 911
201206	185 121	159	1 864	2 981	3 707	4 107	4 312		4 398
201209	185 145	319	2 397	3 871	4 744	5 255	5 518		5 628
201212	185 218	291	2 055	3 451	4 229	4 685	4 919		5 018
201303	185 149	211	1 865	3 141	4 207	4 682	4 959		
201306	185 150	165	1 347	3 200	4 165	4 664	4 928		
201309	185 181	209	1 554	3 150	4 144	4 625	4 942		
201312	185 148	203	1 300	3 050	4 131	4 639	4 970		
201403	185 059	190	1 313	3 085	4 145	4 687	4 924		
201406	185 050	197	1 309	3 077	4 141	4 694	4 933		
201409	185 039	190	1 304	3 076	4 142	4 699	4 941		
201412	185 034	181	1 300	3 068	4 145	4 705	4 942		
201503	184 987	185	1 297	3 069	4 138	4 700			
201506	184 990	188	1 302	3 067	4 148				
201509	184 983	190	1 302	3 065					
201512	184 938	186	1 303						
201603	184 991	178							

Exemple: 0.2% de prêts actifs en 201203 présentent un défaut trois mois plus tard. (0.2% = 390 / 185 033).

4. Calcul de la PD à maturité pour le *Stage 2*

[Stage = 2]

Date d'observation	Nombre de contrats actifs	%_Défaut_M +3	%_Défaut_M+6	%_Défaut_M+9	%_Défaut_M+12	%_Défaut_M+15	%_Défaut_M+18	...	%_Défaut à Maturité
		Taux défaut M mois après date d'observation							
201203	6 168	2,1%	13,2%	22,1%	26,9%	29,6%	31,3%		31,9%
201206	6 171	0,9%	10,1%	16,1%	20,0%	22,2%	23,3%		23,8%
201209	6 172	1,7%	12,9%	20,9%	25,6%	28,4%	29,8%		30,4%
201212	6 174	1,6%	11,1%	18,6%	22,8%	25,3%	26,6%		27,1%
201303	6 172	1,1%	10,1%	17,0%	22,7%	25,3%	26,8%		
201306	6 172	0,9%	7,3%	17,3%	22,5%	25,2%	26,6%		
201309	6 173	1,1%	8,4%	17,0%	22,4%	25,0%	26,7%		
201312	6 172	1,1%	7,0%	16,5%	22,3%	25,1%	26,8%		
201403	6 169	1,0%	7,1%	16,7%	22,4%	25,3%	26,6%		
201406	6 168	1,1%	7,1%	16,6%	22,4%	25,4%	26,7%		
201409	6 168	1,0%	7,0%	16,6%	22,4%	25,4%	26,7%		
201412	6 168	1,0%	7,0%	16,6%	22,4%	25,4%	26,7%		
201503	6 166	1,0%	7,0%	16,6%	22,4%	25,4%			
201506	6 166	1,0%	7,1%	16,6%	22,4%				
201509	6 166	1,0%	7,0%	16,6%					
201512	6 165	1,0%	7,1%						
201603	6 166	1,0%							
		1,2%	8,5%	17,4%	22,8%	25,6%	27,0%	...	28,3%

Date d'observation	Nombre de contrats actifs	Nb_Défaut_M +3	Nb_Défaut_M +6	Nb_Défaut_M+ 9	Nb_Défaut_M +12	Nb_Défaut_M +15	Nb_Défaut_M +18	...	Nb_Défaut à Maturité
		Nombre de contrats en défaut M mois après date d'observation							
201203	6 168	130	813	1 363	1 661	1 840	1 932		1 970
201206	6 171	53	621	994	1 236	1 369	1 437		1 466
201209	6 172	106	799	1 290	1 581	1 752	1 839		1 876
201212	6 174	97	685	1 150	1 410	1 562	1 640		1 673
201303	6 172	70	622	1 047	1 402	1 561	1 653		
201306	6 172	55	449	1 067	1 388	1 555	1 643		
201309	6 173	70	518	1 050	1 381	1 542	1 647		
201312	6 172	68	433	1 017	1 377	1 546	1 657		
201403	6 169	63	438	1 028	1 382	1 562	1 641		
201406	6 168	66	436	1 026	1 380	1 565	1 644		
201409	6 168	63	435	1 025	1 381	1 566	1 647		
201412	6 168	60	433	1 023	1 382	1 568	1 647		
201503	6 166	62	432	1 023	1 379	1 567			
201506	6 166	63	440	1 022	1 383				
201509	6 166	63	434	1 022					
201512	6 165	62	437						
201603	6 166	59							

PD à maturité = 28,3%
Moyenne des taux de passage en défaut à maturité

Table des matières

Revue « Marché et Organisations »

Promouvoir la recherche originale sur les relations de plus en plus étroites entre le marché et les organisations. Les acteurs économiques de taille, de puissance et de pouvoir différents dont les intérêts peuvent être convergents, complémentaires ou, le plus souvent, antagoniques, ont tendance à organiser les marchés. La raison du marché, pourtant, est la référence stratégique pour l'entreprise ainsi que pour les institutions publiques de décision économique.

N°6 : Entrepreneuriat et accompagnement. Outils, actions et paradigmes nouveaux, 2008
N°7 : Développement durable des territoires. Economie sociale, environnement et innovations, 2008
N°8 : Développement durable et responsabilité sociale des acteurs, 2009
N°9 : Gouvernance : exercices de pouvoir, 2009
N°10 : Le travail collaboratif. Une innovation générique, 2009
N°11 : Economie sociale et solidaire. Nouvelles trajectoires d'innovations, 2010
N°12 : Relations à la marque et marques de la relation. Regards croisés sur le management relationnel de la marque, 2010
N°13 : Les contrats au service de la recherche ?, 2011
N°14 : Le potentiel économique de l'Afrique subsaharienne, 2011
N°15 : Management de la distribution, 2012
N°16 : Territoire Vert. Entreprises, Institutions, Innovations, 2012
N°17 : Eco-conception, conception et innovation. Les nouveaux défis de l'entreprise, 2013
N°18 : Intelligence économique : entreprises et territoires, 2013
N°19 : La finance globale. Un monde fini, 2013
N°20 : La crise du « développement », 2014
N°21 : La Chine innove. Politiques publiques et stratégies d'entreprise, 2014
N°22 : Go East! Nouvelles Economies de Marché, 2015
N°23 : L'économie du changement, 2015
N°24 : Le temps des artisans. Permanences et mutations, 2015
N°25 : Innovations de proximité et esprit d'entreprise, 2016
N°26 : L'avenir des économies du Maghreb : entre inertie structurelle et envie de rupture, 2016/3 (n° 27)
N°27 : Le sport aux frontières du marché du travail, 2016
N°28 : Dynamiques internationales des entreprises, 2017
N°29 : L'univers du risque, 2017
N°30 : Les petites entreprises dans l'histoire industrielle, 2017
N°31 : Economie sociale et *social business* ? Au défi d'entreprendre et se financer, 2018
N°32 : Éducation et fertilisation des économies africaines, 2018
N°33 : L'entrepreneuriat innovant dans les pays du Maghreb, 2018
N°34 : L'entrepreneuriat scientifique : institutions et innovation, 2019
N°35 : Le champ économique de la culture, 2019
N°36 : Economie sociale et solidaire ? Modèles d'innovation et modes de gouvernance, 2019
N°37 : Rethinking Luxury Business, 2020
N°38 : La santé connectée. Nouvelles technologies et réorganisation des soins, 2020
N°39 : Options stratégiques et systèmes complexes d'innovation, 2020
N°40 : Les services : intégration des systèmes productifs et lien social, 2021
N°41 : Crise pandémique, crise globale. Réalité et controverses théoriques, 2021
N°42 : La crise de la covid-19. Le marché et les organisations en perspective, 2021
N°43 : (Re)faire système. *Bug & reset*, 2022
N°44 : Aléas du marché et management du risque, 2022
N°45 : Le renouveau du transport et de la logistique : les systèmes d'information, 2022
N°46 : Entrepreneuriat et innovation dans l'enseignement supérieur, 2023
N°47 : Le tourisme créatif. Culture, créativité, patrimoine, management, 2023
N°48 : L'Afrique : questions de performances, 2023
N°49 : *Fintech* en sciences du management, 2024

https://www.cairn.info/revue-marche-et-organisations.htm

Collection « L'esprit économique »
fondée par Sophie Boutillier et Dimitri Uzunidis en 1996

Dernières parutions

► ***Série Economie et Innovation***
Y. EL YAHYAOUI, *Economie des plateformes numériques. Captation de la valeur, pouvoir de marché et communs collaboratifs*, 2021.
G. DUTHIL, *Handicap et insertion professionnelle*, 2022.
T. MICHAUD, *La science-fiction institutionnelle*, 2023.
M. TOMAS, *Gouvernance territoriale et développement économique au Maroc : l'opportunité d'une étude économétrique*, 2025.
► ***Série Le Monde en Question***
O. MUMBERE MUHONGYA, *Efficacité de l'aide publique au développement. Question de la qualité des données*, 2024.
M. CAMARA, *Être ministre de l'Économie et des Finances de la République de Guinée*, 2024.
R. A. OBAM NLONG, *Du franc CFA à l'Afrix : la nécessaire refonte du Fonds Monétaire Africain*, 2024.
A. N. BASAHAG, *La réforme budgétaire dans les États de la Communauté économique et monétaire d'Afrique centrale (CEMAC)*, 2025.
A. OUCHEN, *Analyse des crises financières de grande ampleur : étude économétrique de contagion*, 2025.
O. S. AWAL, *Dette publique et développement au Cameroun : outils, stratégies et souveraineté économique*, 2025.
M.-C. DJIENA WEMBOU, E. B. AKONO, *Réformes économiques et financières en Afrique centrale : bilan et perspectives*, 2025.
E. FAKABA SISSOKO, *L'État, le marché et la fragilité : dynamiques croisées de l'investissement public et privé dans l'Alliance des États du Sahel (AES)*, 2025.
► ***Série Krisis***
G. MINART, *Condorcet économiste : un libéralisme économique au service du bien public*, 2023.
A. MANRAY, *Petit traité de gouvernance à l'usage des despotes éclairés*, 2024.
B. LANDAIS, *Théorie générale de la croissance économique et du développement*, 2024.
V. SOYER, *Critique de la théorie contemporaine de la valeur*, 2024.
E. Carrey, H. Landier, *De l'économie financière à l'économie du sens et du soin*, 2025.
► ***Série Clichés***
B. S. BONBON, *Géométrie parabolique tridimensionnelle ou perspective parabolique*, 2023.
S. BOUTILLIER, B. LAPERCHE, S. T. K. LE, *Ports industriels en transition : De l'économie circulaire à la décarbonation*, 2024.
B. HAGIARIAN, *En route vers le capitalisme*. Suivi de *Qu'est-ce qu'un supermarché ?*, 2025.
► ***Série Cours Principaux***
Z. FIRANO, *Fondements de la finance de marché. Théories et applications*, 2022.
Y. KEHO, *Introduction à l'économétrie appliquée sous EVIEWS, Rappels de cours et illustrations pratiques*, 2023.
K. AMZILE, *Intelligence artificielle et modélisation du risque de crédit*, 2023.
B. LANDAIS, *Macroéconomie. Les fondamentaux*, 2024.
A. KATFI, O. EL MNOUER (dir.), *Mathématiques financières. Cours d'initiation et exercices corrigés*, 2024.
J. NGONGO NGOY, *Manuel d'analyse financière*, 2024.
H. GUENICHI, *Analyse avancée de données de panel : aperçu du cadre théorique et applications avec Stata et R*, 2025.
► ***Série L'économie formelle***
J.-P. ROSELLO, *Marchés financiers, capital financier et crises systémiques*, 2024.
J.-L. VILLOUTREIX, *L'eau coule à Aguad : un conte économique*, 2024.
B. MEUNIER, *L'insoutenable dette publique de la France*, 2024.
J. LATREILLE, *Le PIB, ou la mesure de notre démesure*, 2024.
C. MEIDINGER, *Controverses macroéconomiques contemporaines*, 2024.
J.-M. RUFFIE, *La loi de l'offre et du besoin : décrocher de la demande*, 2025.
J.-N. COTTIER, *Les financières de l'immobilier locatif : SCPI, OPCI (SPPICAV et FPI) et SIIC*, 2025.

Structures éditoriales du groupe L'Harmattan

L'Harmattan Italie
Via degli Artisti, 15
10124 Torino
harmattan.italia@gmail.com

L'Harmattan Hongrie
Kossuth l. u. 14-16.
1053 Budapest
harmattan@harmattan.hu

L'Harmattan Sénégal
10 VDN SICAP AMITIE 3
BP 45034 Dakar-Fann
direction@senharmattan.com

L'Harmattan Cameroun
Tsinga/Derrière polyclinique FECAFOOT
BP 11486 Yaoundé
Jacques.koukam@harmattan.fr

L'Harmattan Burkina Faso
Villa 281, secteur 23 623, rue 14.32
Ouagadougou
zagbie@outlook.fr

L'Harmattan Guinée
Almamya, rue KA 028 OKB Agency
BP 3470 Conakry
harmattanguinee@yahoo.fr

L'Harmattan RDC
185, avenue Nyangwe
Commune de Lingwala – Kinshasa
matangilamusadila@yahoo.fr

L'Harmattan Congo
219, avenue Nelson Mandela
BP 2874 Brazzaville
deunovmikhael@gmail.com

L'Harmattan Mali
Immeuble Mgr Jean Marie Cissé
Aci Hamadallaye
BP 145 Bamako
syllaka@yahoo.fr

L'Harmattan Togo
Djidjole – Maison Amela
face EPP BATOME
02 BP 20680 Lomé
didieramela11@gmail.com

L'Harmattan Côte d'Ivoire
Résidence Karl – Cité des Arts
Abidjan-Cocody
03 BP 1588 Abidjan
harmattan.ivoire@gmail.com

L'Harmattan Bénin
Rue 604, (Immeuble à l'entrée
de la rue UCAO- Cite de Saint-Jean)
Cotonou
stepcorpus@gmail.com

Nos librairies en France

Librairie internationale
16, rue des Écoles
75005 Paris
librairie.internationale@harmattan.fr
01 40 46 79 11
www.librairieharmattan.com

Librairie des savoirs
21, rue des Écoles
75005 Paris
librairie.sh@harmattan.fr
01 46 34 13 71
www.librairieharmattansh.com

www.ingramcontent.com/pod-product-compliance
Lightning Source LLC
La Vergne TN
LVHW011313061026
849535LV00005B/1536